AF410849

IDÉES
D'UN CITOYEN

SUR

LES BESOINS, LES DROITS,

ET LES DEVOIRS

DES VRAIS PAUVRES.

. . . . *& nos*
Consilium dedimus . . . . JUVENAL.

A AMSTERDAM;
Et se trouve
A PARIS, au Palais,
Chez BARTHELEMI HOCHEREAU, le jeune,
Libraire, au Pilier des Consultations.

M. DCC. LXV.

AVANT-PROPOS.

LES BESOINS & les droits des vrais Pauvres font aujourd'hui plus que jamais un objet digne des méditations d'un Citoyen, des attentions du Public, & des foins paternels du Gouvernement. Une Loi févere vient de renouveller les peines portées autrefois fans fuccès contre un peuple de vagabonds, dont le moindre crime étoit de cacher la fainéantife & la débauche fous le mafque de la pauvreté. Pour tarir le mal dans la fource même, on a dû profcrire, fans diftinction, toute efpece de mendicité. C'eft évidemment l'unique moyen de bannir à jamais l'impofture & la licence dont elle étoit le foutien.

Il ne refte plus qu'à remplir les devoirs facrés que s'impofent, par une Loi fi fage, le Prince, les Miniftres, les Tribunaux, le Corps entier de la Nation. Puifqu'il n'eft plus permis aux malheureux d'affliger

A ij

leurs concitoyens par le ſpectacle de leur miſere, ni de ſolliciter la compaſſion publique qui formoit juſqu'ici preſque l'unique reſſource des véritables infortunés ; il faut donc que l'Autorité publique ſoit chargée de pourvoir à tous les vrais beſoins des Citoyens que la Nature ou le ſort réduit à l'indigence.

C'eſt donc un ſyſtême complet, général & perpétuel d'aumône patriotique, qu'il eſt néceſſaire d'établir très inceſſamment, ſuivant les Loix d'une politique ſage & chrétienne. Nous nous étions fait, depuis long-tems, un plaiſir d'en combiner tous les détails. Obligés, par quelques circonſtances, d'approfondir la nature & les privileges des biens & des perſonnes conſacrées à l'hoſpitalité, nous nous étions livrés avec ardeur à l'étude ſérieuſe de tous les beſoins, des droits, & des devoirs des vrais Pauvres : nous avions même déja mis nos principales réflexions à portée du Miniſtere. L'occaſion eſt favorable pour les ſoumettre au jugement du Public.

Nous dirons hardiment des vérités, que peut - être quelques - uns n'entendront qu'avec peine ; mais nous fommes accoutumés depuis long-tems à braver le courroux de ceux qui fe font une prétendue religion de reconnoître des intérêts temporels, plus facrés que ceux des Pauvres. Nous croyons que l'Eglife defire fincerement de découvrir & de réprimer tous les larcins qu'on auroit pu leur faire, fous le fpécieux prétexte d'enrichir fes Miniftres. Les Pauvres font fes premiers enfans, comme ils font, aux yeux d'un Prince équitable, les premiers de fes Sujets.

Nous propoferons donc ici d'abord, fuivant notre méthode ordinaire, les principes de la *Théorie* ; nous détaillerons enfuite la *Pratique* de nos idées pour l'établiffement d'une bonne & folide adminiftration.

Dans la *Théorie* nous traiterons *premierement* des diverfes efpeces de pauvreté véritable.

Secondement, des biens & revenus des vrais Pauvres.

A iij

Troisiemement, des personnes dévouées au service des Pauvres.

Dans la *Pratique*, au contraire, nous traiteront *premierement* des Miniſtres de la Charité patriotique.

Secondement, des Fonds de l'Aumône univerſelle

Troiſiemement, des Objets de la Bienfaiſance publique.

Nous ajouterons par forme de ſupplément, un troiſieme Chapitre ſur les Faux Pauvres.

Trop heureux ſi nous pouvions concourir en quelque choſe à procurer pour toujours à nos pauvres concitoyens tous les ſoulagemens que leur deſirent la raiſon & le chriſtianiſme !

Des raiſonneurs dédaigneux voudroient nous perſuader que toutes les réflexions & tous les Ecrits des Auteurs patriotiques ſont abſolument inutiles : que le Gouvernement n'en fait aucun cas, & qu'ils n'influent jamais ſur la légiſlation, ni ſur la conduite des reſſorts de l'Etat. Nous ne pouvons encore nous le perſuader. Nous pourrions citer bien des exemples qui prouvent le contraire ; mais, fans entrer dans le détail des faits, contentons-nous de ce qui doit être. Voyez les Dépofitaires de l'autorité publique, depuis le premier rang jufqu'au dernier, vous les trouverez dans un tourbillon d'affaires urgentes & indifpenfables. Comment voulez-vous qu'ils aient le loifir d'obferver, de méditer, d'approfondir, de combiner, cette multitude effrayante d'objets, dont le moindre demande des années d'une étude fuivie, des yeux qui fe portent partout, & une tête libre. Il faut donc, n'en déplaife aux Cenfeurs des Ecrits politiques, éclairer le Miniftere actif, par les fpéculations des Philofophes citoyens, qui n'ont ni titres, ni affaires, mais le tems de voir & de réfléchir, avec le zele de procurer le bien, & la patience d'attendre qu'il fe faffe. Malheur au Peuple, fi l'orgueil, ou l'intérêt perfonnel, étouffoit la voix du patriotifme ! Tant qu'il fe tient dans fes limites, il n'eft redoutable qu'aux partifans des abfurdités, des vexations & des rapines ; il n'eft inutile qu'à la fotte vanité, qui croit tout favoir fans rien étudier, ou à la négligence criminelle, qui ne veut rien opérer pour le bien public.

IDÉES
D'UN CITOYEN
SUR
LES BESOINS, LES DROITS,
ET LES DEVOIRS
DES VRAIS PAUVRES.

CHAPITRE PREMIER.
THEORIE.

ARTICLE PREMIER.
Des diverses especes de Pauvreté véritable.

§. I.
Des Pauvres invalides.

TOUT CITOYEN dépourvu des avantages
de la fortune est sans doute vraiment pauvre,
si la nature ou le malheur affoiblit habituelle-
ment ses forces, lui ravit quelqu'un de ses
membres, ou gêne l'exercice de ceux qui lui

reftent, de maniere qu'il ne foit plus en fon pouvoir de fe livrer à nul travail dont le produit puiffe fuffire à fa fubfiftance. Cette efpece de pauvreté permanente fe fubdivife en trois claffes différentes , relativement aux trois âges de la vie.

N°. I.

Premierement, l'impuiffance naturelle des Enfans eft trop évidente ; il faudroit n'être pas homme pour fe montrer infenfible au malheur de ceux qui font dans l'indigence : les uns font des Orphelins nés de parens connus, mais abandonnés par leur mort, fans héritage & fans reffource : les autres font des Enfans expofés, condamnés, par le crime de ceux qui leur ont donné le jour, à ne connoître jamais les auteurs de leur trifte exiftence. Ces jeunes infortunés font des hommes & des citoyens ; l'humanité, la politique & la religion , s'accordent à les faire adopter par le Gouvernement, comme les Enfans de la Patrie. Quels font leurs befoins, leurs droits & leurs devoirs ?

Depuis le premier inftant qui les jette entre les bras de la miféricorde publique, jufqu'à celui d'une adolefcence vigoureufe, & capable d'un travail qui fuffife à leur fubfiftance, les Enfans adoptifs de la Patrie peuvent être confidérés fous deux époques différentes : la premïere eſt l'enfance, proprement dite; ils n'ont alors que des beſoins phyſiques : l'Etat doit y pourvoir. C'eſt une obligation ſolidaire de tous les Citoyens envers eux : leur foibleſſe & leur impuiſſance rendent leur droit plus ſacré & plus inviolable. La ſeconde époque, c'eſt la puberté : capables alors d'une inſtruction convenable à leur état, les orphelins indigens ont beſoin de la recevoir, & droit de l'exiger, pour être en état de remplir envers la ſociété, depuis leur adoleſcence juſqu'à leur mort, les devoirs que leur impoſe la bienfaiſance patriotique dont ils ſont les fils & les éleves.

Parlons d'abord des beſoins phyſiques de l'enfance proprement dite. L'ancienne Légiſlation Françoiſe avoit impoſé l'obligation d'y pourvoir aux Seigneurs Hauts-Juſticiers ; mais auſſi les Enfans illégitimes devenoient leurs ſerfs, c'eſt-à-dire, à-peu-près leurs eſclaves, dans l'ancienne rigueur du droit féodal. Il ne reſte plus dans nos mœurs aucune trace de cette ſervitude, ſi ce n'eſt le droit de ſuccéder aux bâtards, conſervé par les Seigneurs, à la charge de nourrir & d'élever ceux qu'on expoſe ſur leur territoire.

Les progrès de la population, du libertinage & de la miſere dans les grandes Villes, ont mis le Gouvernement dans la néceſſité d'y former des établiſſemens pour la ſubſiſtance des Orphelins & des Enfans trouvés : mais on ne peut s'empê- cher d'avouer qu'un ſi bel ouvrage ne ſoit en- core bien loin de ſa perfection dans la Capitale même , & dans toutes les grandes Cités du Royaume. Diſons hardiment qu'il n'en a pas moins été dépenſé des ſommes étonnantes , & peut-être plus que ſuffiſantes pour les vrais be- ſoins des Enfans abandonnés. Le vice radical va ſe montrer tout-à-l'heure aux yeux les moins clairvoyans , lorſque nous traiterons de la ſe- conde époque , ou de l'adoleſcence des Orphe- lins & des Bâtards , & de leur inſtruction.

Le premier mal auquel il faudroit peut - être remédier , c'eſt l'expoſition même des Enfans : on a déja ſur cet objet quelques Réglemens utiles qui pourroient, ce ſemble, être perfec- tionnés. L'indigence ou le crime cherchent le myſtere , & ſe couvrent des ténebres pour li- vrer à la charité patriotique les malheureux qu'ils ont fait naître. Anciennement dans les Villes mêmes , on les dépoſoit pendant la nuit aux portes des Egliſes , ou des autres lieux pu- blics. Combien n'avoient-ils point à craindre de la rigueur des ſaiſons , de leur propre foibleſſe , & de mille périls dont ils étoient environnés ? C'eſt pour les en garantir qu'on a ſagement éta- bli dans les Villes un lieu commode pour leur dépôt , & tel , qu'on les y reçoit à toutes les heures du jour & de la nuit , fans que le fecret de leur naiffance puiffe être trahi. Mais dans les petites Villes & dans les campagnes , où l'on n'a point encore cette reffource , il refte la malheureufe coutume d'expofer les Enfans à la porte des Eglifes & des Châteaux , où les dangers font plus grands. Ce qu'on y sait faire de mieux , c'eft de voiturer ces petits infortunés à la Ville la plus prochaine , mais fouvent trop éloignée. Les rifques & les fouffrances de ce tranfport furtif font communément trop au-deffus des forces d'un Enfant qui vient de naître ; & de-là tant de morts précipitées de ces tendres victimes entre les bras des nourrices , qui les reçoivent expirans de fatigue & de langueur.

Il faudroit donc établir dans tous les Bourgs un lieu de dépôt à-peu-près femblable à celui des Villes. C'eft un foin qu'on pourroit confier au Syndic ou au Marguillier en charge , mieux encore au Commiffaire des Pauvres , dont nous parlerons dans la fuite. Par la connoiffance qu'ils ont de la Paroiffe , & même du voifinage , ils trouveroient promptement une nourrice à l'Enfant qui viendroit d'être dépofé: leurs propres femmes , ou leurs fervantes , en prendroient foin dans le premier inftant ; elles les feroient alaiter provifoirement par les honnêtes femmes du Village qui feroient en état de leur procurer ce fecours. Nous entendons que l'Officier, chargé de cet emploi, feroit toujours muni, d'une provifion fuffifante de linges, de petits uftenfiles & vêtemens néceffaires à ces enfans, qui lui feroient payés, ou fournis en nature. Le Juge du lieu veilleroit fur l'acquittement de ce devoir avec le pouvoir de punir la négligence, & l'obligation d'en répondre lui-même aux Magiftrats fupérieurs. Mais à cette infpection d'autorité, nous en ajoutons deux autres de pure charité, celle du Curé de la Paroiffe & des femmes anciennes & notables que nous nous propofons d'honorer du miniftere de toutes les œuvres de miféricorde, fuivant l'ancien efprit de l'Eglife, & la pratique récente, mais très utile, de plufieurs Paroiffes de Ville & de campagne. On verra dans la fuite que c'eft une de nos idées fondamentales d'engager en même-tems le Clergé, la Nobleffe, la Magiftrature & l'élite du Tiers-Etat & des deux fexes, par religion, par devoir, par honneur & par intérêt, à veiller au moindre befoin de toute efpece de vrais Pauvres.

L'Officier que nous honorons de cet emploi (car en bonne Politique comme en bonne Juftice, c'eft une place à décorer) étant obligé d'entretenir une correfpondance continuelle avec le

Bureau de charité de la Ville serviroit encore ,
pour le même objet des Enfans exposés, à tenir
regiftre & à donner avis des femmes de fon dif-
trict qui pourroient & voudroient nourrir de ces
Enfans du Public.

Le malheureux efprit d'inconféquence Françoife , qui met prefque par-tout la prodigalité
où il faudroit l'épargne , & l'épargne où il faudroit la prodigalité , a fait imaginer d'un côté de
bâtir à très grands frais des Hôtels immenfes &
magnifiques pour loger enfemble quelques Enfans depuis quatre ou cinq ans jufqu'à dix ou
douze, qui n'auroient befoin que de deux ou
trois chambres , quand même il feroit auffi néceffaire de les raffembler qu'il nous paroît inutile & même pernicieux. Premier abus auquel
nous reviendrons , & qui frappe fi fort à Paris ,
dans le Parvis de Notre-Dame , tout homme de
bon fens. Mais d'un autre côté on économife
fur les mois des nourrices : on paie moins pour
les Orphelins , ou les Enfans trouvés , que ne
donnent ordinairement les meres de l'état médiocre. Les nourrices mercenaires , qui, ne
voient d'ailleurs aucune efpérance à fonder
pour l'avenir fur un éleve pauvre dont elles ne
feront même pas connues , ne s'en chargent
qu'à l'extrêmité , faute de tous autres , les traitent avec beaucoup moins de foin , & portent ,

peut-être trop souvent, la dépravation jusqu'à
n'être pas fâchées de s'en défaire. C'est d'après
cette idée bien véritable qu'un bon Citoyen
doit apprécier ces élégants chefs-d'œuvres d'Architecture, de Sculpture & de tous les Arts,
qu'on appelle des Hôpitaux d'Enfans trouvés.

Aussi zélés partisans du véritable utile, qu'ennemis du prétendu beau mal placé, nous
croyons qu'il faut payer aux nourrices la pension d'un de ces Enfans autant, au moins, que
coûte celle d'un de ses fils à l'honnête Artisan
qui vit dans l'aisance. Nous aimerions mieux
même qu'on se rapprochât, pour le prix, de la
bonne Bourgeoisie, que de l'extrêmité funeste
dont nous nous plaignons. Les femmes de la
campagne se chargeroient alors volontiers de
ces nourrissons. (Nous parlerons bientôt d'un
autre moyen de les y encourager). Inscrites de
bonne heure sur le Registre du Commissaire paroissial, & sur celui de la Ville, elles les recevroient à tems, avec plus d'ordre & de facilité :
non-seulement bien payées, mais encore ins-
pectées par le Commissaire, par le Juge, par le
Curé, par les femmes notables de la miséricorde ; elles s'acquitteroient avec plus de fidélité de leurs devoirs : les Enfans ne seroient plus
abandonnés, comme ils l'ont été jusqu'ici, à la
merci des nourrices les plus viles, les plus mal
payées,

payées ; & les plus libres de mal faire.

Un célebre Magiftrat, placé dans le Miniftere avec l'applaudiffement de tous les Citoyens,
s'étant fait rendre un compte exact du fort de
ces Enfans confiés dès leur naiffance aux foins
de la charité publique, le nombre des morts pré-
maturées lui parut, dit-on, prodigieux. Il ne
faut point en chercher la caufe ailleurs que dans
la néceffité des tranfports furtifs, l'épargne mal
entendue fur le falaire des nourrices, & le défaut de furveillans qui s'occupent de leur confervation.

Le Commiffaire Paroiffial, le Juge, le Curé,
les femmes notables, doivent encore veiller fur
la manutention, les réparations, le renouvel-
lement des petits uftenfiles, meubles & vêtemens néceffaires à cet âge tendre. L'éloigne-
ment des lieux, la négligence des mauvaifes
nourrices, les lenteurs des Bureaux d'adminiftration ne font que trop fouvent languir les pauvres Orphelins, faute de ces attentions. Une
infpection fage & charitable pourroit prévoir
de bonne heure, & fe précautionner à tems.
Elle empêcheroit auffi la fraude & la diffipation dont les nourrices pourroient être foupçon-
nées. La crainte d'être trompée par leur infidé-
lité, ne fert que trop fouvent de prétexte à une
Adminiftration bornée dans fes revenus, fur-

B

chargée d'Enfans pauvres , & ruinée d'ailleurs par des dépenses folles : on refuse le vrai nécef-faire , parcequ'on ne fait pas le diftinguer des faux befoins. Eclairons l'Adminiftration par une correfpondance avec des Infpecteurs inftruits, défintéreffés & charitables. Elle ne rifquera plus d'être injufte en refufant , ou prodigue mal-à-propos , en accordant ces fortes de fe-cours.

Au fortir de l'enfance proprement dite , les Orphelins abandonnés deviennent capables d'inftruction. C'eft alors qu'on s'imagine faire merveille de les raffembler dans des afyles qu'on bâtit par-tout à grands frais ; il faut à ces Mai-fons des Adminiftrateurs , des Officiers , des domeftiques ; il faut des Religieufes fœurs Gri-fes , ou autres, des Prêtres , des Chapelles , des Salles , des Bureaux , des Appartemens , des Réfectoires , des Jardins , & tout l'attirail que la curiofité frivole admire , & qui fait gémir le bon fens patriote.

Dans ces demeures équivoques , regne trop fouvent à l'extérieur la magnificence la plus complettement ridicule ; à l'intérieur, regne, d'une part , l'aifance , quelquefois même trop recherchée dans tout l'acceffoire , c'eft-à-dire, dans tout ce qui n'eft pas directement pour les Pauvres ; mais en récompenfe , dans tout ce qui les concerne , la misere, la malpropreté, la gêne, l'épargne , & tout ce qui répugne au cœur humain,ne manquent jamais d'éclater partout. Il en faut excepter les salles des Enfans qui sortent du sevrage, jusqu'à l'âge de dix à onze ans. Ceux qui sont confiés aux Sœurs Grises, ou à d'autres Religieuses , soit à Paris , soit en Province , sont tenus avec beaucoup de soin , peut-être seroit-on même tenté de dire avec trop d'élégance, aux moins ceux qu'on expose sans réflexion dans les Eglises , où , pour premiere leçon de leur vie , ils apprennent le dangereux métier de la mendicité. Mais, qu'on aille voir ces mêmes Enfans parvenus à l'âge de douze ans , renfermés dans l'Hôpital de la Pitié , près S. Victor : c'est-là que nous voulons interroger le sentiment de tout honnête Citoyen.

Une seule erreur fondamentale entraîne après elle tous ces inconvéniens , dont nous croyons avoir droit de nous plaindre : on y donne tout naturellement en France depuis long-tems, & , sans qu'on s'en apperçoive , elle y fait tacitement la base de tous les Réglemens, dont elle rend la plupart inutiles, & presque ridicules. On ne pense à faire des établissemens que dans les Villes , & pour les Villes, comme si les murailles des Cités étoient tout le Royaume, les Artifans & les Bourgeois les uniques sujets du Roi, les feuls Citoyens de l'Etat. En conféquence, pour l'objet qui nous occupe maintenant, on n'a penfé qu'aux Orphelins des Villes : on a voulu que leur demeure fût une décoration pour les Villes : on a dirigé leur éducation fur le befoin des Villes ; elle tend à former des artifans & des domeftiques des deux fexes.

Nous croyons au contraire que le premier befoin de l'Etat eft celui des campagnes ; que la claffe la plus utile des Citoyens eft celle des Agricoles. Il eft très démontré que cette efpece précieufe va tous les jours fe dépeuplant, par les recrues qu'elle fournit fans ceffe aux autres, fans en recevoir elle-même que par hazard. Notre luxe actuel multiplie fans ceffe les Artifans, les valets, les gens de Finances, de Facultés, d'Arts libéraux, & d'autres profeffions plus ou moins infructueufes pour la production des vrais biens folides & des richeffes premieres d'un Etat. C'eft à nos campagnes qu'on enleve ces effains d'hommes confacrés à l'oifiveté, ou à de prétendus travaux peut-être pires que l'oifiveté même. Les fils d'un Laboureur, d'un Vigneron, deviennent laquais, Artifans de Ville ; fes filles font cuifinieres ou femmes de chambre : une fois fortis du Village, les uns &

les autres n'y rentrent presque jamais. Leur postérité s'éleve peu-à-peu, ou languit dans les derniers rangs de la Ville ; mais elle ne reprend point la bêche & la charrue. C'est une remarque certaine, mais très singuliere, que les enfans nés des domestiques de Ville, des ouvriers & des Bourgeois de toute espece, ne redeviennent presque jamais Paysans. C'est à la Noblesse, à la plus ancienne & à la meilleure, que ce fort est réservé dans plusieurs de nos Provinces. Excepté ces malheureuses générations de Gentilshommes, & quelques étrangers en petit nombre, la classe de ces hommes utiles qui travaillent la terre de leurs mains, n'est jamais recrutée par les enfans des autres ; mais elle fournit fans cesse les siens pour le service du Souverain, par Terre & par Mer, pour l'Eglise, pour la Justice, pour les autres Arts de toute espece.

Voici la conclusion que nous avons tirée de cette observation. La classe des Cultivateurs est la plus utile à l'Etat , la plus épuisée, la moins repeuplée par les enfans des autres. Le bien de l'Etat exige donc qu'on y consacre les éleves de la charité publique. C'est un vol fait à l'Agriculture que l'éducation qu'on leur donne, pour les rendre propres au service des Villes, & à leurs métiers sédentaires. Nourris aux dépens de la fociété publique , ils contractent envers elle l'obligation de la fervir dans la profeffion la plus utile : travailler la terre de leurs mains, nous ofons dire que c'eft leur vrai devoir, au jugement de la raifon & de la faine politique. Tout Enfant trouvé, tout Artifan orphelin doit être, felon fon fexe, un bon Payfan, une bonne Payfane, & rien autre chofe : toute deftination contraire eft d'une abfurdité manifefte. Une Déclaration affez récente, mais affez mal exécutée, peut - être point du tout comme bien d'autres, promet un encouragement aux Laboureurs qui fe chargeront d'un Enfant trouvé. Le principe qu'on vient d'établir avoit dicté cette loi; elle fert au moins à le confirmer : mais il faut aller plus avant , dès qu'on a eu le bonheur de rencontrer la vérité.

Les Enfans abandonnés font alaités à la campagne par des femmes payfanes ; ils font deftinés à devenir payfans eux-mêmes. Il n'eft donc pas néceffaire de les ramener à la Ville , de les entaffer dans des Hôpitaux, de les y enfermer dans une demi-oifiveté , de les former dans des travaux étrangers à l'Agriculture. Il eft bien plus fimple & bien plus raifonnable de les laiffer comme des enfans adoptifs dans la maifon de leur propre nourrice. Un Enfant de dix ans jufqu'à quinze ou feize eft une charge à la Ville ;

c'eft une richeffe à la campagne. Donnez à fes parens d'adoption la même fomme qu'il vous coûteroit dans un Hôpital , ils le nourriront , l'entretiendront comme eux , fous l'infpection du Commiffaire Paroiffial , du Juge , du Curé , des femmes charitables , qui font auffi fes parens par leur miniftere ; & fous la tutelle du Bureau de charité de la Ville , qui le connoîtra fans en être connu. Ces Enfans apprendront peu-à-peu, & fucceffivement , à fervir les ouvriers de la campagne , à garder les troupeaux , à s'acquitter eux-mêmes de tous les travaux convenables à leur fexe dans cette profeffion eftimable. Dès qu'ils pourront fe procurer eux-mêmes leur fubfiftance , vous les laifferez les maîtres de leur travail ; mais il faut abfolument leur interdire l'entrée des autres profeffions. C'eft un droit acquis fur eux à la République ; c'eft leur devoir imprefcriptible. Ainfi nous ne balancerions point à impofer une amende forte , & rigoureufement exigible au profit du Bureau des Pauvres , pour tout Maître , autre que les Agricoles , qui prendroit comme domeftique un Orphelin, ou Enfant trouvé de l'un ou de l'autre fexe ; pour tout Maître Artifan qui les recevroit comme apprentifs, pour toute Communauté qui les admettroit en qualité de Maîtres.

Par cette idée nous fimplifions totalement l'é-

ducation de ces Enfans publics ; ils apprendront
au Village ce qu'apprennent les autres payſans,
dont ils feront penſionnaires ou comme fils
adoptifs , juſqu'à ce qu'ils ſoient en état de ſe
mettre aux gages d'un Laboureur , d'un Vigneron , ou de tout autre Agricole. C'eſt ainſi que
nous rendons ces Enfans auſſi véritablement
utiles qu'ils puiſſent l'être à l'Etat qui les éleve ;
& dans le même tems nous rendons aux autres
deſtinations ces vaſtes bâtimens ſi ſuperflus , &
ce nombre de perſonnes , d'ailleurs très reſpectables , qui trouveront un autre emploi plus
avantageux au bien public. Nous bornons tous
les beſoins à cet égard au lieu de dépôt néceſſaire pour l'expoſition des Enfans de la Ville.
Le Bureau général de charité , que nous propoſons pour toutes les eſpeces de pauvreté , veillera ſur le dépôt , & ſur tout ce qu'il exige. Nous
en parlerons dans *la Pratique* de nos idées. Sor-
tis de ce dépôt , les Enfans ſeront élevés & inſ-
truits à la campagne ; le Bureau paiera leurs
alimens & leur entretien , juſqu'à ce qu'ils ſoient
en état de ſe ſuffire à eux-mêmes. Les perſonnes
prépoſées par état à l'accompliſſement des œuvres de miſéricorde , veilleront ſur le ſoin que
prendront de leur vie , de leur inſtruction , de
leur conduite , les parens adoptifs qui feront
foudoyés pour cette éducation. Un de ces in-

fortunés deviendra par ce moyen une reſſource & une richeſſe pour la famille payſane qui l'adoptera. C'eſt le moyen que nous avons annoncé pour leur faire trouver de bonnes nourrices.

On n'imaginera pas, ſans doute, que nous uſions de rigueur envers les Orphelins, en les aſſujettiſſant irrévocablement aux travaux de l'Agriculture. Cette profeſſion eſt encore dans nos mœurs la plus noble de toute la ſociété, puiſqu'elle ne répugne point avec la plus illuſtre naiſſance ; elle a ſes douceurs & ſes plaiſirs. Il eſt vrai que, par une ſuite de longues & funeſtes erreurs, le Gouvernement paroiſſoit l'avoir totalement oubliée, depuis le grand Henri IV & le grand Sully. L'eſprit de faſte avoit ſacrifié ſans pitié nos campagnes à nos Villes : mais l'excès des maux qu'a produits ce faux ſyſtême a fait enfin ouvrir les yeux. Le Ciel a donné à la France un Roi qui veut, comme Henri IV, que ſes Miniſtres penſent plus à ſon Peuple qu'à lui-même, & des Miniſtres qui croient, comme Sully, que les Agricoles ſont la première & la principale partie du Peuple. On doit donc eſpérer que le ſort des habitans de la campagne va devenir plus heureux de jour en jour ; c'eſt un des vœux que nous formons tous les jours pour la gloire du Roi, & pour le bien de la Nation.

Nous ferions trop flattés de pouvoir y contribuer, & c'eft dans cette vue que nous donnerons bientôt nos *Idées fur les moyens politiques de perfectionner l'Agriculture.* Les plus illuftres Ecrivains ont déja plaidé fi éloquemment la caufe de nos Agricoles, & le Gouvernement en paroît fi touché, que nous croyons affurer aux Orphelins futurs une heureufe deftinée, en les fixant dans cette Claffe privilégiée de Citoyen.

Nº II.

Le dernier âge de la vie ne reffemble que trop fouvent au premier, pour la foibleffe de l'efprit & du corps. L'infirmité rend les Vieillards incapables du travail : ceux qui font nés fans biens, & qui pendant les belles années de leur vie, n'ont pu fe préparer des reffouces contre l'indigence, font, à la fin d'une longue & pénible carriere, néceffairement réduits à la trifte néceffité de fubfifter aux dépens de la charité publique.

Faifons une remarque importante & fondamentale. Les Citoyens qui font le meilleur emploi de leurs forces, tant qu'ils en ont, font le plus communément affiégés de la pauvreté dans leur vieilleffe. Les Ouvriers dévoués aux travaux de l'Agriculture, & aux Arts de premiere néceffité, font toujours les plus mal payés, à

peine leur donne-t-on de quoi vivre & s'entretenir très frugalement & très grofſierement,
eux & leurs familles. (Nous pourrions ajouter
que par les ſuites d'une mauvaiſe adminiſtration,
le poids des Impôts & le fardeau plus acca-
blant encore des vexations tomboient principalement ſur eux ; mais c'eſt un abus ſenti qui
ſera ſans doute bientôt corrigé). Les ſuperflui-
tés du luxe procurent à ceux qui travaillent
pour l'orgueil & la ſenſualité , un ſort honnête
& même brillant ; ils peuvent vivre dans l'ai-
ſance , donner à leurs enfans une belle éducation , & ſe précautionner , par des réſerves ſagement ménagées , un revenu ſuffiſant pour les
années de leur décrépitude. Quoi qu'il en ſoit
de cette bizarre diſtribution des ſalaires , il n'en
eſt pas moins vrai que d'un côté , les Artiſans
de mille choſes inutiles peuvent , lorſqu'ils ont
de la ſageſſe & de l'économie , faire une honnête retraite , même avant l'âge d'une entiere
caducité : c'eſt ce qu'on voit très fréquemment
dans les grandes Villes ; que de l'autre , les autres Ouvriers employés aux travaux les plus
pénibles , comme les plus néceſſaires , lorſqu'ils
parviennent à une longue vieilleſſe , ſont prefque tous , par la modicité des gages qu'ils ont
reçus toute leur vie , auſſi dénués de moyens ,
qu'incapables de continuer leurs ſervices.

Leurs femmes & leurs veuves, parvenues à ce même état d'impuiſſance, partagent évidemment leur miſere.

Les *beſoins* de la vieilleſſe pauvre étoient trop ſenſibles dans nos Villes, pour ne pas s'attirer l'attention du Gouvernement ; c'eſt principalement pour eux qu'on a imaginé de bâtir & de doter *les Hôpitaux*. Le deſſein qu'on a ſi ſagement formé depuis long-tems d'abolir abſolument la mendicité en France, exigeoit qu'on prît des moyens de pourvoir à la ſubſiſtance des Vieillards invalides, de l'un & l'autre ſexe ; il eſt clair qu'ils ont *droit* de l'exiger de la part des Adminiſtrateurs de la République, dès qu'on leur ôte leur ſeule reſſource, en les empêchant de ſolliciter la compaſſion de leurs Concitoyens. Leur *devoir* eſt de ſe prêter à la Loi qui prohibe la mendicité, à cauſe des inconvénients qu'elle entraîne après elle, des maux réels qu'elle peut faire à l'Etat, & de l'eſpece d'opprobre dont elle couvre toujours un Gouvernement, qui ne ſait pas la prévenir ou la détruire. Les Vieillards vraiment pauvres doivent recevoir avec ſoumiſſion & reconnoiſſance les ſecours dont ils ont beſoin, dans la forme & la maniere que la ſaine politique juge plus convenable & plus avantageuſe : c'eſt l'obligation qu'ils contractent par leur état même envers la charité publique.

Il eſt donc indubitable que les Vieillards invalides devroient entrer ſans murmure dans les
aſiles qu'on leur a deſtinés, ſi le bien public
exigeoit véritablement qu'ils fuſſent enfermés,
comme on l'a voulu, dans un Hôpital général,
pour y vivre, non-ſeulement dans une grande
pauvreté, mais encore dans une gêne & une
dépendance fort approchantes de la captivité
& de l'eſclavage. L'idée ſeule de ces Hôpitaux
cauſe cependant à la Vieilleſſe indigente une
horreur qu'on ne ſauroit exprimer. Examinons
ſi c'eſt avec quelque eſpece de raiſon, & ſi la
bonne & ſaine politique ne pourroit pas leur
épargner les déſagrémens trop réels de cette
ſervitude. Diſcutons librement la nature de ces
Hôpitaux, & des vices dont leur conſtitution
nous paroit infeſtée.

Premierement, eſt-il néceſſaire qu'une ſeule
& même maiſon ſerve de priſon au crime, au
libertinage, & à la Vieilleſſe malheureuſe ? Les
deux premiers impriment à cet aſile une note
d'infamie qui réjaillit ſur d'honnêtes Citoyens,
dont tout le malheur eſt d'avoir été utiles &
mal payés. N'eſt-ce pas aſſez d'abuſer de leurs
forces, pendant leur vie, ſans couvrir d'opprobres leurs derniers jours, & juſqu'à leur tombeau ? Ce mélange du vice qu'on punit, & de
la foibleſſe qu'on ſoulage ſous les mêmes toits

& dans la même enceinte, rend encore les Vieillards captifs dans leur retraite, les affujetit à des regles, des contraintes, des foumiffions, qui font fi peu faites pour cet âge. N'eft-ce donc pas affez d'être pauvres ? Pourquoi faut-il que vous faffiez efclaves, des Citoyens libres, parcequ'ils ont épuifé leurs forces au fervice de l'Etat ? Pendant que les Nations les plus barbares, affranchiffent leurs Efclaves parvenus à la décrépitude.

Secondement, à quoi fert de raffembler dans la même enceinte, ce nombre de perfonnes totalement inhabiles au travail (car nous ne parlons ici que des Vieillards entierement invalides) ? Quel profit tirez-vous de leur féjour dans une même maifon, qui les gêne & les captive fi cruellement ?

Pourquoi ne laifferions-nous pas ces Pauvres caducs, dans le lieu même qu'ils habiterent autrefois, jouir du droit de domicile, de liberté, de Citoyen, qui plaît toujours, & qu'on a toujours droit de revendiquer. La plûpart y trouveroient de petits fecours d'amitié, des confolations, une fociété, dans des parents, des amis, des voifins, des anciennes connoiffances, qui ne vont point les chercher dans les horreurs d'un Hôpital. Infcrits fur le Regiftre du Commiffaire paroiffial, du Juge, du Curé, des

Femmes notables, &, d'après leur certificat affirmé par serment, inférés dans celui du Bureau de Charité de la Ville, ils recevroient par semaine, du Commiſſaire, les ſecours en nature ou en argent, qu'on auroit jugé convenables. Les autres Officiers de la miſéricorde publique veilleroient ſur la fidélité de la diſtribution, & ſur la ſageſſe de l'emploi qu'ils en feroient, pour en référer au Bureau même : on leur procureroit les ſoulagemens convenables dans leurs infirmités habituelles & paſſageres, comme aux autres Pauvres malades de la Paroiſſe, ainſi que nous l'expliquerons plus bas. Il n'eſt point de Vieillard pauvre, qui ne préfere avec la plus grande joie, de vivre ainſi plus frugalement, libre chez lui dans un taudis ou dans le coin d'une chaumiere, à un meilleur entretien entre les murs du plus magnifique Hôpital. Pourquoi ne pas leur donner à tous cette ſatisfaction, dès qu'ils ne pourront plus mendier ?

Ici revient la réflexion que nous avons faite ſur les Hôtels qu'on a bâtis, & qu'on bâtit actuellement pour les pauvres enfans, qui n'ont pas beſoin de ces Edifices. Chaque Hôpital général du Royaume eſt encore un exemple plus ou moins frappant de l'abus que nous avons démaſqué. Les Vieillards indigens n'ont aucun

intérêt à ces conſtructions ; elles ſont totalement ſuperflues pour eux , & même pis encore
qu'inutiles , puiſqu'elles ne ſont deſtinées qu'à
les ſoumettre au joug de l'eſclavage. Retran-
chez donc ces Bâtimens , ces Officiers , & tout
cet attirail ſaint ou prophane que vous prodi-
guez en pure perte aux vieux Pauvres ; mais
à la place de ces inutilités ſagement proſcrites ,
ſubſtituez des largeſſes plus raiſonnables.

Corrigez d'abord le vice radical de tous vos
Hôpitaux, qui portent , dans chacune des Villes
où vous les avez établis, le titre pompeux
d'Hôpital général , & qui ne ſont rien moins en
réalité , que des aſyles *généraux* ; il faudroit ,
pour mériter un ſi beau nom, qu'ils fuſſent ouverts , ſans nulle réſerve , à tous les Indigens
de la Province , tandis que la plûpart, bornés
dans leurs revenus , & ruinés par des Bâtimens
ſuperflus , ſuffiſent à peine à un petit nombre
des Miſérables de la Ville ; car c'eſt pour les
Villes preſque uniquement qu'on a deſtiné ces
Etabliſſemens pieux : comme ſi les Agricoles
ne pouvoient pas être pauvres dans leur vieilleſſe , eux qui le ſont toute leur vie, en travaillant ſans ceſſe depuis le lever de l'Aurore
juſqu'au coucher du Soleil pour nous tous , que
le haſard de la naiſſance ou de l'éducation rend
heureux dans l'oiſiveté , ou comme ſi l'impuiſſance

fance de ces hommes utiles ne méritoit aucuns égards : aucun fecours.

Bien éloignés d'exclure, par une préférence injuste, les Habitans de la Campagne de toute prétention aux libéralités de l'Etat, nous voulons que dans leur décrépitude ils foient nourris, s'ils font pauvres, aux dépens du Public & des deniers confacrés à la miféricorde ; penfionnés dans leurs domiciles, adoptés par le Bureau de Charité de la Ville, confiés par lui aux foins du Commiffaire Paroiffial, du Juge, du Curé, des Femmes notables. La piété patriotique ne doit connoître aucune exception, aucune borne. Tout Vieillard invalide doit recevoir fon néceffaire : c'eft la dette commune du Souverain lui-même & de tous fes Sujets ; dette auffi facrée, auffi imprefcriptible que l'autorité du Maître, & la propriété des Citoyens avantagés par la fortune. C'eft une des claufes fondamentales du contrat focial, qui ne peut être méconnue, & qu'on ne devroit jamais oublier.

Il faut placer dans la claffe des Pauvres invalides, au même rang que les Enfans & les Vieillards, ceux qui font totalement aveugles, puifqu'ils font pour l'ordinaire auffi complettement incapables de travail, que s'ils étoient encore dans le berceau ou dans la décrépitude.

Il nous paroît également inutile & cruel de les
enfermer dans les Hôpitaux ; dès-là qu'une pension adminiſtrée ſuivant nos idées , ſuffit à leur
ſubſiſtance. Un ſaint Roi fit jadis admirer ſa charité, par un établiſſement en faveur de trois cens
Aveugles ; & de nos jours, on a voulu ſans
doute faire de ce monument reſpectable , un
des plus beaux Ornemens de la Capitale , en
le décorant d'une ſuperbe Architecture, qu'on
eſt tout étonné de trouver dans un lieu où l'on
a tant de raiſons de ne la pas ſoupçonner. La
Fondation fait beaucoup d'honneur ſans doute
au cœur bienfaiſant de St. Louis ; mais elle en
fait très peu aux lumieres de ſon Siecle , & à
la politique de ſon Conſeil. Nous oſons prononcer hardiment qu'il eſt ridicule qu'un grand
Monarque bâtiſſe & dotte des Aſiles dans ſon
Etat , pour un nombre déterminé de Malheureux , & pour un certain genre de miſere. C'eſt
à tous les Indigens , de quelque eſpece qu'ils
puiſſent être , & en quelque nombre qu'ils ſe
trouvent, qu'un Roi doit faire donner la ſubſiſtance. Nous croyons que les Aveugles pauvres du Royaume doivent être tous alimentés
& entretenus dans le lieu même de leur domicile ordinaire ; une Maiſon commune leur
eſt inutile , ſur-tout une Maiſon dans la Capitale , ornée comme un des plus beaux Palais

de l'Europe, qui contraste si bisarement avec le métier qu'ils exercent dans les Eglises, d'une mendicité très incommode & très indécente. Donnez-leur de quoi vivre chez eux en vrais & bon Pauvres, sans tourmenter les Fideles; & louez, au profit du Bureau général de Charité (qui remplira leurs besoins, comme ceux de tous les autres Indigens) ces grands & beaux Edifices, qui ne sont pas faits pour être l'asile dela misere.

Nous disons à dessein qu'ils vivront chez eux comme de vrais & bons Pauvres; & c'est pour combattre les murmures de quelques Mendians devenus Pensionnaires de l'Etat, qui ne supporteront sans doute qu'avec peine ce changement dans leur sort. Habiles dans l'art d'émouvoir la compassion publique, en profitant des lieux, des momens, & des circonstances, ils savoient se procurer des récoltes abondantes d'aumônes pécuniaires, & s'en servoient pour vivre dans la crapule & la débauche. Ils ne doivent pas espérer sans doute que le Gouvernement fournisse à ces plaisirs grossiers, dont ils trouvoient la source dans leur mendicité, ni qu'on les entretienne dans l'aisance & la molesse : c'est au strict nécessaire que se bornent leurs *besoins* & leurs *droits*; c'est à s'en contenter que le *devoir* les oblige. L'autorité pu-

blique, en fe chargeant de les en pourvoir ;
pourroit leur prohiber la mendicité, quand
même elle n'auroit pàs d'autre inconvénient
que d'être à charge aux Citoyens, de faire
honte à l'adminiftration politique, & de procurer aux Pauvres un fuperflu dont ils abufent
trop fouvent, & qui ne doit point être pour
eux : à combien plus forte raifon ne doit-on
pas interdire, avec la plus grande févérité,
cet art dangereux qui fert de voile à tant de
défordres, & qui occafionne tant de crimes. Si
vous laiffez une feule porte ouverte à la mendicité, vous armez contre vous la fraude &
la licence : il faudroit ne connoître ni le caractere de la Nation, ni l'efprit de notre Légiflation, ni l'expérience de tous les Siecles précé-
dens, pour ne pas fentir quels progrès rapides
la fainéantife & le vagabondage feroient en
France, à l'abri de la moindre exception.

Le devoir des vrais Pauvres invalides eft
donc, premiérement, de vivre comme il convient à leur état, avec la penfion qui leur
feroit affignée, fuivant leurs befoins efti-
més par le vrai, le ftrict néceffaire : fecondement, de ne mendier jamais, fous quelque
prétexte, ni de quelque maniere que ce pût
être. L'aumône publique étant devenue générale, fuivant nos idées, pour toute efpece de

Pauvres, & pour tous leurs vrais befoins, fans exception, la mendicité eft un crime qui mérite d'être réprimé fans ménagement, & puni avec févérité : c'eft le fens des anciennes & des nouvelles Ordonnances. Elles paroiffent quelquefois aux bonnes ames trop rigoureufes envers les vrais Pauvres : elles le feroient fans doute, & même injuftes & cruelles, fi vous les fépariez de l'établiffement général, folide & perpétuel d'une charité patriotique & univerfelle. Elles n'ont toutes été rendues que dans l'efpoir de l'établir : mais c'étoit la partie la plus difficile de l'ouvrage, qui demandoit, d'un côté, un fyftême de détail combiné à loifir par quelque Citoyen animé de zele, & de l'autre, une volonté décidée, dans le miniftere & les Tribunaux, de donner un tems à cet objet fi digne de les occuper. Peut-être auroit-il été auffi fimple de travailler d'abord à l'établiffement, de le combiner, de l'affermir fur les fondemens les plus inébranlables, & de réferver, pour derniere opération, la publication des Loix prohibitives, qu'il feroit alors très jufte de promulger, & très facile de faire exécuter. Quoi qu'il en foit, les Loix ne manquent pas, elles ont prononcé d'avance, & très fagement, que la mendicité fera, même pour les vrais Pauvres, un crime puniffable par les peines afflictives &

infamantes ; dès-là , que le Gouvernement aura
pris foin de pourvoir au néceffaire de toute efpece d'Indigent.

En fuppofant ce principe comme vrai , politiquement & moralement parlant , il ne faut
pas croire qu'il foit nuifible à la charité chrétienne , & que nous prétendions ôter aux Fideles la reffource falutaire de l'aumône , ni
même aux ames purement humaines & fenfibles , le plaifir délicat de faire du bien : à Dieu
ne plaife. Le Commiffaire paroiffial , le Curé ,
les Femmes charitables auront toujours les
mains ouvertes pour recevoir les dons de la
piété ou de la bienfaifance , dans des Troncs
fermés de quatre clefs , dont une reftera chez
le Juge de la Paroiffe , enforte qu'ils ne puiffent
être ouverts que dans les Affemblées qui fe tiendront aux tems marqués , pour régler tous les
détails de la miféricorde publique ; détails qui
feront infcrits fur des Regiftres en forme , fignés
par tous , affirmés véritables par leurs fermens,
& dépofés par duplicata au Bureau général de
la Ville. C'eft à ce Bureau que fe verfera toute
recette , & c'eft de lui que partira toute dépenfe (comme nous l'expliquerons) étant compofé des Perfonnes les plus refpectables & les
moins fufpectes de tous les ordres de l'Etat ,
foumis d'ailleurs à l'autorité des Cours Souve-

raines & du Miniftere, & furveillé par la follicitude des Repréfentans de l'Eglife Gallicane.

Les contributions volontaires des Citoyens
feront donc reçues dans un dépôt inviolable,
(nous ne condamnons pas les Troncs dans les
Eglifes, ni même l'ufage où l'on eft d'employer,
dans certaines Solemnités, les Perfonnes les
plus diftinguées à folliciter la compaffion du
Public pour les vrais Pauvres) : elles feront
employées avec fageffe & avec économie au
foulagement des befoins véritables : c'eft là tout
le fruit qu'un honnête homme doit attendre de
fa générofité. Nous en concluons, que fi c'eft
un crime au Pauvre entretenu par l'Etat de
mendier, ce feroit une faute & un efpece de
délit au Citoyen de donner l'aumône à un Mendiant ; c'eft un fuperflu qu'il prodigueroit à l'un,
pour priver un autre du néceffaire, & pour mettre
les autres Citoyens dans la néceffité de le fournir à leurs dépens : ce qui forme, dans la réalité, une forte de vol fait au Public. La Loi
pourroit donc prononcer une amende pour tout
Diftributeur d'aumônes aux Mendians, & même attacher à cette peine une humiliation ; c'eft
auffi le prononcé formel d'une de nos anciennes
Ordonnances, auffi fage en elle-même, mais
malheureufement auffi prématurée que toutes
les autres de ce genre.

Par la défense abfolue , & rigoureufement
exécutée , de mendier & de donner l'aumône ,
nous n'entendons pas prohiber les petits préfens
d'amitié , les adouciffemens volontaires que dés
Amis , des Parens , des Voifins , des Connoiffances voudroient donner aux Pauvres domiciliés penfionnés & non Mendians , non plus
que les fervices manuels que de bonnes ames
leur rendroient par dévotion & par bonté de
cœur dans leurs infirmités , à l'envi des Femmes
charitables , des Eccléfiaftiques & des Commif-
faires , qui rempliroient par devoir un pareil
miniftere : loin d'en détourner des hommes &
des Chrétiens , nous n'aurions rien de plus à
cœur que de les encourager à ces bonnes œuvres , fi eftimables en cette vie , fi méritoires
pour le Ciel. Les débris de la table , de vieux
habits , des meubles antiques qui fe perdent ,
ou du moins à-peu-près , peuvent procurer de
grandes douceurs aux pauvres Vieillards , aux
Aveugles & autres Invalides réduits au ftrict
néceffaire ; & c'eft principalement pour les
mettre à portée de ces foulagemens , que nous
voulons les laiffer dans leur domicile , & que
nous nous oppofons de toutes nos forces à l'idée
peu réfléchie de les entaffer dans des Hôpitaux ,
loin de toute bienfaifance , & fous le joug de
la fervitude.

La même raison qui nous a fait ranger les Aveugles pauvres de l'un & l'autre sexe dans la même classe que les Vieillards invalides, nous oblige à leur associer encore les Estropiés de tout âge & de toute espece, que leurs incommodités rendent absolument inhabiles à tout travail. Cet état n'est, à proprement parler, qu'une vieillesse anticipée. Leur captivité dans les Maisons publiques, seroit autant inutile au bien de la société, que pénible pour eux : qu'ils restent dans leur domicile, & soient pensionnés comme les autres, aux mêmes conditions ; mais que leur incapacité soit bien réelle, bien certifiée par les Officiers de la Paroisse, bien reconnue dans les inspections & visites qui se feront réguliérement pour cet objet & pour tous les autres de la Charité générale & patriotique, ainsi que nous l'expliquerons, lorsqu'il en sera temps,

N°. I I I.

La troisieme espece de Pauvres invalides, comprend tous ceux qui sont dans la force de l'âge, mais disgraciés de la nature, ou maltraités par des accidens funestes, de telle maniere qu'il ne leur reste plus assez d'aptitude au travail pour suffire à leur subsistance. Le nombre n'en est malheureusement que trop grand en effet : mais il est beaucoup moindre en réalité qu'il ne paroît , par la criminelle industrie des Mendians de mauvaise foi. Tout homme estropié que ses infirmités n'empêchent point de travailler à la Terre , aux Chemins publics , dans les Manufactures , dans les Boutiques , sur les Vaisseaux , sur les Ports , & de gagner sa vie , n'est point encore un vrai Pauvre : il le deviendra peut-être plutôt qu'un autre ; mais en attendant que son malheur le réduise à cette fâcheuse extrêmité , il faut qu'il s'occupe utilement pour lui - même & pour l'Etat , ou qu'il soit puni comme un faux Pauvre , ainsi que nous expliquerons dans le dernier chapitre de notre Théorie , suivant le véritable esprit des Ordonnances.

Mais un Malheureux affligé de quelque privation , quoiqu'incapable de suffire totalement à sa subsistance , peut cependant vaquer à quelque fonction utile : il peut aider ou servir à d'autres Estropiés d'un autre genre , & leurs forces réunies avec le supplément de l'art , peuvent opérer de bons ouvrages. Par ce concours sagement ordonné , des Pauvres qui ne seroient propres à rien , s'ils étoient isolés , peuvent , étant assemblés & habilement employés , entretenir au moins quelque fabrication simple & facile d'un honnête produit ; & de-là naît la nécessité politique de loger ensemble , dans un afile les Pauvres qui ne font invalides qu'en partie, pour les appliquer au travail dont ils font capables. Cette idée fimple & naturelle avoit donné naiffance aux Hôpitaux, qu'on peuploit, fans réflexion, d'Enfans & de Vieillards, comme de Libertins & de Criminels.

Nous defirons d'abord qu'on banniffe abfolument ce mélange infâme des afiles que nous donnons pour demeure aux pauvres Eftropiés capables d'un travail utile, quoiqu'infuffifant pour leur fubfiftance. Attachez la honte & l'opprobre à la punition des Méchans, à la bonne heure; mais pourquoi voulez-vous qu'elle réjailliffe en quelque forte fur l'infortune ? c'eft une retraite qu'elle a droit d'attendre de vous, & non une Prifon; foyez fes Bienfaiteurs, & non fes Tirans. Il répugne encore à la raifon & à l'humanité que les Maifons des Pauvres foient des lieux de contrainte & comme d'efclavage : il doit y régner de l'ordre fans doute, de la police, de la décence; mais à quoi bon la gêne, la dépendance, la captivité ? Faut-il rendre ferf notre Concitoyen, parce qu'il a déja le malheur d'être eftropié ? Non, fans doute, quoi qu'en puiffent dire les Partifans de tout ufage, quelque abfurde qu'il puiffe être, pourvu qu'il foit invétéré.

Nous concevons que dans chaque Diocèfe à

portée de la Ville Episcopale & du Bureau de Charité qu'il y faut établir, on doit confacrer un *Afyle* pour les Pauvres eftropriés, & plus ou moins invalides fans l'être totalement ; c'eft-à-dire incapables de gagner leur vie par leur travail, mais cependant propres à quelque ouvrage, à quelque emploi qui rapporte un certain produit réel, quoiqu'inférieur au prix de leur fubfiftance & de leur entretien. Si vous laiffez ces pauvres ifolés, c'eft autant de parties d'un travail utile que vous perdez. Trois hommes qui ne pourroient gagner que le tiers d'une journée, font aujourd'hui contraints de mendier, & le Public qui les nourrit tous trois, eft privé d'un jour entier d'ouvrage : Si vous les réuniffez, fi vous les mettez à portée d'opérer fuivant leurs forces ; aucun d'eux n'aura de prétexte pour être oifif & importun, & vous ne ferez obligés d'en nourrir que deux, leurs opérations combinées gagneront la vie du troifieme. C'eft un profit que la faine politique a cent raifons de ne pas négliger. On divifera cet Afyle en trois quartiers différens & bien féparés, l'un pour les hommes, l'autre pour les femmes veuves ou célibataires, & un autre au milieu pour les Pauvres de cette efpece actuellement mariés. Ces Habitations doivent être très fimples, tant au dedans qu'au dehors, mais aérées, propres, décentes & bien ordonnées : point de Palais à plusieurs étages, qui respirent le faste à l'extérieur, & la misere la plus dégoûtante dans l'intérieur. Nous voudrions de grandes & vastes Cours, beaucoup d'air, d'eaux, d'arbres & d'ombrages ; tout autour des Corridors à un seul étage, élevés au-dessus du sol, dont le dessous serviroit de Cave & de Magasins, le dessus de Grenier ; des murailles d'une maçonnerie toute simple, mais des Chambres assez grandes, assez bien percées, assez bien closes, & meublées proprement, suivant l'état des Habitans. Nous entrerons dans tous ces détails au second Chapitre, où nous parlerons de la Nourriture, des Vêtemens, de la Direction spirituelle & temporelle de ces Pauvres, employés au travail qui convient à leurs forces.

Chaque *Asyle* diocèsain doit donc contenir quelque espece de Manufacture plus ou moins grossiere & facile, accommodée aux lieux & aux circonstances. L'entrée doit en être ouverte, sans distinction quelconque, à tout Pauvre de la Province, que ses infirmités habituelles mettent hors d'état de gagner totalement sa vie, même en travaillant autant qu'il le peut faire. Nous l'avons déja dit, & nous le répétons à chaque fois, la charité patriotique & la sollicitude du Gouvernement n'ont droit d'exclure aucun Indigent : c'est à ces Maisons d'une retraite laborieuse, qu'il faudra des Préposés des deux sexes, une administration temporelle, une direction spirituelle. Nous ferons voir, dans le second & le troisieme Chapitre, en parlant des biens appartenans aux Pauvres, & des Personnes qui se doivent par état à leur service, que tout cet appareil, aussi nécessaire ici, qu'inutile aux Enfans, aux Aveugles, aux Vieillards & aux Estropiés totalement invalides, ne doit point être onéreux à l'Etat, la piété de nos Ancêtres ayant pourvu depuis long-tems & très libéralement à ce besoin.

Les vrais Pauvres qui viendront vivre & travailler dans les Manufactures de *l'Asyle*, doivent y trouver une habitation, une nourriture, un entretien convenables, avec une liberté honnête après le tems de leur ouvrage, & tous les jours de Fêtes : ils y doivent être soulagés dans leurs maladies. Mais il peut arriver qu'un Pauvre estropié trouve, dans le lieu même de son domicile, quelque Citoyen charitable qui s'accommode de son demi-travail, & lui donne un demi-salaire ; en ce cas, il doit être libre au Pauvre de l'accepter : à quoi bon le gêner, pourvu qu'il travaille, & sur-tout qu'il ne mendie point ? On lui fournira, par forme de supplément, tout ce qui manqueroit à fa fubfiftance. Ces parties de penfions feront diftribuées dans la même forme que les penfions entieres des Pauvres abfolument invalides. Par la même raifon, un demi-Pauvre de la Manufacture, devenu par la vieilleffe, ou par un furcroît d'accidens, totalement invalide, doit être le maître de fe retirer, s'il l'aime mieux, avec fa penfion, dans le lieu de fon ancien domicile, ou de refter dans l'Afyle même, au quartier deftiné pour cet âge. Le plus grand nombre aimera mieux jouir de fa liberté, que de l'habitation dans la Retraite qu'on accorde à leur vieilleffe, par exception & feulement en faveur de ceux qui n'ayant vécu & vieilli que dans ces Afyles, n'auroient, pour ainfi dire, point d'autre Patrie, point d'autre domicile.

Pour résumer en deux mots, nous propofons de penfionner les Enfans orphelins légitimes ou illégitimes pendant toute leur enfance, à condition qu'ils feront élevés à la Campagne, pour former de bons Payfans. Nous penfionnons encore les Vieillards de l'un & l'autre fexe, les Aveugles & les autres invalides parfaits de tout âge, mais à condition qu'ils ne mendieront point, fous peine de punition rigoureufe, & qu'ils refteront dans leurs domiciles. Nous réunissons dans des Afyles les demi-Pauvres qui ne font pas totalement invalides, nous les y occupons fuivant leur capacité, &, à cette condition, leur donnons une honnête fubfiftance. Tels font les droits refpectifs des Citoyens riches ou capables de travail, & de ceux qui font dans l'impuiffance de fubfifter de leurs biens ou de leurs ouvrages.

Nous ne difons rien ici des Militaires invalides, du magnifique Hôtel qu'ils ont à Paris, de leur fort, de leur fervice, du régime de cet Etabliffement, & de l'Efprit qui l'a fondé ; mais fi l'on applique nos principes à leur état, on verra facilement ce que nous en devons penfer.

La répugnance que nous avons témoignée contre l'ufage de renfermer dans les *Afyles* le crime & le libertinage, ne s'étend point à ceux dont l'efprit eft aliéné par la nature ou les accidens. On doit aux Pauvres le foin de leur fubfiftance, lorfqu'une folie décidée oblige à les renfermer : l'Afyle leur doit être ouvert gratuitement, & l'humanité doit préfider aux fervices qu'on leur rend en tout genre. Les Familles riches y devant payer de bonnes penfions pour ceux de leurs parens qui font frappés de ce funefte accident, c'eft une recette pour le Bureau général de Charité, & une reffource pour les Pauvres de toute efpece. Les Fous ne font

que

que malheureux ; c'eſt par cette raiſon qu'il nous paroît plus naturel de les aſſocier aux Pauvres eſtropiés dans la même demeure & ſous le même gouvernement, que de les enfermer dans des Priſons avec les Débauchés & les Malfaiteurs. Nous voulons que les Aſyles des Pauvres ſoient des retraites décentes , qu'on y attache l'idée de l'infortune & de la pitié qu'elle mérite, jamais celle de la honte & de la ſervitude, qu'on a trop malheureuſement incorporée à celle des Hôpitaux.

§. I I.

Des Pauvres malades.

Les Ouvriers de la Campagne, & ceux des Villes même qui ſont dévoués aux Arts les plus utiles & les plus pénibles, reçoivent pour prix de leur ouvrage, un ſalaire ſi modique , & ſont tellement ſurchargés d'impôts proportionnément à leurs moyens, qu'ils peuvent à peine fournir le plus étroit néceſſaire à leurs familles. Mal logés , mal vêtus , mal nourris, ces Citoyens ſi peu favoriſés, & ſi dignes de l'être , en ſont réduits à ſe croire heureux , lorſque le travail de leurs mains ſuffit jour par jour à leur ſubſiſtance & aux exactions des Publicains ſubalternes qui les tourmentent avec tant de rigueur. Mais trop ſouvent en proie aux

D

infirmités , qui font l'appanage de la nature humaine , ils font alors privés de toute reſſource , parcequ'ils ceſſent de mettre en uſage la force ou l'induſtrie , qui fait leur unique richeſſe; il ne leur reſte plus que des maux & des beſoins , avec l'impuiſſance de remédier aux uns, & de remplir les autres.

Des mortels plus fortunés profitent de ces travaux ſi rudes & ſi mal recompenſés , qui font l'aliment , le foutien & la vraie valeur de l'Etat. C'eſt donc une Loi de la Juſtice , autant qu'une des regles de la politique & un des préceptes du Chriſtianiſme , de foulager dans leurs fouffrances & leur difette , les hommes néceſſaires , aſſez riches tant qu'ils jouiſſent de la ſanté parcequ'ils ont peu de prétentions & de deſirs , mais vraiment pauvres , dès que la maladie les aſſiege , parcequ'ils font dans l'impoſſibilité morale de ſe précautionner par des réſerves contre l'indigence , qui marche pour eux à la fuite des infirmités.

Cette pauvreté paſſagere donne évidemment aux Citoyens qu'elle afflige , des droits auſſi certains , auſſi reſpeſtables que tous les autres de la ſociété civile : les ſervices effeſtifs qui la précédent , qui doivent la fuivre , & qui l'occaſionnent trop ſouvent , font un titre de plus aux Pauvres malades pour exiger , de l'Adminiftration publique , tous les fecours qu'exigent leurs maux & leur mifere. Ces devoirs commencent avec leur impuiffance au travail, & finiffent avec leur convalefcence. L'équité , la raifon d'Etat & la Religion les ont fi bien établis , qu'ils n'ont jamais été méconnus : plût à Dieu qu'ils euffent été toujours auffi fagement remplis !

Nº. I.

Les *befoins* des Pauvres malades fe fubdivifent naturellement en deux Claffes ; les uns font rélatifs à leurs maladies , les autres à leur pauvreté. Les confeils des Médecins , les opérations de Chirurgie , les remedes de la Pharmacie , les foins manuels de Gardes ou Domeftiques, rempliffent le premier objet. Le fecond exige le logement , l'ameublement , la nourriture , le vêtement convenables à l'état de langueur & de foibleffe. Les Artifans qui font pauvres tout le tems qu'ils font malades , habitent , dans les Villes & fur-tout dans les Campagnes, des Chambres délabrées , fujettes à mille fortes d'incommodités , & ouvertes à toutes les injures de l'air ; féjour dangereux à des Infirmes, & trop fouvent mortel : premier fujet d'attention. Leurs lits durs & groffiers , mal-propres , mal-garnis, mal-couverts ne pourroient qu'irriter & prolonger les douleurs : fe-

cond article. Des draps, des serviettes, des che-
mises & des bonnets sont nécessaires aux Malades; le changement frequent leur en est souvent
aussi salubre que les drogues de la Faculté : troisieme besoin. Enfin il faut des bouillons, des alimens sains & nourrissans : quatrieme & derniere
nécessité.

La charité chrétienne & la bienfaisance patriotique ont mis en usage depuis long-tems,
deux moyens différens pour satisfaire leurs obligations envers les Pauvres malades. On a fondé
pour eux des Maisons publiques, sous le nom
d'Hôtels-Dieu ou d'*Hôpitaux*, qu'on devroit
appeller plutôt *Infirmeries*. Mais suivant le
système ordinaire qui regne tacitement, comme
nous l'avons déja remarqué dans tous les Eta-
blissemens François, on n'a pensé presque par-
tout qu'aux Malades des Villes; & ceux de la
Campagne sont restés sans secours. D'ailleurs,
les Infirmeries, Maladreries ou Hôtels-Dieu des
Villes, sont devenus par-tout absolument in-
suffisans, malgré l'établissement des Religieux
de la Charité : les causes de ce dépérissement
sont faciles à sentir. Les fondations antiques
faites en argent sont réduites à rien, par l'augmentation du prix des denrées & des salaires ;
les anciens Edifices ont dépéri; les fonds mal
cultivés se détériorent ; plusieurs biens sont ra-

vis, beaucoup ufurpés par ceux qui devoient les défendre, comme nous le démontrerons plus bas : la fureur de bâtir fomptueufement des inutilités, eft devenue comme une maladie épidémique ; celle d'emprunter à gros intérêt eft venue s'y joindre. Comment pourroit-il fe faire que les Hôtels-Dieu ne fuffent pas ruinés ?

Cependant le luxe, l'oifiveté, l'efprit même d'une légiflation erronée, étendoient fans ceffe l'enceinte des Villes, y multiplioient les Artifans ; tandis que les dépenfes de l'Etat, portées à des fommes prodigieufes, rendoient de jour en jour plus énorme le poids des impofitions. Comment pourroit-il fe faire que ces Hôtels-Dieu ruinés fuffent encore proportionnés aux befoins des Pauvres.

Il a donc fallu recourir dans nos Villes au fecond fyftême, que le défaut d'Infirmeries publiques rendoit feul pratiquable dans nos Campagnes, où malheureufement il n'eft que trop inconnu ou négligé : c'eft l'établiffement d'un Siege de bonnes œuvres, qu'on appelle, fuivant les lieux, Bureau de Charité ou de Miféricorde. Le Seigneur & la Dame du lieu, le Juge, ou dans les grandes Villes les Magiftrats domiciliés fur la Paroiffe, le Curé, les Marguilliers (ou, comme on dit ailleurs, Syndics-Fabriciens), un Commiffaire des Pauvres, quel-

ques notables des deux sexes forment ces Af-
semblées très sagement instituées, & qui n'ont
besoin que d'un peu d'encouragement & de ref-
sources pécuniaires plus abondantes pour opérer tout le bien imaginable.

Ce Bureau de Charité connoît les Pauvres
malades & leurs besoins. Dans les lieux où son
zele est plus éclairé ou mieux secondé par les
libéralités du Public, il tient en réserve une
provision suffisante de linges, de meubles, d'uf-
tensiles à l'usage des deux sexes dans leurs infirmités ; il paie une pension honnête à des
Médecins & des Chirurgiens d'une habileté,
d'une probité reconnues, pour visiter & traiter
tous les Malades de la Paroisse ; il fournit à
ses frais tous les remedes, tous les bouillons,
toute la nourriture nécessaire pendant la maladie & la convalescence. Les Dames les plus
qualifiées & les plus pieuses se font un devoir
& une gloire de veiller à la distribution journaliere de ces secours; elles ont sous leurs ordres
pour les détails, ou des Filles dévotes d'un
rang inférieur, mais qui n'ont pas besoin de
salaire, ou des Sœurs de la Charité, ou les
Maîtresses d'Ecole établies dans les Paroisses
de plusieurs Diocèses, pour l'instruction des Enfans de leur sexe, pour le soin des Ornemens
ecclésiastiques, & pour rendre aux Pauvres,

dans leurs maladies, tous les services corporels que les riches reçoivent en cet état des Domestiques qu'ils entretiennent.

N°. I I.

Les Assemblées de Miséricorde, ou Bureaux de Charité, paroissent plus récens que les Maisons publiques d'Hôtels-Dieu ou d'Infirmeries ; mais s'il falloit rechercher scrupuleusement la premiere origine des uns & des autres, on trouveroit peut-être que le mérite de l'ancienneté (s'il doit être compté pour quelque chose dans les Institutions chrétiennes & politiques) appartient plutôt aux secours bien entendus qui vont chercher, comme d'eux-mêmes, les Pauvres malades dans leurs retraites, qu'à ceux des Maladreries particulieres, que les Pauvres malades, accablés de leur mal, sont obligés d'aller chercher eux-mêmes, avec tant de honte, de dégoût & de dangers.

Quoi qu'il en soit de cette préféance dans l'ordre des tems, l'essentiel est d'examiner lequel des deux systêmes est le plus digne d'être adopté par un gouvernement sage & bien intentionné pour le bien général de l'Etat, & pour le bien particulier des Pauvres malades. Faut-il conserver l'un & l'autre ; faut-il n'en adopter qu'un seul, & en ce cas, lequel des deux mérite la préférence ? Ce sont les trois

queſtions que nous avons à réſoudre en ce moment : Décidons-les d'après l'expérience journaliere & les obſervations que tout le monde
eſt à portée de vérifier.

Il eſt certain, premiérement, que les Pauvres malades témoignent la plus grande répugnance à ſe laiſſer traîner dans les Hôtels-Dieu;
qu'on a beaucoup de peine à les y réſoudre,
& qu'ils n'en font le ſacrifice qu'à la derniere
extrêmité. Ce ſentiment ſi décidé, ſi général,
eſt le cri de la nature, il ne vient pas du préjugé ſeul; il ne peut être inſpiré d'une maniere
ſi conſtante, ſi uniforme, que par des motifs
juſtes & ſenſibles : conſidération qui pourroit
peut-être ſeule faire pencher la balance. Soit
raiſon, ſoit préjugé, ſuffit que l'opinion ſoit
générale & enracinée, pour qu'elle mérite d'être
reſpeᴄtée dans la pratique. Il faut bien que les
Pauvres reſpeᴄtent des préjugés commodes &
honorables à la grandeur, qui ſans doute ap-
profondis trop philoſophiquement, ne ſemble-
roient que des chiméres. C'eſt donner deux fois,
dit le Proverbe, que de donner à propos : on
doit ajouter, le premier moyen de donner à
propos, c'eſt de donner dans la forme la plus
agréable à celui qui reçoit. Si les ſecours de la
charité publique ſont également utiles aux Pauvres malades, ſans être plus onéreux à la ſociété,

dans le fyſtême des Bureaux de Miſéricorde ,
que dans celui des Maiſons d'Infirmerie , il ne
faut pas héſiter de préférer celui qui leur plaît
davantage. Par quel entêtement vondroit-on
les aſſujettir à l'autre uſage ? Pourquoi les affliger inutilement ? ne font-ils pas aſſez malheureux d'être pauvres & malades , ſans qu'on les
tyrannifſe , même en les foulageant.

Mais quand on examine la cauſe de l'averſion
des Pauvres pour les Maiſons publiques deſtinées au foulagement des Malades , & qu'on approfondit la nature de ces Etabliſſemens , leur
état actuel , & le fort des Infortunés qu'ils ren-
ferment , quel reſpect un honnête Citoyen ne
conçoit-il pas pour ce préjugé populaire : Nous
allons parler avec ſincérité , mais nous ne ferons
que les Peintres de la vérité , & les échos du
Public.

Premiérement, tous les Hôpitaux de Malades
ont un inconvénient inféparable de leur exiſtence ; ce font des Maiſons publiques : non-feulement leur féjour emporte toujours avec lui
l'idée d'une humiliation qu'il feroit beau d'épargner aux Infortunés ; non-feulement il les expoſe aux douleurs & aux périls d'un tranfport
fouvent aſſez long, qui convient mal à l'extrêmité de leurs maux (car les Pauvres ne. recherchent le foulagement qu'à la derniere extrêmité,

lorſqu'ils s'agit d'habiter les Hôtels-Dieu), mais encore il les éloigne de leurs proches, de leurs amis, de leurs voiſins, dont ils recevroient des ſecours plus agréables, des ſervices & des douceurs : cette idée doit les tourmenter & les affliger. Séparés de tout ce qui les aime & de tout ce qui leur eſt cher dans les momens de la vie où l'on a le plus beſoin de conſolation, ils ſont livrés à des Inconnus qui ſe font un titre de leur miſere, pour dominer ſur eux avec un empire trop deſpotique : Nous ne diſſimulerons point une idée qui reſte toujours profondément gravée dans notre eſprit. Les Perſonnes dévouées au ſervice des Pauvres dans les Maiſons publiques, quelque pieuſes & charitables qu'elles ſoient, contractent néanmoins, par l'habitude, une eſpece de dureté envers les Malades, dont peut-être elles ſeules ne s'apperçoivent pas : trop accoutumées à forcer la répugnance des Malades pour les remedes ſalutaires, elles prenent un air de domination & d'autorité qui nous a révolté toutes les fois que nous avons porté dans ces Aſyles de la douleur & de l'indigence, l'œil curieux d'un Citoyen obſervateur. Cette hauteur, au moins apparente, des Miniſtres de la Charité publique dans les Hôpitaux, jointe à leur indifférence très réelle & très ſenſible ; forme un

contraſte parfait avec les attentions , la préve‑
nance , la compaſſion d'une famille , d'un voi‑
ſinage , d'une ſociété qui s'empreſſe à ſoulager
tour à tour un parent , un voiſin , un ami dans
ſes maux : l'un eſt ſi triſte , ſi humiliant , l'autre
eſt ſi conſolant pour un malade.

Il eſt vrai que la plûpart des Ouvriers de la
Campagne & de la Ville ſont mal logés & mal
couchés dans leurs domiciles , & que l'état de
maladie exigeroit des habitations & des lits
plus commodes ; mais rien n'empêche que le
Bureau de Charité n'ait ſoin d'y pourvoir. Eſt‑
il ſi difficile de calfeutrer les portes , les fenêtres
d'un Malade qui ſeroit expoſé dans un réduit
mal clos ? Ne peut-on pas garnir de nattes groſ‑
ſieres , mais ſalubres , les murs & le pavé de
ſa chambre , au moins tout autour de ſon lit ?
N'eſt-ce pas un uſage établi dans pluſieurs Pa‑
roiſſes , qu'on ait en dépôt de bons matelats ,
des oreillers , des couvertures , ainſi que du
linge de toute eſpece pour les deux ſexes, qu'on
fait porter , par compte & en quantité ſuffiſante,
chez le Pauvre malade , & qu'on met ſous la
garde de la famille des honnêtes Femmes du
voiſinage , qui viſitent tour à tour le Pauvre
infirme , aident tour à tour à le ſervir , & le
conſolent de leur mieux. Il n'eſt preſque pas be‑
ſoin d'exhorter les honnêtes femmes du Peuple

à remplir tous ces bons offices de charité, elles y font naturellement portées, & s'en acquittent avec autant d'intelligence que de bonne volonté.

Un Malade ainfi fecouru, ne reffentira donc aucune des incommodités qu'on auroit pû craindre. Mais dans les Hôpitaux, quelle habitation, quel coucher trouvera-t-il ? De grandes Salles, la plûpart mal bâties & mal percées, toujours dans le centre des Villes, qui fe font accrues de toutes parts, prefque toujours enfoncées au-deffous du niveau des rues & des égoûts, par la raifon de leur ancienneté & de l'exhauffement du fol voifin ; des Malades de toute efpece & de tout genre renfermés dans le même vaiffeau, qu'ils infectent fans ceffe de mille manieres différentes ; des lits communs dans lefquels on entaffe (par un abus inconcevable à tous égards) trois ou quatre Malades différens, jufqu'au point que le même drap couvre fouvent un homme mort, un autre à l'agonie, un malade dans le fort de la crife, & un autre prefque convalefcent : mêlange ·monftrueux, & que la poftérité ne voudra fans doute jamais regarder comme un ufage très certain, journellement fuivi, pendant des fiecles dans une Capitale fuperbe, par la prétendue charité d'un Peuple qui fe piquoit d'être fage & bienfaifant,

Telles font les habitations offertes à la douleur
indigente.

Si nous expofons ici , avec la plus grande
liberté,les vices trop évidens des maladreries publiques , à Dieu ne plaife que nous les impu-
tions aux Citoyens refpectables qui dirigent leur
adminiftration , ni même aux Perfonnes religieufes qui rempliffent en ces Maifons le miniftere des œuvres de miféricorde : c'eft la faute
des tems , des erreurs nationales , des fondations même , & du fyftême qui les a dictées.
Les Hôpitaux , bornés dans leurs revenus , ne
peuvent plus , avec les feuls fonds de leur dotation , fe mettre de pair avec les befoins des
Villes fi prodigieufement étendues , & fi remplies de Pauvres. Il faudroit pour corriger , autant qu'il eft poffible , le défaut de ces habitations (qu'on ne réformera jamais bien) , ren-
verfer les anciens Edifices , en conftruire de
nouveaux à très grands frais , comme on n'a
que trop fait en plufieurs endroits. Ces Bâtimens , qu'on veut folides , & qu'on fait magnifiques , abforbent les revenus & les capitaux
mêmes , parcequ'ils coûtent cher en eux-mêmes , & qu'on en paie deux ou trois fois la
valeur , par le malheureux fyftême d'emprunter
à rentes conftituées ou viageres , pour achever
en peu de tems ces grandes Maifons , dont les

trois quarts sont vraiment inutiles aux Pauvres. Tout homme charitable & censé qui prend connoissance de l'état actuel des Hôpitaux, est infailliblement frappé de se voir placé entre ces deux extrêmités qui lui paroissent évidemment aussi funestes l'une que l'autre, ou de laisser subsister les anciennes Maisons, dans lesquelles les Pauves malades sont évidemment le plus mal qu'il soit possible ; ou d'en bâtir de nouvelles, en ruinant nécessairement les établissemens de charité. Mais de mille Personnes, même constituées en dignité, & aussi zélées qu'intelligentes, qui se trouveront en cette perplexité, il n'en sera peut-être pas une seule qui, poussant la réflexion plus loin, examine à loisir s'il est réellement indispensable & même utile qu'il existe des Maisons publiques dans lesquelles on entasse tous les Malades d'une Ville, & si la charité patriotique ne pourroit pas aussi bien pourvoir aux besoins des Pauvres accablés de leurs infirmités, sans les arracher de leur domicile & du sein de leurs familles ? Tant il est vrai que dans les Établissemens publics, les fautes sont faciles à faire & difficiles à réparer.

La seule raison apparente qui puisse avoir fait imaginer les Maisons publiques d'Infirmeries, c'est l'épargne du tems & des Personnes pour le service des Malades. Les Médecins ont bien plutôt vifité cent Infirmes ramaffés dans vingt-cinq lits, que difperfés en cent maifons ; les Chirurgiens operent fur eux , & les Apoticaires leur adminiftrent les remedes avec bien plus d'aifance ; les bouillons ou les autres alimens s'apprêtent avec moins de frais, & fe diftribuent avec moins de peine ; il faut moins de Domeftiques & de Surveillans. Refte à favoir , premiérement , fi ces avantages , quand même ils feroient réels , pourroient balancer les inconvéniens ; fecondement , s'il eft bien conftant que les prétendus profits foient fans mêlange d'illufion & de dangers.

Il eft conftant que les Suppôts de la Faculté prendroient plus de peine à foigner les Pauvres malades dans leurs domiciles ; mais il ne s'agit que de les recompenfer par des honoraires convenables : ce n'eft pas un objet fi confidérable, pour qu'on porte là-deffus la parcimonie. D'ailleurs , croit-on que , dans leurs courfes rapides à travers cent malades & cent maladies diverfes, ils n'aient pas l'efprit trop diftrait & trop diffipé ? Ne tombent-ils point plus facilement dans des inadvertances , des erreurs & des quiproquos funeftes , qu'ils éviteroient , en voyant chaque malade féparément.

Quant aux bouillons & aux alimens , il eft rare , dit-on , qu'ils foient d'une bonne efpece dans les grandes Infirmeries , quand même on n'y pencheroit pas du côté d'une épargne mal entendue. L'expérience prouve qu'en toute préparation de comeftibles , la quantité nuit toujours , quoique toutes chofes foient égales d'ailleurs.

Quant à l'épargne des perfonnes dévouées au miniftere des Pauvres, & des dépenfes acceffoires, nous ne la voyons pas bien clairement dans les Hôpitaux ; les Officiers, les Religieux ou Religieufes, les Eccléfiaftiques, les Valets des deux fexes , les bâtimens , les meubles , tant du principal objet que des dépendances fur-ajoutées , nous paroiffent très confidérables. Tout cet appareil n'aboutit qu'à fubftituer d'autres fervices moins agréables à ceux des parens, des amis , des voifins , des Femmes charitables & des autres Officiers de la Miféricorde paroiffial , qui ne coûtent rien , & qui plaifent bien davantage aux Pauvres malades.

Par toutes ces confidérations , nous ne balançons plus à profcrire entiérement les Maifons d'Infirmeries publiques. Leurs revenus & leurs Edifices mêmes feront attribués à la bourfe commune de l'Aumône univerfelle en chaque Diocèfe , fous la direction du Bureau général de Charité ; & les Pauvres malades ne feront plus contraints d'y venir chercher des

fecours

fecours humilians , douloureux & fouvent funeftes. La bienfaifance patriotique ira leur porter ces fecours dans leurs maifons mêmes, entre
les bras de leurs proches , fuivant le fyftême
des Bureaux de Miféricorde , préférable , par
mille raifons, à celui des Hôpitaux.

N°. III.

Il ne s'agit donc plus que de porter à leur
perfection les fecours adminiftrés aux Pauvres
malades par la charité des Paroiffes. Le fyftême
en doit devenir le plus général qu'il foit poffible
dans l'Etat, le plus fatisfaifant pour l'indigence
infirme , le plus facile & le moins difpendieux
pour le Public.

Premiérement donc, il eft encore une multitude de Paroiffes des Villes , & fur-tout des
Campagnes, qui n'ont pas encore de Bureaux
de Charité ou de Miféricorde : il faut donc en
établir légalement par-tout , & les mettre tellement fous la fauve-garde des Loix , fous la
protection de toute efpece d'autorité , qu'ils ne
puiffent jamais fe détruire , fe détériorer con-
fidérablement , ni même s'altérer, s'il étoit poffible , dans leurs principes effentiels & confti-
tutifs. Ceux de ces Bureaux qu'on a formés ,
ont pour la plûpart des revenus modiques &
très infuffifans aux befoins qu'ils feront chargés

E

de remplir : il faudra donc leur donner chaque année des fonds pécuniaires abſolument proportionnés à la dépenſe qu'ils feront en bonnes œuvres. Enfin , outre les denrées qui ſe conſomment par l'uſage journalier , les Bureaux doivent avoir , ſuivant nos idées , des meubles, des uſtenſiles , des linges , des vêtemens en magaſin. C'eſt le détail de tous ces objets que nous réſervons pour être expliqué dans le Chapitre qui traitera de la *Pratique*.

Secondement , il faudra des regles ſages bien combinées & bien obſervées pour déterminer le miniſtere du Bureau de Charité , celui de ſes Prépoſés , de ſes Médecins , Chirurgiens & Apothicaires envers les Pauvres malades , les eſpeces de ſoulagement qu'il pourra & qu'il devra leur faire diſtribuer , le compte qu'il s'en fera rendre par les Dépoſitaires , & celui qu'il en rendra lui-même au Bureau général de la Ville Epiſcopale , ainſi qu'aux Viſiteurs & Inſpecteurs dont nous parlerons dans la ſuite.

Troiſiémement enfin , il faudra prévoir , par une bonne légiſlation , aux abus de toute eſpece qui pourroient ſe gliſſer;de la part des Pauvres mêmes qui feindroient d'être malades pour uſurper les bienfaits de la charité , ou qui ſe refuſeroient par caprice aux remedes néceſſaires à leur mal ; de la part de leurs familles, de leurs voisins, de leurs amis, qui pourroient, ou leur accorder, par une complaisance indiscrete, de prétendus adouciſſemens nuiſibles à leur ſanté, ou, tout au contraire, leur enlever, par une prévarication puniſſable, ceux que la chartié publique leur auroit fournis ; de la part des Subalternes prépoſés par le Bureau de chatité à l'inſpection & à la manutention des regles, & à l'exercice corporel des bonnes œuvres, telles que ſont en diverſes Paroiſſes les Sœurs griſes, les Filles de Charité, les Maîtreſſes d'Ecole à la Campagne, & d'autres Perſonnes de cette eſpece, dont nous traiterons, quant à la *Théorie*, dans le troiſieme article, & quant à la *Pratique*, dans le premier du ſecond Chapitre.

Avec ces Loix refléchies, conſacrées par l'autorité, & ſcrupuleuſement miſes en pratique, les Bureaux de Charité ou de Miſericorde des Paroiſſes, ſuffiront à tous les beſoins des Pauvres malades, ſans aucune Maiſon d'Infirmerie publique. Nous ne connoiſſons, à la proſcription de ces Hôpitaux, qu'une ſeule exception en faveur des maladies contagieuſes. Il eſt utile & indiſpenſable d'établir pour elles, hors de l'enceinte des Villes, & en plein air, des bâtimens fimples , mais propres & bien entendus , où chaque malade puiffe avoir fa chambre , fon lit , & tout le refte des commodités convenables à fon état. Ces Maladreries ne doivent pas être pour les Pauvres feuls , mais pour tous les Citoyens atteints d'un mal épidémique. Ce n'eft pas l'indigence , c'eft le danger de la communication , qui ne permet pas de laiffer à fa famille un malade contagieux. Les riches y trouveroient pour leur argent des Appartemens plus ou moins ornés & commodes , plus de Domeftiques & d'aifance : les Perfonnes d'un état médiocre y feroient moins délicatement & à meilleur marché : les Pauvres n'y auroient que le néceffaire de leur état , à un prix encore inférieur , mais qui feroit payé pour eux par le Bureau de Charité , aux Directeurs & Entrepenneurs de ces Etabliffemens. On voit par là que nous les renvoyons à la politique proprement dite , au lieu d'en faire des Maifons de Charité. Il eft plus naturel & plus avantageux que ces Retraites foient les Hôtels de tout le Public , que chacun ait droit de s'y faire traiter pour fon argent , & que le Bureau de Charité , dépofitaire du tréfor des Pauvres , y paie ce qui fera jugé convenable pour ceux qui feront forcés de s'y retirer.

§. III.

Des Pauvres voyageurs & malheureux.

Les deux efpeces de Pauvreté les plus faciles à confondre avec la fainéantife & le libertinage, font celles des Citoyens valides Voyageurs & malheureux que les circonftances obligent à folliciter les fecours de la charité publique.

Les premiers, qui feroient affez riches de leur travail dans le Pays de leur naiffance ou de leur domicile, forcés par les événemens à faire, dans le Royaume, des courfes plus ou moins longues, qui ne leur permettent pas de s'appliquer aux ouvrages ordinaires, fe trouvent réduits à l'indigence, précifément parcequ'ils font en route, & feulement autant que dure pour eux la néceffité de voyager.

Les feconds, confacrés aux Profeffions lucratives des Sciences, des Arts & du Commerce, ou nés dans les états les plus diftingués de la fociété, tels que la Nobleffe & la Magiftrature, victimes des caprices de la fortune ou du jeu des paffions humaines, tombent tout à coup dans l'abyme de la pauvreté, privés de reffource, & incapables de fe relever par eux-mêmes, plus incapables encore du travail qui fait fubfifter le Peuple : fuite de leur éducation, & des préjugés qu'on croit utiles à la splendeur de l'Etat.

Cette double espece d'indigence a, comme les autres, ses besoins, ses droits & ses devoirs.

N°. I.

La dévotion de nos ancêtres avoit autrefois sanctifié l'idée des voyages; & l'œuvre la plus méritoire fut, pendant plusieurs siecles, au jugement de toute l'Europe, de courir le monde, en mendiant de porte en porte, en visitant les Eglises, les Reliques, les Lieux saints, & en vivant sur la route aux dépens des ames charitables ou des Hôpitaux. Il reste encore dans le Peuple quelque germe de ce goût décidé pour les Pélerinages : il est telle Province où la tradition fait encore une espece de nécessité aux Enfans de voir le Mont St. Michel, ou le Tombeau de St. Jacques en Galice. La Religion plus épurée, d'accord avec une politique plus clairvoyante, ont cependant réuni tous leurs efforts, pour mettre un frein à cette prétendue piété vagabonde. Nous avons des Ordonnances qui la défendent ; mais elles sont suivies comme tant d'autres, dont l'exécution n'est commise à personne en particulier qui soit chargé d'en repondre au Gouvernement, qui trouve son intérêt à les faire observer, & qui soit puni lui-même des trangressions qu'il n'auroit pas répriprimées d'ailleurs : par une inconféquence fi commune en France, où l'on tombe naturellement en ne faifant prefque jamais les chofes qu'à demi, qu'à la hâte, & au jour la journée, on a laiffé fubfifter en plufieurs lieux des fondations foi-difant pieufes, qui fervent d'aliment & de foutien à ces voyages ; il exifte encore dans le Royaume, & dans Paris même, des Confrairies de Pélerins de St. Jacques, des Hofpices où ces Pélerins font reçus gratuitement, & des efpeces de diftinctions qu'on leur accorde.

On n'imagine pas fans doute que nous mettions ces Pélerins dans la claffe des Pauvres véritables, que nous approuvions la négligence qui laiffe fubfifter les monumens de cette piété mal éclairée, qui fut prodigue en leur faveur, & que nous propofions au Gouvernement d'étendre fes bienfaits fur des Courreurs oififs valides, & qui veulent que nous les croyions dévots. Nous n'entendons pas condamner les voyages de piété ; ce n'eft pas à nous à les juger, pourvu que les Fideles curieux par ferveur, puiffent les faire à leurs dépens, & fans prétendre aux libéralités du Public ; mais nous croyons que cette efpece de bonnes œuvres eft certainement très furérogatoire, que Dieu ne l'exige de perfonne, & qu'elle ne peut jamais être utile aux perſonnes du Peuple, dont le devoir eſt de travailler. Le mal qu'ils font indubitablement par leur oiſiveté & leur mendité, ne peut manquer d'anéantir le prétendu mérite qu'ils eſperent en retirer.

On doit donc proſcrire, avec plus de ſévérité que jamais, les Pélérins mendians, & les traiter ſans ménagement, comme les faux Pauvres dont nous parlerons dans le troiſieme Chapitre. C'eſt au Commiſſaire & au Bureau de Miſéricorde établi dans chaque Paroiſſe, que le Gouvernement doit confier le ſoin de les réprimer, ainſi que tous les autres Vagabonds. Nous expliquerons les moyens d'intéreſſer le Bureau général & particulier, ainſi que tous les Commiſſaires des Paroiſſes à remplir exactement ce devoir : on verra quelle recompenſe on peut attacher à l'exactitude, & de quelle peine on puniroit la négligence. Pour effacer juſqu'aux moindres traces, il conviendroit ſans doute de diſſoudre entiérement toutes les Aſſociations ou Confrairies de Pélerins, & de mettre l'Adminiſtration générale & diocèſaine en poſſeſſion de tous les Edifices, biens, effets & revenus affectés à cette deſtination. C'eſt toujours un bien qu'a produit la manie des Pélerinages, que d'occaſionner un très grand nombre de fondations pieuſes, que la charité patriotique doit confondre, avec les autres sources de l'aumône universelle.

Les Artisans de toute espece sont aussi possédés de la manie de voyager, pendant leur jeunesse, depuis leur Apprentissage jusqu'à leur établissement ; ils ont l'émulation de faire *le tour de France* : c'est leur expression. Le talent & le goût se perfectionnent par cet exercice, qui n'est peut-être pas indifférent à la saine politique. Il est assez rare que les Ouvriers soient réduits dans leurs courses à la pauvreté véritable ; ils séjournent dans les Villes, & ne se mettent point en route sans avoir épargné sur leurs salaires de quoi parvenir aux autres lieux qu'ils ont dessein de visiter. La police des Corps & Communautés a même prévenu, par des Réglemens, les besoins de ceux qui manquent d'especes & d'ouvrage : c'est uniquement dans les cas de maladies, qu'ils sont renvoyés à la charité publique.

Ces Ouvriers errans, lorsqu'ils sont affligés des infirmités passageres, ont *droit* de demander les secours de la bienfaisance patriotique, puisqu'ils sont vraiment pauvres, autant que dure leur impuissance au travail ; mais par une triple infortune, ils ont encore, outre la douleur & l'indigence, le défaut de domicile, & c'est pour eux un troisieme *besoin* auquel il faut pourvoir.

Cette idée si naturelle avoit fait naître les Hospices ou Maisons publiques ouvertes gratuitement à tous les Etrangers pauvres. Il est nécessaire sans doute de les conserver dans les Villes, pour les Voyageurs malades qui n'ont point de parens ni de domicile, & qui ne peuvent par conséquent être alimentés & secourus par le Bureau de la Paroisse, dans la même forme que les Citoyens établis & permanens. Mais nous ne voyons aucune raison d'admettre dans ces Hospices les Voyageurs sains & valides, quoique pauvres, qui ne sont propres qu'a causer en ces demeures beaucoup d'embarras & dépenses inutiles.

Les Villes médiocres doivent donc avoir un *Hospice* pour les Pauvres étrangers qui sont atteints de quelque maladie. Il n'est pas besoin de beaux & vastes Edifices, encore moins de tout l'attirail d'une Administration spirituelle & temporelle ; il suffit d'un certain nombre de chambres propres & garnies, d'un honnête nécessaire. Les Bureaux particuliers de chaque Paroisse de la Ville, réunis pour cet objet & pour plusieurs autres en Bureau général, auroient la Direction de cet Hospice ; un des Commissaires, & quelques-unes des Femmes charitables seroient déléguées pour y présider. Dans chacun des Corps & Communautés d'Ar-

tifans de la Ville, le Bureau général choifiroit quelques Femmes anciennes les plus honnêtes & les plus charitables, ainfi que quelques
Maîtres les plus diftingués par leurs mœurs.
C'eft à leurs foins que les Délégués du Bureau
général confieroient chaque Pauvre étranger
de leur Profeffion que la maladie retiendroit
dans *l'Hofpice* : les frais de leur traitement, de
leur fubfiftance, & de toutes leurs néceffités
feroient payés fur les fonds de l'aumône univerfelle, & déterminés par le Bureau général.
On peut s'en rapporter, quant aux fervices
corporels, aux Perfonnes que nous indiquons
pour aider les Miniftres ordinaires de la Miféricorde publique. Le Peuple eft encore heureu-
fement bon & charitable ; d'ailleurs les Artifans
des Villes, & leurs femmes, comprendront
aifément le principe de juftice en vertu duquel
on leur prefcrira cette obligation ; leurs propres
enfans, emportés par la fantaifie des voyages,
pourront fe trouver ailleurs dans la malheureufe
néceffité de recevoir les fervices qu'ils rendront
à ceux des autres.

Les Villes plus confidérables pourront avoir
plufieurs de ces *Hofpices* pour les Pauvres étrangers malades, & l'on y diftribuera les Voyageurs infirmes, fuivant leurs Profeffions diverfes.
De là naîtra pour Paris & pour les grandes

Villes ; la néceffité d'avoir plufieurs de ces Hofpices ou Infirmeries dans les différens quartiers affectés à certaines claffes d'Ouvriers étrangers , & foignés fous les ordres des Bureaux de Paroiffe , par les familles les plus notables des Communautés refpectives.

On fera fans doute forcés d'établir de pareilles Infirmeries pour les Domeftiques qui n'ont point leurs parens dans la Ville ; c'eft une charge pour l'aumône patriotique , mais qu'il eft jufte de faire payer au luxe & à la vanité , qui multiplient fi prodigieufement de jour en jour le nombre des Valets. Le Bureau général impofera donc une taxe fur les Domeftiques des deux fexes , pour l'entretien des *Hofpices* deftinés aux Domeftiques étrangers & malades; ils y feront alimentés & traités comme tous les autres Pauvres , mais aux dépens de ceux qui fe feront fervir par un nombre plus ou moins grand de perfonnes à gages. Chaque fexe aura fon Infirmerie particuliere dans les petites Villes, & plufieurs différentes dans les grandes. Ces Infirmeries feront fous la direction du Bureau général , de fes Délégués, des Officiers par eux commis , & ces Miniftres de la charité publique auront droit de fe faire aider tour-à tour par les Domeftiques mêmes des Perfonnes raifonnables & pieufes qui permettront aux leurs de remplir ce devoir de charité envers leurs semblables.

Une idée bien simple & bien facile à mettre en pratique, c'est de n'établir ces *Hospices* que dans des Maisons particulieres d'honnêtes Citoyens, qui loueroient à l'année au Bureau de Charité un certain nombre de chambres garnies dans leur propre maison pour cet objet de bienfaisance, & qui s'engageroient, moyennant un salaire déterminé par jour, à fournir aux malades qu'on y logeroit les secours & les services ordinaires qu'on auroit réglés, suivant leurs besoins. Les Délégués du Bureau général, les Officiers inférieurs, & les personnes qu'ils s'associeroient, n'auroient qu'à veiller sur l'exécution de ces engagemens, & sur l'admistration des secours extraordinaires qui partiroient immédiatemant des Délégués du Bureau général, pour chaque personne malade, suivant son état & les ordonnances de la Faculté.

Ces Chambres d'*Hospice* nous paroissent à tous égards préférables aux grandes Maisons d'Infirmeries, par les raisons que nous avons détaillées dans le chapitre précédent, en traitant des Pauvres malades & domiciliés. De bons Artisans pleins d'honneur & de charité (qu'on trouve en assez grand nombre dans les classes les moins riches, mais les moins corrompues par le luxe, la vanité & l'irréligion de notre siecle), se feront un devoir, une gloire , & même un profit bién légitime, de louer ces chambres destinées aux besoins des Voyageurs de leur sorte, réduits à l'indigence par leur maladie. On peut compter sur leur exactitude à remplir envers eux tous les devoirs qu'ils auront contractés , & même au-delà , plutôt par inclination & par bienfaisance , que par la crainte des Personnes chargées de les surveiller.

C'est ainsi que , sans les grandes Maisons d'Infirmeries publiques , & sans tout l'attirail qu'elles entraînent à leur suite , nous donnons un domicile aux Pauvres voyageurs arrêtés par la maladie ; & nous leur procurons en quelque sorte des parens & des amis adoptifs , pour tout le temps de leur infirmité. A ce sup-plément près , nous les traitons comme les malades domiciliés. Aussi bienfaisans envers les Domestiques étrangers réduits à la même ex-trêmité , nous croyons juste de mettre à con-tribution pour cet objet le luxe qui les emploie & qui les multiplie. La bonne politique approu-vera sans doute l'idée de taxer annuellement les Maîtres, suivant le nombre des Gens qu'ils tiennent à leur service , pour indemniser le Bureau général de toute la dépense qu'auront occafionnée les Domeftiques de l'un ou de l'autre fexe, à la caiffe de l'aumône univerfelle.

Mais ce n'eft pas affez de pourvoir au foulagement des Pauvres voyageurs lorfqu'ils font malades, plufieurs peuvent être vraiment pauvres quoiqu'ils jouiffent d'une fanté parfaite, s'ils font forcés par les circonftances de faire route, fans pouvoir s'arrêter pour gagner leur vie par le travail de leurs mains. Ces cas feront affez rares fans doute, mais ils feront poffibles, & c'eft affez pour qu'on foit obligé de les prévenir par de bonnes regles : autrement il faudroit tolérer en eux la mendicité, (c'eft-à-dire ouvrir la porte à la fraude, par une exception dont on abuferoit certainement bientôt), ou punir leur malheur comme un crime : conduite pleine d'injuftice & de cruauté. Suppofons, par exemple, des Matelots Normands qui font naufrage fur la Côte de Bayonne; un Artifan des Provinces méridionales qui travaille en Flandres, en Alface, & que les vrais befoins de fa famille rappellent dans fa Patrie dans un tems où fon induftrie n'a pû lui produire de quoi faire fa route ; un François du centre du Royaume, qui revient pauvre des Pays étrangers, ou toute autre efpece de Voyageurs vraiment forcés de l'être, & réduits à l'indigence par cette néceffité : nous ne balançons point à croire que leur fort eſt digne de pitié, qu'ils peuvent prétendre aux ſecours des ames charitables, & qu'ils ont *droit* d'en exiger l'équivalent, dès qu'on leur défend, pour le bien de l'Etat, de les ſolliciter eux-mêmes, en mendiant ſur les chemins.

Leurs *beſoins* ſe réduiſent à deux, le logement & la nourriture. Leur *devoir* eſt, premiérement, de démontrer aux Dépoſitaires des libéralités publiques, la réalité de leur indigence & des motifs qui les forcent à voyager ; ſecondement, de ſuivre toutes les regles de police que le Gouvernement doit établir pour eux, avec d'autant plus de vigilance, d'exactitude & même de ſévérité, que leur état approche plus du dangereux métier des Vagabonds, & que l'abus pourroit s'introduire plus facilement, par les ſecours qu'on leur accorde.

Ceux qui ſeroient réduits à la néceſſité de voyager en pauvres, devroient donc, ſelon nos idées, ſe préſenter au Bureau de Charité du lieu, pour le prouver de la maniere la plus claire & la plus ſatisfaiſante : on leur en donneroit une atteſtation détaillée & motivée, qui contiendroit le lieu de leur départ, le terme de leur voyage, & toute la route intermédiaire, avec le lieu de leur origine, leur âge, leur Profeſſion & leur ſignalement, le tout daté, figné, paraphé par tous les Officiers du Bureau, qui retiendroient l'original dans leurs Regiftres, & donneroient le duplicata au Bureau Dio-cèfain.

Munis de ce Paffeport, les Pauvres voya-geurs le préfenteroient chaque jour dans les Villages du coucher & de la dînée, au Com-miffaire Paroiffial & au Curé, en fon abfence, au Vicaire ou au Marguillier, qui le viferoient avec date & fignature, & dans les Villes, aux Officiers du Bureau général fpécialement dé-légués pour ce fujet. La vérification étant faite, & tranfcrite fur les Regiftres, rien de plus fimple que de procurer aux vrais Pauvres le logement & la nourriture ; vous avez par-tout des Cabarets & des Auberges, faites-les y re-cevoir, & payez leur gîte & leur répas : que la permiffion de tenir Hôtelerie ne foit accor-dée qu'à cette condition, & qu'ils y foient d'une maniere convenable à leur état.

Les anciens Fondateurs des Hofpices reli-gieux établis en fi grand nombre pour les Pé-lerins, s'étoient accordés pour faire féjourner trois jours confécutifs les pieux Vagabonds dans chaque Hôpital. Plus on y refléchit, moins on conçoit la raifon de cette faculté qu'on leur accordoit, dans un tems où ces Maifons étoient établies par-tout pour des Voyageurs oififs &

chargés d'aumônes, que rien n'obligeoit de se fatiguer par de longues marches. Nous croyons qu'un Pauvre, forcé d'être en route, n'a nul besoin de séjourner trois jours en chaque Ville. Il peut arriver sans doute que l'épuisement de ses forces, & quelques accidens lui rendent nécessaire un ou plusieurs jours de repos : c'est du Bureau de Charité qu'il doit l'obtenir, & mention expresse en doit être faite sur son Passeport, de même que dans les Regîtres. Les cas en seront rares, & les Pauvres voyageurs formeront une charge très légere pour la caisse de l'aumône universelle : mais il est de la plus extrême importance de pourvoir à leurs besoins, pour ôter tout prétexte à la mendicité.

Le ministere a pris soin d'assurer la subsistance des Soldats congédiés loin du lieu de leur naissance : on leur assure les logemens & l'étape militaire jusqu'à leur domicile, & par conséquent un habit uniforme & un congé ne doivent jamais faire un titre pour mendier.

Mais il est une autre espece de Misérables, dont l'état exige de nous quelques réflexions. Les Criminels convaincus par la Justice de quelques délits trop légers pour mériter des peines plus graves, sont condamnés par les Tribunaux au Bannissement hors de la Province, ou même

hors du Royaume : la plûpart font dénués de tout, lorfqu'on les chaffe de la Ville,
après leur avoir fait fubir, pour l'ordinaire,
une humiliation publique. Ils font obligés de
fuir hors des limites qu'on vient de leur interdire ; ils ne peuvent féjourner pour gagner leur
vie par le travail, ils s'expoferoient à être
reconnus & punis : d'ailleurs, qui voudroit
accepter leurs fervices ?

La peine du banniffement, que les Tribunaux prononcent fi légérement, jette donc
néceffairement la majeure partie de ceux qu'elle
frappe dans une pauvreté véritable, & les
oblige à mendier. Couverts d'opprobres, &
dépouillés de cette eftime de foi-même qui
caractérife le Citoyen, & le retient dans les
voies de l'honneur & de la probité, la plûpart
de ces Bannis, accoutumés au dangereux métier de la mendicité, n'en reprennent jamais
d'autre, & l'on peut croire, avec toute vrai-
femblance, que plus de la moitié de ces Troupes,
malheureufement fi nombreufes, de Vagabonds
errans dans plufieurs de nos Provinces, eft formée de ces Bannis & de leurs familles.

Si les Jurifconfultes prenoient la peine de
refléchir fur cette punition du banniffement,
ils trouveroient peut-être qu'elle a été imaginée
dans les petites républiques de la Grece, com-

posées d'une Ville & de deux ou trois Bourgs, & qui manquoient plutôt de territoire que d'Habitans ; ils sentiroient que l'exil étoit alors un châtiment très rigoureux, par la raison que les Citoyens domiciliés avoient part au Gouvernement de leur République, parcequ'ils donnoient toutes les Charges de l'Etat, & pouvoient prétendre à les occuper. Le Bannissement les privoit de tous leurs droits & de toutes leurs espérances. C'est une portion de la Souveraineté de leur Pays, c'est la possibilité de s'illustrer & de s'enrichir par les premieres Magistratures, & par le Commandement des Armées, que perdoit un Citoyen exilé. Cette peine n'en faisoit point un Vagabond dans le sein même de sa Patrie. Les Etats étoient trop resserés, pour qu'on pût y prononcer de ces demi-bannissemens usités dans nos Tribunaux, ou s'y dérober à la sévériré des Loix, quoiqu'entiérement chassé.

C'est donc peut-être sans en avoir assez prévu les suites, que nos Ordonnances ont adopté l'exemple des Républiques, & rangé le bannissement dans la classe des peines qu'on pouvoit infliger aux Criminels. Dans le tems où le Royaume étoit gouverné par la Loi féodale, nos Provinces étoient en quelque sorte étrangeres les unes aux autres. Les Fiefs formoient

comme autant de petits Etats ifolés, qui n'a-
voient d'autre chaine pour les unir que la pref-
tation de l'hommage & du Service militaire.
Chaque Seigneur concentré dans fon territoire,
s'occupoit peu de fes voifins & de l'Etat ; c'eft
par-là fans doute que la peine du banniffement
a eu la facilité de s'introduire. Mais aujourd'hui,
qu'une politique plus éclairée nous fait regarder
la Nation entiere comme une feule & même
famille, & le Royaume comme fon patrimoine,
nous ofons croire qu'il faudroit fupprimer la
peine du banniffement, comme une des fources
du vagabondage & de la mendicité. Nous propoferons une autre efpece de châtiment dans
le troifieme Chapitre, où nous traiterons des
faux Pauvres. Plufieurs de ceux qui méritent
en France l'animadverfion des Loix, font mal
corrigés par une Sentence qui les affocie aux
Vagabonds; ils s'accoutument à leur vie errante
& licentieufe, bientôt ils n'y trouvent plus de
honte, & ne favent que trop s'y ménager des
plaifirs. Que le crime ne faffe plus de Pauvres
voyageurs ; que la charité publique fubvienne
aux befoins de ceux que fait la vraie néceffité
des circonftances; mais qu'il ne foit jamais permis de mendier, fous prétexte qu'on eft loin
de fon domicile, obligé de continuer fa route,
& réduit à l'indigence. La mendicité fera cri-

minelle & puniffable, dès que *l'hofpitalité* pour
les Etrangers fains ou malades vraiment pauvres regnera dans tout le Royaume, & ne
connoîtra point d'exceptions.

N°. II.

Il eft une autre efpece de pauvreté qui ne
doit point fon origine à la foibleffe de la nature, mais au malheur des circonftance : le
travail en pourroit être le remede, à parler
fuivant toute la rigueur d'une Philofophie trop
févere, fi l'empire de l'éducation, de l'habitude & de ces préjugés qu'une fage politique
fait refpecter, n'interdifoit cette reffource à
ceux qui font les victimes de cette indigence,
ou permanente, ou paffagere. La naiffance
donne des *droits* dans une Monarchie, comme
elle impofe des *devoirs* ; elle décide à peu-près
l'ufage qu'on doit faire de fes talens pour le
fervice de la Patrie : la forme de l'inftitution &
le choix d'un état en eft ordinairement la fuite.
La Nobleffe éleve fes enfans pour les honneurs
militaires, pour les dignités diftinguées de la
Magiftrature, & pour les premieres fonctions
du Miniftere éccléfiaftique ; la Bourgeoifie pré-
pare les fiens aux Charges inférieures de la
Robe, à la profeffion des Sciences lucratives,
au miniftere des Autels ; le Commerce a des
familles qui le cultivent depuis long-tems, &

d'autres qui remplacent celles que l'opulence éleve à des places plus brillantes. Les Citoyens qui naiſſent & qui vivent dans ces trois claſſes privilégiées, ceux même que le concours des événemens y place dès leurs premieres années quoiqu'ils ſoient nés dans les rangs inférieurs, n'apprennent point à gagner leur vie par le travail de leurs mains ; ce n'eſt ni de leur force, ni de leur adreſſe qu'on leur montre à faire uſage, c'eſt de leur eſprit & de leur cœur. Le patrimoine qu'ils héritent de leurs ancêtres, les Emplois qu'ils doivent exercer, & les fruits qu'ils peuvent attendre de leur induſtrie, paroiſſent pour eux des préſervatifs aſſurés contre la pauvreté : combien de fois cependant ne voyons-nous pas arriver que ces reſſources leur ſont inſuffiſantes, & qu'après pluſieurs années d'opulence ou de médiocrité, la pauvreté les menace, ſouvent même les enchaine entiérerement eux & toute leur famille : quelquefois leurs infortunes ne ſont que momentanées ; des ſecours fournis à propos, & ſagement employés, peuvent les remettre dans leur ancienne ſplendeur, ou du moins dans un état ſupportable ; mais quelquefois le mal eſt à ſon comble, & la vieilleſſe incapable de tout le rend irrémédiable.

Il ſeroit injuſte & barbare de ne pas ſoulager

ces Indigens , d'autant plus accablés de leur misere , qu'ils y sembloient moins préparés. L'abus des mots, qui naît souvent en France de l'abus des choses , ou du moins qui l'occasionne , a nommé les infortunés de cette espece des Pauvres honteux. Dans un siecle où la richesse fait presque tout l'honneur , il n'est pas étonnant qu'on attache l'opprobre à la privation des faveurs d'une aveugle fortune. Mais il seroit indécent que le bon sens patriotique & la politique législative adoptassent une erreur si dangéreuse , & consacrassent l'expression qu'elle a mis en usage. Nous ne connoissons point de Pauvres honteux : il faut avoir honte d'être coupable ou vicieux , quelque riche & quelque décoré qu'on soit , mais on ne doit point rougir d'être malheureux , puisque l'indigence est souvent l'appanage du talent & de la vertu.

C'est par l'idée qu'on a toujours dû se faire de la mendicité, c'est par celle qu'on se fait souvent de l'aumône , que la tache de l'infâmie est repandue sur l'innocente pauvreté. Les riches insensibles aux besoins de leurs semblables , ou bienfaisans par instinct & par vanité , s'imaginent qu'il n'est point de Loix contre eux en faveur des Pauvres , que leurs distributions sont toujours de pures libéralités , jamais des *devoirs* ; de-là naît l'orgueil de celui qui donne ,

& l'humiliation de celui qui reçoit. Mais dans l'exacte vérité , l'obligation d'entretenir les vrais Pauvres eſt une dette du riche très réelle & très impreſcriptible. Lorſqu'un Citoyen opulent ou aiſé contribue pour ſa part au ſoulagement de toute eſpece de miſere , c'eſt une juſtice qu'il rend. La caiſſe de l'aumône patriotique eſt évidemment ſa créanciere , à proportion de ſes facultés & des *beſoins* de ſes pauvres Concitoyens : c'eſt à ce prix qu'on lui permet de s'approprier des poſſeſſions particulieres , & que l'autorité publique veille à leur conſervation.

Un vrai Pauvre , dans quelque état que le Ciel l'ait fait naître , ne doit donc point ſentir le ſentiment de la honte , proprement dite , lorſqu'il reçoit du tréſor public les ſecours que ſa condition préſente lui rendent néceſſaires. C'eſt une dette qu'on lui paie ; il doit ſeulement enviſager en ce moment , avec plus de reſpect & de reconnoiſſance que jamais, la force ſalutaire des Loix , lorſque leurs Miniſtres interpoſés entre le Riche & le malheureux , laiſſent à l'un le plaiſir de donner librement & comme gratuitement , mais épargnent à l'autre le déſagrément de demander & de recevoir d'un Bienfaiteur particulier.

C'eſt pour combattre cette fauſſe honte ,

autant que pour les autres motifs, qui déja font expliqués, ou qui le seront par la suite, que nous proposons de former une *caisse générale d'aumône universelle* dans chaque Diocèse du Royaume, pour le soulagement de toute espece d'indigences, dans laquelle nous confondons tous les revenus destinés aux bonnes œuvres, toutes les oblations volontaires, & toutes les contributions nécessitées des Citoyens de toute espece. C'est de cette *caisse générale* que partiront tous les secours de la bienfaisance patriotique ; mais pour qu'ils soient reçus sans rougir par les malheureux dont nous parlons, il sera nécessaire de mettre de l'ordre dans la distribution.

Nous avons déja parlé des Bureaux de Miséricorde qu'il faut établir en chaque Paroisse, & des Personnes qui doivent le composer. La Noblesse & la bonne Bourgéoisie réduites à de fâcheuses extrêmités, par des malheurs ou permanens ou passagers, ne doivent point dépendre de ces Bureaux ; ni recevoir par eux les bienfaits de l'Administration publique. Il faut, dans un Royaume comme la France, conserver en tout les bienséances d'état & les préjugés utiles de la naissance. Le Bureau général de chaque Diocèse étant composé des Personnes les plus considérables par la naissance & les Dignités, c'est à leur jugement qu'il convient de foumettre les befoins qui font nés dans les deux premieres claffes de la fociété civile ; c'eft de leurs mains qu'ils peuvent recevoir fans s'abaiffer.

Nous defirons donc que le Bureau général de chaque Diocèfe foit informé par lui-même des befoins réels des pauvres Familles de Gentilshommes, ou de la haute Bourgeoifie, afin d'y pourvoir immédiatement, avec la difcrétion convenable. Lorfque leur indigence ne fera caufée que par des accidens paffagers, on leur accordera des fecours proportionnés, qui feront, fuivant les circonftances, ou donnés totalement, ou feulement prêtés, mais fans intérêt. Si leur mifere eft fans reffource, il faut les penfionner avec leurs Familles, & leur fournir le pur néceffaire, c'eft-à-dire celui de leur condition : il faut fur-tout faire élever leurs Enfans des deux fexes, de maniere qu'ils puiffent être utiles à l'Etat, fuivant leur naiffance. Ce font, par exemple, de merveilleux Etabliffement que ceux de St. Cir & de l'Ecole militaire : mais qu'on nous permette de le dire, ces Etabliffemens ont le défaut vifible d'être bornés pour les revenus & pour le nombre des Eleves. Ils reffemblent en ce point, comme en beaucoup d'autres, à celui des Quinze vingts. Ne feroit-il pas plus fimple d'ordonner, qu'aux

dépens de la caiffe générale des bienfaits patriotiques de fon Diocèfe, tout jeune Gentilhomme pauvre feroit entretenu dans un Collége
jufqu'au moment où l'on pourroit le mettre au
Service ; qu'il feroit reçu dans les Troupes du
Roi auffi-tôt qu'on l'en jugeroit capable, &
qne le Bureau continueroit d'en prendre foin,
& de lui fournir à proportion de fon vrai befoin, jufqu'au temps où fon ancienneté, fes
talens, fon bonheur l'auroient affez élevé,
pour que fa folde feule fût fuffifante. Que de
même, toute *Demoifelle* indigente fût entre-
tenue dans un Couvent, jufqu'au tems où l'on
pourroit l'établir, en lui conftituant une petite
dote, ou la laiffer vivre d'un travail convenable
à fon état, en lui fourniffant une petite penfion
pour y fuppléer.

Une Loi pareille feroit jufte autant que falutaire ; elle n'entraîneroit point d'exception,
point de prédilection : pourquoi des préférences, lorfqu'il s'agit de remplir un *devoir*,
fur-tout des préférences dont on laiffe difpofer
fouvent des Subalternes ? on n'éluderoit point
l'exécution d'une pareille Ordonnance par des
artifices criminels, en fubftituant les Enfans des
riches à ceux des Pauvres, qu'on laiffe dans
la mifere & dans l'ignorance. Le Bureau néceffité à les élever tous, réfident fur les lieux,

& voyant par lui-même, comptable non-feu-lement au Gouvernement & aux Tribunaux fouverains, mais encore au Public du Pays même, n'auroit aucun intérêt à fe charger de l'éducation des enfans qui ne feroient pas pauvres, d'autant mieux qu'il n'en feroit pas plus difpenfé d'entretenir les autres. Il ne faudroit pour cet objet ni Bâtimens fomptueux, ni nouvelles Adminiftrations, qui coûtent beauconp, & ne fervent à rien. N'étoit-il pas tout naturel d'ajouter, par forme de fupplément, à la capitation des Gentilshommes aifés, de quoi fournir dans tout le Royaume à ces éducations? la Nobleffe auroit applaudi de tout fon cœur, loin d'en murmurer.

On dira peut-être que l'éducation des Colléges & des Couvens ne valoit rien, & nous en demeureront d'accord avec tous les Citoyens éclairés. Nous defirerions beaucoup que celles de l'Ecole Militaire & deSt.Cyr fuffent parfaites,on les prendroit pour modeles, on les établiroit dans tous les Penfionnats de Province où les Bureaux feroient élever la Nobleffe des deux fexes. Rien n'eft plus facile aujourd'hui que de réformer les Colléges, depuis qu'ils font délivrés d'une Société qui les avoit prefque tous ufurpés. Nous avons déja donné des idées générales fur cet objet, & les Ecrivains les plus célébres, les

Magiftrats les plus renommés font entrés dans cette carriere, où nous nous propofons de les fuivre encore, après les y avoir précédés : nous donnerons nos idées *fur les Ecoles nationales*, & nous y traiterons de l'éducation des deux fexes, rélativement à toutes les conditions de la fociété. Les Tribunaux s'occupent férieufement de cet objet, & l'on doit efpérer, de leur zele & de leurs lumieres, une bonne réformation, fur-tout fi le Clergé peut fe réfoudre à facrifier enfin des opinions qui lui avoient été infpirées avec trop d'artifice, & qui fans doute euffent été dangéreufes dans un Corps moins fage, moins éclairé, moins fidele à fon Prince, moins ami de la tranquillité publique, s'il écoute la voix du patriotifme & de la faine politique, qui n'eft point oppofée, comme on a voulu lui faire croire, à celle de la Religion, & qui lui crie depuis long-tems de fe réunir avec la Magiftrature, de travailler de concert au bien de l'Etat, fur-tout à la conftitution des Ecoles nationales pour les deux fexes, dont les intérêts doivent être ifolés de tous les autres, & préférés à tout le refte.

Quoi qu'il en foit de cette difgreffion que nous arrache l'importance du fujet, le Bureau général de chaque Diocèfe étant chargé d'élever tous les Enfans de la Nobleffe vraiment pauvre, ou d'aider pour cet objet à ceux qui ne le feroient qu'à demi , & les Penfionnats étant réglés , de maniere que tous les Enfans y reçuffent une éducation convenable à leur naiffance & aux Emplois pour lefquels ils paroiffent deftinés , nous croyons que l'idée de l'Ecole Militaire & de St. Cyr fera parfaitement remplie. Nous ne craignons pas qu'on nous accufe d'attenter à la gloire de Louis le Bien-aimé , qu'un monument de bienfaifance établi fi près de la Capitale , rappelleroit fans ceffe à la mémoire de nos neveux. Une bonne Loi bien folide , bien falutaire , bien générale, eft le gage le plus permanent , le plus infaillible de l'eftime & de l'amour de fon fiecle & de la poftérité.

Nous renvoyons aux Bureaux de leurs Villes refpectives , fubordonnés à celui de tout le Diocèfe , l'examen des néceffités préfentes , ou tranfitoires , ou perpétuelles , des Perfonnes qui font nées dans la moindre Bourgeoifie , dans le Commerce , dans la Profeffion des Sciences & beaux Arts, & qui ne font point accoutumées à d'autre travail. C'eft avec beaucoup de foin & d'exactitude , qu'il faut examiner leurs befoins , & leur accorder, ou les emprunts, ou les préfens qu'ils demanderont , dans les accidens qui ne feront pas fans remede , & les penſions qui leur feront dues, plus ou moins fortes, fuivant leur âge, leur force, leur aptitude au travail, lorſque leur déſaſtre ſera fans reſſource. On ne doit pas imaginer que nous tendions, par cette commiſération, les bras à la débauche, à la fenſualité, au luxe, qui diffipent les fortunes les mieux établies. C'eſt à la vertu, à l'innocence fubjuguée par la mauvaiſe fortune feule, que nous accordons un *droit* afſuré à la bienfaiſance patriotique. La pauvreté qui vient de la mauvaiſe conduite mérite, non pas qu'on l'abandonne à la mendicité, mais qu'on foulage le befoin, en puniſſant févérement le libertinage ou la vanité déplacée. Nous en parlerons dans le Chapitre des faux Pauvres, en expliquant nos *idées* fur les Maiſons de correction, & fur l'apprentiſſage du travail manuel que doivent y faire ceux qu'on y renferme.

Les Artiſans & les Agricoles font déja confiés au Bureau particulier de chaque Paroiſſe, pour le tems de la vieilleſſe, & celui d'une maladie jointe à la véritable indigence. Il eſt des momens & des circonſtances où les reſſources pécuniaires leur manquent abſolument, quoiqu'ils en aient beaucoup d'autres. Pourſuivis par des créanciers impitoyables, ou par les exacteurs des deniers publics, ils ne peuvent

emprunter

emprunter qu'à groſſe uſure, ſur des effets qu'ils mettent en gage, pour la dixieme partie de ce qu'ils valent, & qu'ils perdent très ſouvent, par l'impuiſſance de les retirer au tems très court que les Uſuriers ont ſtipulé. Ce fléau, qui déſole les Citoyens, eſt une des cauſes les plus abondantes de la pauvreté, trois ou quatre rançonnemens pareils épuiſent une famille, abſorbent toutes ſes reſſources, engourdiſſent toute ſon induſtrie, & le moindre accident qui ſurvient la précipite pour toujours dans la miſere.

C'eſt donc un établiſſement utile, politiquement parlant, que celui des *Monts de piété* établis par eſprit de Religion, & fort peu connus en France, où ils ſeroient ſi néceſſaires. Notre Nation, naturellement imitatrice, copie bientôt les travers des autres ; mais il eſt rare qu'elle n'adopte pas la derniere de toutes les ſyſtêmes que le bon ſens & le patriotiſme inventent ailleurs. Un Mont de piété (car il faut le définir à pluſieurs de nos Lecteurs) eſt une caiſſe plus ou moins riche en deniers comptans, dépoſée entre les mains de quelques Perſonnes charitables & aſſez riches pour en répondre, qui l'adminiſtrent gratuitement. Cette caiſſe prête ſur gages aux Perſonnes du Peuple, juſqu'à concurrence d'une certaine ſomme. On ne

G

reçoit pour gages, que des métaux bruts ou façonnés, mais qu'on n'estime jamais que sur le poids effectif. La caisse prête les deux tiers de cette valeur : le gage est inscrit sur le Registre, avec le nom du Propriétaire, la somme dont il répond, & la date de l'emprunt : ces Registres sont secrets, ainsi que le lieu du dépôt des gages. Pendant le délai prescrit, & qu'on met assez long, le Propriétaire peut à chaque instant retirer son gage, en remettant l'argent qu'il a reçu, sans nul intérêt, sans aucune espece de retenue ni de présens, sous quelque forme que ce puisse être. Après l'expiration des délais, on avertit les Propriétaires : s'ils ne viennent pas retirer leurs effets, & payer, on vend publiquement à certains jours indiqués, au plus offrant & dernier enchérisseur, tout ce qui se trouve dans le cas d'être vendu. Le prix de l'adjudication surpasse certainement la somme qu'on a prêtée, puisqu'on ne donne que les deux tiers de ce que vaut la matiere seule. A quoi que se monte la vente, on ne retient précisément que la somme prêtée, sans nulle addition quelconque ; on rend le reste scrupuleusement à l'Emprunteur, ou à ses Représentans. Tel est l'Etablissement admirable des Monts de piété, très communs en Italie, mais dont nous ne connoissons qu'un seul en France, à Cahors, dans la Maison des Chanoines Réguliers de la Congrégation de Chancellade, fondée par leur pieux Réformateur Alain de Solminhiac, Evêque de cette Ville.

Chaque Bureau Paroissial deviendroit donc, suivant nos idées, un *Mont de piété* pour les accidens passagers du Peuple. Par là nous détruirions l'usure qui les ronge, & nous previendrons souvent la pauvreté, ce qui est bien plus humain, bien plus noble & bien plus avantageux, que de la soulager. Outre que le Bureau Paroissial auroit toujours entre ses mains des fonds qu'il auroit reçus d'avance du Bureau général Diocèsain, tant pour cet objet que pour tous les autres, il auroit encore les contributions volontaires des Citoyens charitables, & les autres objets qu'il seroit chargé de recevoir, pour en compter au Bureau Diocèsain. D'ailleurs, en cas de besoin, il auroit un crédit sûr, & pourroit tirer, jusqu'à certaine concurrence, des rescriptions à vue sur la caisse générale du Diocèse, qui vaudroient argent comptant, & qu'il donneroit, en recevant des gages proportionnés. Ces deniers ainsi prêtés gratuitement, font bien mieux que dans des caisses, ou fermées, ou livrées à des Receveurs qui les font valoir par les usures. C'est un soulagement très utile, non seulement aux Pauvres

Artifans, Agricoles & Marchands inférieurs ;
mais encore à l'Agriculture même, aux Arts
& au Commerce, que la facilité du *Mont de
piété* paroiffial étendront & perfectionneront
par-tout, en excitant & en fecondant l'émulation. De petites fommes diftribuées par-tout
avec autant de fageffe que de bonté, produi-
ront en ce genre les plus grands biens : les
Bureaux ne perdront rien, par la folidité des
gages. L'érection de leur caiffe en *Mont de piété*
n'eft point une furcharge, c'eft pour les Malheureux un avantage ineftimable, qui foulage
leur befoin préfent, & les empêche de devenir
vraiment pauvres.

Prêtez donc fur gages dans tout Bureau Paroiffial, aux Citoyens des claffes inférieures,
valides & vivans de leur travail, qui deviendroient pauvres, fans ce fecours ; mais prêtez
gratuitement, fans aucun intérêt, fans aucun
droit quelconque ; donnez-leur des penfions,
quand ils font, par la vieilleffe ou les incommodités, totalement invalides ; fecourez-les
dans leurs maladies, par le miniftere du même
Bureau : réfervez à celui de tout le Diocèfe
le foulagement des Perfonnes plus diftinguées
par leur naiffance & leur condition, qui font
affligées d'une indigence permanente ou paffagere ; qu'ils en reçoivent, fuivant les cas, ou

des secours qu'on leur prête sur hypotheque, ou des libéralités transitoires qu'on leur donne sans retour, ou des pensions totales ou partielles pour eux & pour leurs familles.

Prenez soin des Etrangers voyageurs & vraiment pauvres, tant en santé qu'en maladie; donnez des Asyles aux demi-Pauvres qui travailleront de leur mieux ; payez la nourriture & l'éducation des orphelins, & des enfans exposés, à des familles de la Campagne, qui vous en feront de vrais & bons Paysans. Voilà ce semble toutes les *especes* de pauvreté véritables, tous leurs *besoins* & tous leurs *droits*.

Nous ne parlerons point ici des Pauvres prisonniers, nous n'en reconnoissons point de tels, & nous en expliquerons les raisons dans le troisieme Chapitre, en parlant exprès directement des Maisons de correction, & par occasion des Prisons, & même des peines que l'on pourroit substituer à celle du bannissement & des Galeres pour un tems, sources de Mendians & de Vagabonds, peut-être aussi à la peine de mort, qu'on prononce très légérement en bien des cas.

ARTICLE SECOND.

Des Biens & Revenus des vrais Pauvres.

§. I.

Des Fonds & Revenus donnés directement aux
Pauvres.

LE DÉTAIL où nous nous sommes livrés
de toutes especes de pauvreté véritable, des
besoins & des *droits* de tous les Indigens,
effraiera sans doute ceux qui ne connoissent
pas les sources abondantes que la prévoyance
des Loix & la piété de nos Ancêtres ont ouvertes à la charité patriotique. Cette multitude
étonnante de Mendians qui s'offrent à chaque
pas dans la Capitale & les Provinces, est en
réalité beaucoup moins nombreuse qu'elle ne
paroît au coup d'œil. Les Vagabonds errant
sans cesse de Province en Province, & les plus
sédentaires des vrais Pauvres circulant toujours
dans un espace plus ou moins resserré, il est
nécessaire que le spectacle de leur infortune
réelle ou supposée, se reproduise cent fois dans
les Villes, dans les Bourgs & sur les grandes
Routes, & que cette mobilité des objets de la
pitié ou de l'indignation d'un honnête Citoyen,
fasse illusion sur le nombre. Si vous séparez
les Malheureux d'avec les Imposteurs; si vous
rendez sédentaires les premiers, pour être sou-

lagés fuivant leur état, les autres pour travailler ou être punis, vous diffiperez le phantôme qui n'en a que trop impofé peut-être au Gouvernement lui-même. On verra pour-lors, d'un côté, qu'il eft dans le Royaume beaucoup moins de vrais Pauvres qu'on n'imagine communément, & qu'ils ont moins de *befoins* réels qu'ils n'affectent d'en expofer aux yeux du Public : de l'autre, que les fonds & revenus confacrés aujourd'hui à l'aumône patriotique, s'ils étoient adminiftrés avec foin, employés avec difcrétion, feroient beaucoup plus confidérables qu'on ne penfe ; & que les Pauvres ont d'ailleurs des reffources prefque incroyables dans des biens dont ils *devroient* jouir, & dans ceux qu'on *pourroit* leur accorder, fans faire aucune injuftice, ni même caufer aucune incommodité fenfible aux autres Citoyens.

Nº. I.

Les biens les plus apparens des vrais Pauvres les feuls connus de la multitude, font les fonds & revenus donnés aux Etabliffemens charitables de toute efpece, qui font en fi grand nombre dans le Royaume. Il n'eft point de Ville qui n'ait fon Infirmerie publique, & quelques-uns des gros Bourgs en font auffi pourvus, fur-tout dans le voifinage des grandes Capitales. Les Bureaux de Miféricorde ou de Charité fe

multiplioient journellement , & peu-à-peu la
dévotion bien entendue travailloit à les doter.
Il subsiste des *Hospices* pour les Passans pauvres,
& pour les Pélerins prétendus pieux. Les *Asyles*
qu'on nomme communément l'Hôpital général , sont établis dans toutes les Villes Episcopales ; ils sont fondés , bâtis & meublés : la
plûpart ont été formés par la réunion de plusieurs anciens établissemens pieux , en vertu
de l'Ordonnance de 1693 , dont l'exécution fut
commise à une commission expresse du Conseil.
Les Hôpitaux d'Enfans trouvés & d'Orphelins
commencent aussi à prendre une consistance ,
au moins dans les grandes Villes. Enfin , diverses
fondations chargent des Corps, des Communautés des Terres seigneuriales, des héritages particuliers , ou de redevances , ou de distributions
envers les Pauvres , soit en argent , soit en
nature de denrées & de vêtemens.

Outre les lieux pieux du Royaume qui se
sont conservés dans leur état , il en est un grand
nombre qui sont détruits ou dénaturés , & dont
les biens sont usurpés : les Seigneurs, les Curés,
ou autres Bénéficiers séculiers, les Fabriques,
les Corps Religieux des deux sexes, les Officiers municipaux des Villes ont eu souvent des
prétextes & des occasions pour s'emparer ainsi
du patrimoine des Pauvres. Le Concile général

de Vienne se plaignoit en 1311 de cet abus, qu'il qualifie d'injustice détestable. Le sage Réglement qu'il a dressé pour l'interdire aux Ministres de l'Eglise, & pour les forcer en tout tems à la restitution, malgré tout usage & toute prescription, est devenu la Loi générale de l'Eglise & de l'Etat. Nos Rois l'ont adoptée dans plusieurs Ordonnances; François premier, Charles IX, Henry IV, & Louis XIV, ont consacré cette maxime, que les droits des Pauvres sont inaliénables & imprescriptibles, & que nulle autorité, nulle Coutume ne peut les dépouiller des biens qui leur ont été donnés. Cependant, malgré la force de ces Loix tutélaires, quel nombre d'usurpations anciennes & même modernes! La source en est facile à trouver; c'est que personne n'a été chargé par état de les démasquer & de les pourfuivre; personne n'a été intéressé à les faire connoître & réprimer. Ainsi, tandis que la cupidité veille pour envahir, & saisit tous les moyens, toutes les occasions, la Loi dort, & rarement se trouve-t-il quelqu'un qui la réveille : deux ou trois exemples frappans vont faire sentir l'abus & toute sa force.

Le Cardinal Mazarin, dans le tems qu'il pouvoit tout oser impunément, & qu'il osoit tout pour s'enrichir, transforma l'Hôpital d'Aubrac, au Diocèse de Rhodez, en un Bénéfice de quarante mille livres de rente. Il fit croire au Pape & au Roi que c'étoit un Prieuré conventuel de l'Ordre de St. Benoît, tandis que c'étoit un *Hospice* pour tous les Passans pauvres, & un Asyle pour les Vieillards, les Infirmes & les Malades, dirigé au spirituel & au temporel par des Chanoines réguliers & Hospitaliers de St. Augustin, d'une Congrégation particuliere, composée de dix-sept Hôpitaux. La Regle primitive de cette Congrégation hospitaliere, faite par le Fondateur, les antiques Statuts confirmés par l'autorité apostolique dès le treizieme siecle, & renouvellés depuis d'âge en âge jusqu'à la fin du quinzieme, non-seulement n'érigeoient point ces Hôpitaux en Bénefices, mais encore défendoient, par une Loi formelle, toute pareille érection de Bénéfices, toutes administrations particulieres, toutes séparations de manses, sur le principe certain que la propriété de tous les biens appartenoit aux Pauvres, & cette prohibition expresse étoit l'objet d'un quatrieme vœu que chacun des Religieux hospitaliers de la Congrégation d'Aubrac prononçoit à sa réception, avec les autres, & que le Supérieur général étoit obligé de renouveller à son installation. A la vue de cette Regle, de ce Statut voué fpécialement, & très fcrupuleufement exécuté depuis le Fondateur, jufqu'au feizieme fiecle, l'ufurpation du Cardinal Mazarin paroît manifefte, & l'impofture dont il l'avoit mafquée révolte la probité. Cependant, malgré l'énergie des termes dont fe fervoit en 1311 l'Eglife affemblée dans le Concile de Vienne, en caractérifant l'abus de transformer les Hôpitaux en bénéfice, qu'elle appelle une *injuftice déteftable*, les préjugés favorables aux ufurpations eccléfiaftiques du bien des Pauvres ont tellement fait des progrès en France, que le Corps entier de l'Eglife Gallicane a paru fe rendre Partie pour maintenir & perpétuer celle du Cardinal Mazarin. Ses Confeils ont foutenu fermement qu'un Hôpital peut acquérir par prefcription la qualité de Bénéfice; qu'on peut le conférer en Commande à un Clerc tonfuré, qui s'appropriera fous ce titre les deux tiers des revenus, fi cet Hôpital a des Religieux pour le deffervir. On a réuffi à perfuader aux Confeils du Clergé, qu'il étoit de fon honneur & de fon intérêt de défendre avec chaleur & perféverance un fyftême qui contrafte fi vifiblement avec fon état, fes devoirs & fes fentimens. Le motif dont on s'eft fervi pour les engager à cette démarche, eft auffi fingulier que la propofition elle-même : c'eft, difoit-on, parce qu'il exifte certainement dans le Royaume un très grand nombre de Bénéfices qui furent dans leur origine des Hôpitaux, qui ne le font plus aujourd'hui, mais qui font devenus, par fucceffion de tems, des Prélatures ou Prieurés fimples, & qui font poffédés comme tels par des Eccléfiaftiques du premier ou du fecond ordre. [Tout le monde conviendra du fait fans doute. Le Concile de Vienne étoit effrayé, dès 1311, de cette foule d'Hôpitaux métamorphofés en Bénéfices, qui ruinoient les Pauvres, & deshonnoroient l'Eglife] Mais lorfqu'on ajoutoit que c'étoit le devoir, l'intérêt, l'honneur du Clergé de France de maintenir ces Bénéfices, d'empêcher qu'ils ne fuffent remis en leur ancien état d'Hôpitaux, & les biens reftitués à l'aumône générale & patriotique : c'étoit, ce femble, la contradiction la plus formelle à l'efprit de l'Eglife univerfelle, au prononcé des Conciles & des Loix de l'Etat qui l'ont adopté. Cependant ni l'unanimité des Auteurs, ni les anciens Jugemens de divers Tribunaux fouverains, ni le folide Plaidoyer de Mr. de la Briffe, Avocat Général, ni deux Arrêts confécutifs du Grand Confeil dans cette Caufe, n'ont encore pu fubjuguer les Confeils du Clergé de France : & l'on foutient encore en ce moment de leur part, que l'Eglife ne peut pas donner aux Pauvres le bien deftiné à l'entretien de fes Miniftres, mais qu'elle peut bien conquérir pour fes Miniftres le bien des Pauvres par la force de la prefcription, quoique fondée fur la fraude & la violence. Cette Caufe finguliere va fe juger au Grand Confeil, pour la troifieme fois(car les Confeils du Clergé condamnés fe font déja pourvus par une Requête civile rejettée, & viennent aujourd'hui par tierce oppofition) : & nous, qui plaidons ici la Caufe de tous les Indigens, nous avons encouru leur difgrace, & celle de quelques Membres du Clergé, pour avoir foutenu, dans ce Procès, les intérêts des Pauvres, dont nous étions chargés, & pour avoir ofé dire, dans ce Tribunal Souverain, que l'Eglife ne pouvoit ni ne devoit jamais conquérir pour fes Miniftres les biens des Pauvres, mais qu'elle ne faifoit qu'une juftice, & non pas une libéralité, en donnant aux Pauvres une très-grande partie des biens dont jouiffent fes Miniftres. Nous fommes toujours convenus avec nos Adverfaires du grand nombre de vrais Hôpitaux devenus Bénéfices ; mais nous avons hardiment déclaré, comme nous le déclarons encore, que c'eft une raifon de plus pour en détruire l'abus, pour en rechercher jufqu'aux moindres racines, & les extirper entiérement. L'efpece d'attachement qu'on infpire depuis plus de trois ans aux Confeils du Clergé de France pour la maxime contraire, est la preuve sensible de la multitude des usurpations, & de la nécessité d'armer contre elles des Vengeurs autorisés & vigilans.

On ne conçoit pas assez en France combien il est facile d'éluder les Loix les plus sages, & même les plus connues, quand l'attention des Magistrats & du ministere public n'est pas excitée par un intérêt particulier, qui veille à leur conserver ou à leur faire reprendre leur empire. C'est par cette raison, que nous sommes la Nation la mieux pourvue de Réglemens admirables, & celle de toutes qui les suit le moins. Dans le sujet que nous traitons des Hôpitaux usurpés & dénaturés par les Prêtres ou par les Laïcs, nous avons une Loi bien solemnelle, qui semble veiller à leur conservation contre les entreprises des Ecclésiastiques. C'est l'art. 61 des libertés de l'Eglise Gallicane, qui porte, en termes formels : que *le Pape ne peut conférer ni unir les Hôpitaux, Léproseries, Maladreries & autres lieux pieux du Royaume, & n'a lieu en ce la regle* de pacificis possessoribus. Cette prohibition est un frein salutaire à la cupidité qui cherche à s'autoriser des noms les plus respectables, & des prétextes les plus specieux, pour envahir le bien des Pauvres : c'est une portion précieuse de ces maximes qui sont regardées avec raifon , par tous les Citoyens éclairés , comme le *Palladium* de l'Etat. Croiroit-on que de nos jours même on a follicité , au nom du Roi , une Bulle du Pape regnant , qui ne contient uniquement , dans fon préambule , dans fon difpofitif & dans toute fa fubftance , que la contradiction la plus formelle de cette regle ; une Bulle dans laquelle le Pape dit qu'il appartient à lui & au faint Siege de regler les Hôpitaux , de les conférer , de les unir , & de difpofer de leurs biens ; une Bulle dans laquelle le Pape ufe réellement de ce droit , & paroît l'accorder aux inftances mêmes du Roi ? Croiroit-on que cette Bulle ait été reçue , fans qu'on fît réflexion à la contrariété fi palpable qu'elle contient , avec les libertés de l'Eglife Gallicane ; qu'on ait furpris des Lettres Patentes & un Arrêt d'Enregiftrement dans un Tribunal Souverain ; qu'on procede enfin actuellement en France à la fulmination & à l'exécution de cette Bulle ; enforte qu'on unit des Hôpitaux , & qu'on difpofe de leurs biens par l'autorité du Pape ? opération qui coûtera des fommes étonnantes pour l'obtention de cette Bulle , & pour les formalités qu'elle entraîne , avant d'être exécutoire , fi jamais elle peut le devenir. L'objet qu'on s'étoit propofé eft fans doute très important & très louable : on verra bientôt que nous nous en sommes occupés plus que personne. Mais il étoit bien plus facile, bien plus décent, bien moins coûteux de l'opérer d'une maniere plus conforme aux libertés de l'Eglise Gallicane, plus avantageuse pour les Pauvres, plus honorable & plus fructifiante pour ceux que le Souverain & son Conseil ont resolu très justement de décorer & de gratifier. Pleins de zele pour l'accomplissement de ce dessein principal, qui seul occupe la Cour, & qui mérite ses attentions, nous ne craignons point de dire ici notre avis sur les moyens qu'on a pris pour remplir leurs vues bienfaisantes. L'erreur seroit d'autant plus dangéreuse, qu'elle paroîtroit consacrée par des autorités respectables, s'il falloit confondre la forme erronnée qui n'est pas l'ouvrage du ministere, avec l'objet qu'on se propose au fond, qui seul est approuvé par la volonté du Prince, & qui mérite de l'être. Quelque juste que nous paroisse la critique de cette Procédure vicieuse, nous n'aurions jamais pris la liberté de la produire, si nos réflexions & l'enchaînement de nos idées ne nous avoit mis à même de produire un moyen bien plus simple, & ce semble bien plus satisfaisant à tous égards, d'opérer vingt fois mieux sans frais, & avec l'applaudissement universel. Nous le traiterons à son

rang

rang dans le Chapitre fuivant. Qu'il nous fuffife ici de favoir que la maxime tutélaire des Hôpitaux eft actuellemeet contredite par une Bulle formelle, follicitée, fans aucune néceffité, au nom du Roi, revêtue de Lettres Patentes enrégiftrées, dont on preffe par-tout l'exécution très difpendieufe. Qu'on juge par-là du nombre des ufurpations cachées, & de l'impuiffance des barrieres que nos Loix y paroiffent oppofer.

Un troifieme exemple qui paroîtra peut-être plus frappant encore, c'eft celui des Ordres Hofpitaliers qui fubfiftent avec toutes leurs Maifons, ci-devant *Afyles*, *Hofpices ou Infirmeries*, avec leurs biens, ou du moins une grande partie, aufquels il ne manque rien de leur ancien état, fi ce n'eft les Pauvres, pour lefquels feuls ils étoient fondés. On avoit mis dans ces Etabliffemens des Religieux pour y fervir les Indigens. Ces Miniftres y font demeurés, s'y font multipliés, à mefure que le nombre des Malheureux y diminuoit : aujourd'hui ce font des Monafteres & des Bénéfices. Citons fans ménagement, puifqu'il s'agit de l'intérét le plus facré aux yeux de la Religion & de l'humanité : nous n'avons point l'intention de nuire aux Particuliers, & nous expliquerons la maniere de corriger l'abus, fans changer leur

H

fort que d'une maniere plus avantageuse, ainſi que nous le dirons plus bas. L'Ordre de Saint Antoine de Viennois, celui de Montpellier, & quelques autres qu'on a confondus avec lui, n'ont jamais été qu'Hoſpitaliers : toutes leurs Maiſons étoient des Hôpitaux ; ils n'étoient dans ces Rétraites que les Serviteurs des Pauvres. Les Couvens ſubſiſtent en grand nombre ; pas la moindre trace d'hoſpitalité dans tout l'Ordre de Saint Antoine, très peu dans celui de Montpellier, beaucoup de biens aliénés, le reſte employé à toute autre deſtination qu'à nourrir les Pauvres ; juſques-là qu'un *Hoſpice* & un *Aſyle* très richement doté pour les Infirmes & les Voyageurs malheureux, ci-devant deſſervi par les Hoſpitaliers de Montpellier, ne ſert aujourd'hui, depuis long-tems, qu'à former une Communauté nombreuſe & opulente de ces Religieux mendians qu'on appelle Auguſtins ; d'autres forment des Séminaires magnifiques, *mais non gratuits*, deſſervis par les nouvelles Congrégations demi-ſéculieres & demi-régulieres, qui ſe font payer de fortes penſions par les jeunes Eccléſiaſtiques : objet qui ne reſſemble en rien à *l'hoſpitalité* ; car s'il eſt juſte & néceſſaire de payer deux fois, & par des revenus fixes & par des penſions, ceux qui forment les Eleves du Clergé, ce ne doit cer-

tainement pas être aux dépens des Pauvres.
Un Corps rédoutable, dont le crédit ne connoiſſoit point de frein, & la cupidité point de bornes, cherchoit à s'emparer de tous les Etabliſſemens deſtinés à l'inſtitution, ſur-tout Eccléſiaſtique ; & pour doter richement ceux qu'il avoit envahis, il n'a pas plus reſpecté les Ordres hoſpitaliers que les autres qu'il dépouilloit par-tout. Les biens dont ces Ordres n'étoient que les Dépoſitaires & les Economes, ſont devenus, en vingt lieux différens, le patrimoine des nouveaux Maîtres, & peut-être ne ſeront-ils jamais rendus à leur premiere deſtination. Le pouvoir étrange de ces Uſurpateurs obtint en 1693 une exception en leur faveur : exception ſi peu raiſonnable, qu'on eſt tout étonné de la trouver dans une Loi ſage qui proſcrit tant d'autres abus, & qui contient tous les principes de déciſion contraires à celui que nous combattons. Transformer des Hôpitaux en Séminaires & en Colleges, c'eſt une faute manifeſte contre la juſtice & la politique. Ce n'eſt pas aux vrais Pauvres à fournir des fonds, afin que les Enfans des riches, ou même des demi-pauvres, ſoient élevés ou gratuitement, ou à moindres frais, pour les Sciences ou pour les Autels.

Il exiſte donc réellement dans le Royaume beaucoup de fonds & de revenus réellement *hospitaliers* dans leur origine & dans leur deſtination primititive. Il eſt une Loi que le chriſtanifme & l'humanité doivent avoir gravée dans tous les cœurs : Loi que les deux Puiſſances ont pris ſoin de renouveller de tems en tems par écrit, & qui fait en France une partie de la Conſtitution comme fondamentale. Elle prononce que les *droits* des Pauvres ſur les biens qui leur ont été donnés, ſont inaliénables & impreſcriptibles. Le Bureau général de chaque Diocèſe , & les Bureaux particuliers de chaque Paroiſſe , doivent donc être autoriſés à revendiquer la poſſeſſion de tous les fonds & revenus qu'on pourra prouver avoir été donnés aux Pauvres ; & pour animer la vigilance des Prépoſés , ou le zéle de toute autre perſonne bien intentionnée en faveur de la caiſſe générale des libéralités patriotiques , il faut accorder une recompenſe par forme de gratification & de penſion viagere , à ceux qui feront des découvertes importantes , & fourniront des titres démonſtratifs.

Il nous a paru , par quelques exemples , que les Seigneurs laïcs n'ont ſouvent pas été plus exaĉts que les Eccléſiaſtiques , à reſpeĉter les Maiſons hoſpitalieres , leurs biens & revenus , ou du moins qu'ils ſe ſont fait ſouvent peu de ſcrupule de ſe ſouſtraire aux redevances dont ils étoient chargés envers les pauvres. Il eſt jufte quelquefois de préfumer des échanges avantageux aux Etabliffemens de piété ; mais fi l'ufurpation étoit certaine, rien ne doit dif-penfer de la reftitution. C'eft un facrilege aux riches de dépouiller les Afyles de l'indigence, & de tarir les fources de la charité publique.

N°. I I.

L'adminiftration des fonds appartenans aux Pauvres, & la perception de leurs revenus de-viendront certainement plus faciles & plus avan-tageufes, par la création du Bureau particulier de chaque Paroiffe, par fa correfpondance continuelle avec le Bureau général du Diocèfe, par les vifites des Infpecteurs, & par l'influence du Gouvernement, des Tribunaux fupérieurs, & du premier Ordre du Clergé, fur l'enfemble de l'aumône générale. Nous n'entendons point cenfurer ceux qui régiffent aujourd'hui les Hô-pitaux particuliers ; nous aimons au contraire à nous perfuader qu'ils rempliffent de cette fonction importante avec toute l'ardeur & toute la fidélité qu'elle mérite ; mais quelque bien qu'ils s'en acquittent, il eft poffible de faire mieux, dès-là qu'on trouve dans un nouvel Etabliffement des facilités qu'ils n'ont pas, fans mélange de plufieurs difficultés qui les emba-raffent.

Les Adminiftrations actuelles font fouvent

trompées fur la nature des biens appartenans aux Hôpitaux, fur leur produit, fur leurs réparations ; ces biens font quelquefois éloignés des Villes ; il en coûteroit à les faire vifiter fréquemment ; on n'a point de Correfpondans fur les lieux : de-là naiffent plufieurs inconvéniens très fenfibles. Premiérement, on s'en rapporte trop fouvent aux anciens Fermiers des Domaines poffédés par les Hôpitaux ; ils s'y perpétuent pour l'ordinaire, jufqu'à ce qu'ils s'y foient enrichis. La crainte de changer un bon Fermier qui paie moins, contre un qui prometroit plus, mais ne paieroit point ; celle de ne pas affermer, & l'impoffibilité de régir, font les caufes qui tiennent prefque par-tout les biens des Hôpitaux, quoique privilégiés, à plus bas prix proportiounellement que les autres Fermes des mêmes territoires. Il eft tout naturel que les Adminiftrateurs incertains craignent toujours de prendre trop fur eux, & d'opérer le mal dont on les rendroit refponfables, dans l'intention de faire un bien qu'on n'exige pas d'eux, car c'eft là précifément le point capital. On laiffe donc fubfifter, autant qu'on peut, les anciens baux qui mettent à couvert la comptabilité des Adminiftrateurs. Quant aux réparations, les Adminiftrateurs font toujours placés entre deux écueils ; ils appréhendent, ou de laiſſer détériorer les fonds, en ne faiſant pas celles qui ſont néceſſaires, ou de prodiguer le revenu des Pauvres en conſ-tructions ſuperflues : ils craignent également, & d'en ordonner trop ou trop peu , & d'être trompés ſur l'exécution de leurs ordres.

Le Bureau paroiſſial , les Inſpecteurs & Viſi-teurs feront l'œil & la main du Bureau général Diocéſain ; la valeur des fonds ſera connnue ; les baux ſeront portés au prix convenable , la régie même ne ſera pas impoſſible , pour un tems court, au défaut de Fermier (par le Com-miſſaire Paroiſſial , d'accord avec le Bureau) ; le beſoin de réparations ſera conſtaté ; les or-dres requis avec intelligence , exécutés avec fidélité , & ſoumis à une double vérification qui ne ſera plus diſpendieuſe : les redevances ne ſe perdront plus, comme il n'arrive que trop ſouvent, par la faute des Fermiers & Rece-veurs , & par leur connivence. Dans cette maſſe de biens, ſoumiſe en entier à l'Adminiſ-tration ſupérieure du Bureau diocéſain, & ſous ſes ordres, au Bureau particulier , nous con-fondons tous les fonds , toutes les rentes , tous les droits , même les diſtributions qui ſont fon-dées , & qui doivent être faites par des Fa-briques , des Bénéficiers , des Chapitres ou Communautés , des Détenteurs d'héritages

H iv

nobles ou roturiers. Ces diſtributions preſcrites par d'anciens Bienfaiteurs des Pauvres alors mendians, ne doivent pas être perdues pour l'aumône univerſelle ; elles ne peuvent être faites qu'au Bureau général, qui ſe charge de pourvoir à tous les *beſoins*, & de détruire toute mendicité : c'eſt un article important qu'il faut bien ſe garder de négliger.

Nº. III.

Ce n'eſt pas ſeulement ſur la régie des biens appartenans aux Pauvres, que le Bureau général diocéſain aura des avantages ſupérieurs à ceux de l'adminiſtration actuelle, c'eſt encore ſur l'emploi des revenus, puiſque notre ſyſtême d'aumône univerſelle élague la majeure partie des dépenſes acceſſoires, & détruit abſolument tout ce qui n'eſt pas dépenſé directement pour les Pauvres : plus de bâtimens à conſtruire, plus de réparations & d'entretien que de ceux qui ſeront loués au profit du Bureau général, au lieu d'être occupés à ſes dépens ; plus d'ornemens & de meubles ſacrés ou profanes ; plus de Chapelles multipliées ; plus de Prêtres, de Religieux, de Religieuſes, de Commis & de Domeſtiques. Nous ne laiſſons ſubſiſter en corps de Maiſon que les *Aſyles* des Pauvres demi-invalides, & nous verrons tout à l'heure qu'ils ont des Perſonnes éccléſiaſtiques & laïques dévouées par état à leur fervice, richement dotés par nos ancêtres, qui reprendront néceffairement cette fonction honorable & pieufe, & qui ne feront point à la charge de la caiffe générale des charités publiques.

Il eft évident que la moindre des Perfonnes de tout état & des deux fexes, employée au gouvernement & au fervice des Maifons de piété, confomme plus qu'il n'en faudroit pour entretenir très bien quatre ou cinq Pauvres, peut-être fept à huit, fi l'on compenfe l'un pour l'autre les Miniftres du premier rang avec les inférieurs. Confiderez maintenant en quel nombre font ces Prépofés de toute efpece dans les Etabliffemens de charité. Voyez à quel point on a multiplié les différentes demeures deftinées aux Pauvres, & vous concevrez alors quel bénéfice doit opérer au profit de la caiffe générale, la fubftitution que nous avons propofée, d'un fyftême fimple, mais général, uniforme, d'aumône, à celui des fuperbes bâtimens furchargés d'une adminiftration nombreufe, mais bornés dans leurs reffources comme dans leur deftination, mais ifolés & livrés à eux-mêmes.

Ceux qui fe confacrent au fervice des Pauvres font très louables fans doute, & nulle recompenfe n'eft mieux méritée que celle qu'ils obtiennent ; mais il n'en eft pas moins vrai que plus on pourra trouver de Citoyens vertueux qui rempliſſent ces mêmes fonctions gratuitement, plus on pourra diminuer le nombre de ceux qui ſervent réellement, mais qu'il faut payer (pourvu que les vrais beſoins des Pauvres n'en ſouffrent point), & plus auſſi on s'approchera de ce que preſcrit la juſtice & le bon ſens patriotique.

Ce principe eſt notre apologie contre ceux qui murmureront ſans doute de nous voir proſcrire toutes les Infirmeries publiques, tous les Hôpitaux d'Enfans trouvés, tous les Aſyles de Vieillards, d'Aveugles ou d'autres totalement invalides. On en murmurera ſans doute, puiſqu'il ſe trouveroit dans le moment un grand nombre d'intéreſſés à leur conſervation. Ce n'eſt pas pour leur nuire que nous propoſons nos idées, c'eſt pour ſervir l'Etat & nos Pauvres concitoyens. Peut-être ſommes-nous dans l'erreur : il faut nous réfuter par des raiſons ſolides, nous ſerons les premiers à reconnoître l'illuſion. Juſqu'à la conviction, nous nous croyons en droit d'abjurer tout reſpect humain, & de ne ménager aucun préjugé, aucun intérêt perſonnel. Si nous avions voulu les reſpecter, les ménager, nous ſerions indignes de plaider la Caufe des Pauvres, & coupables d'en avoir ufurpé la gloire.

Il faut donc mettre, par une Loi précife, le Bureau général de chaque Diocèfe en poffeffion de tous les biens fonds & revenus qui feront prouvés avoir été donnés aux Pauvres, dans toute l'étendue du Diocèfe. Qu'il puiffe les connoître, les révendiquer & fe les faire reftituer, s'ils font ufurpés, malgré toute prefcription, toute intervention de formalités qu'on auroit mifes en ufage pour les dénaturer, & pour en intervertir la deftination. Que le Bureau de chaque Diocèfe foit comptable de l'adminiftration générale à la Commiffion fupérieure établie dans chaque Ville de Parlement, & celle-ci à la Commiffion fouverainne du Confeil du Roi, qui s'occupera de cet objet pour toute la France, (comme celle des Villes de Parlemens veillera fous cette premiere dans toute l'étendue du reffort) : nous parlerons plus bas de ces Commiffions. Que le Bureau particulier de chaque Paroiffe foit fubordonné pour cette adminiftration au Bureau diocèfain ; qu'il lui fourniffe fans ceffe tous les éclairciffemens néceffaires fur la valeur & l'état actuel des biens confacrés à la charité qui feront dans la Paroiffe ; qu'il exécute tous fes ordres, rélativement à leur fermage, régie, vifite & ré-

parations; que toute recette de ces mêmes biens
fe rapporte à la caiffe générale diocèfaine (il
faut bien fe garder de laiffer chaque Bureau
paroiffial fe croire le maître des biens fitués
dans fon territoire , ni des contributions qu'on
y recueilleroit : ce feroit la porte ouverte à
tous les abus). Que de cette même caiffe parte
toute dépenfe pour les vrais befoins des Pauvres ; mais que toute l'étude du Bureau foit
tournée , comme celle des Bureaux qui lui feront fubordonnés & des Commiffions fupérieures , à élaguer & à retrancher toute dépenfe acceffoire , & à le réduire au plus fimple ,
au moins coûteux , fi les vrais Pauvres n'en
fouffrent point : leurs befoins réels étant le feul
& le véritable objet de la charité patriotique.

§. I I.

*Des Biens & Revenus donnés à l'Eglife pour les
Pauvres.*

Si les Citoyens indigens font , aux yeux de
la faine politique , un objet digne de fes attentions & de fa bienfaifance , ils font , aux yeux
de la Religion , un objet digne de toute fa
tendreffe & de fes prédilections le plus marquées. Le Chriftianifme , fi peu connu , fi peu
refpecté de nos jours , par de prétendus Philofophes Citoyens , eft toujours d'accord avec

les intérêts véritables de l'Etat ; & les vertus qu'il ordonne font toujours auffi profitables en cette vie , pour la fplendeur & la tranquillité des Empires , pour la vraie profpérité du Prince & des Sujets , que méritoires pour les recompenfes éternelles qu'il en fait efpérer. L'Eglife eft pour les Pauvres une Mere tendre , attentive & bienfaifante : fon premier efprit fut d'anéantir , s'il étoit poffible , toute efpece de pauvreté. Les premiers Difciples de Jefus-Chrift commencerent par ce chef d'œuvre de bienfaifance , l'établiffement de l'Evangile. Tous les biens furent confondus à Jérufalem : chaque Fidele apporta , dans le tréfor commun de l'Eglife , le prix de fes fonds & le falaire de fon travail ; le riche contribua fans orgueil , & le Pauvre partagea fans honte , fuivant la regle feule de fes *befoins*. Frappés d'un fi beau fpectacle , nous demandons qu'on le médite avec attention , & qu'on interroge fon cœur ; nous l'exigeons fur tout de tous ceux qui font honnorés du Miniftere apoftolique , & qui feroient tentés de nous lire pour critiquer les vérités que nous allons expofer.

La communauté générale des biens & des poffeffions entre les Chrétiens , convenoit fans doute aux premiers jours de l'Eglife naiffante ; mais elle étoit impraticable pour tous les fiecles, pour tous les Peuples qui devoient recevoir la foi, depuis Jérufalem , jufqu'aux extrêmités du monde. L'efprit divin qui dirigeoit les Apô-tres, ne voulut l'établir, & n'a pris foin d'en conferver l'Hiftoire fi refpectable, que pour confacrer à jamais les *droits* des Pauvres, pour en faire fentir toute la force, toute l'étendue, toute l'imprefcriptibilité, non feulement aux fimples Fideles, mais encore plus aux Miniftres de la Religion. Tous les biens des premiers Chrétiens étoient dans un tréfor commun , les Apôtres préfidoient à la diftribution , mais ils n'étoient pas riches de ces biens : Saint Pierre, le premier d'entr'eux, n'avoit point d'or ni d'argent pour donner au malheureux Juif qui mendioit à la porte du Temple.

L'Eglife fut donc obligée , par l'étendue même & par la rapidité de fes conquêtes , de fouffrir bientôt le partage des patrimoines, l'inégalité des poffeffions : les Chrétiens furent comme les Juifs & les Payens, quelques-uns dans l'opulence , plufieurs dans la médiocrité, & d'autres dans la mifere. Alors les Miniftres de la Religion devinrent les Patrons & les Défenfeurs des Pauvres , l'Eglife fe déclara leur Mere , & c'eft à ce titre qu'elle devint Dépofitaire des fecours que la dévotion leur prodiguoit. Ce dépôt fubfifte encore, & nous allons nous attacher à développer quel en eſt l'origine & la deſtination.

Nº. I.

Les premiers Chrétiens, animés par une piété fervente, mais éclairée, comprirent bientôt que la Prédication des dogmes de la Religion, l'Adminiſtration des Sacremens, l'étude & les autres fonctions du Clergé, ne lui permettoient point de vaquer aux autres profeſſions de la vie civile ; qu'on ne pourroit par conſéquent promouvoir aux ordres de la Hiérarchie que des Perſonnes riches, à moins qu'on n'établît des contributions volontaires ou néceſſitées pour l'entretien de ceux qu'on détourneroit du travail & des ſoins temporels, pour ne s'occuper que du ſervice des Autels. Il ne s'agiſſoit, dans les premiers ſiecles, que de tendre la main pour recevoir les oblations des Fideles, chrétiens par choix & par la perſuaſion intime, ſans aucun mélange d'intérêt & de reſpect humain. Déja les premiers Succeſſeurs des Apôtres s'étoient fait une gloire & un devoir de ſolliciter la bienfaiſance publique envers les Pauvres ; ils s'étoient rendus les Dépoſitaires & les Economes des largeſſes qu'on leur diſtribuoit : loin d'en rien détourner pour leur propre uſage, ils y joignoient ſcrupuleuſement tout l'excédent de leur propre patrimoine, après

en avoir pris pour eux-mêmes le ſtrict néceſ-
faire. Ceux qui devenoient Pauvres par leur con-
ſécration aux Emplois éccléſiaſtiques, avoient
un *droit* inconteſtable à la diſtribution de l'aumône génerale : c'eſt le droit que l'Apôtre St.
Paul avoit établi pour les autres, ſe diſpenſant
lui-même d'en uſer, par le travail de ſes mains
qu'il ſavoit allier avec les fonctions de l'Apoſ-
tolat. Croira-t-on de nos jours que cette portion accordée dans l'aumône univerſelle des
Chrétiens, aux Miniſtres de la Religion, que
leur état rendoit pauvres, ſoit la véritable origine des biens éccléſiaſtiques ? C'eſt pourtant
une vérité prouvée par le Recueil des plus anciens Canons qu'on appelle apoſtoliques, par
les Ouvrages des premiers Peres, tels que St.
Juſtin, Tertullien, St. Cyprien & Origene.

Non-ſeulement les Chrétiens offroient à l'E-
gliſe, comme mere & tutrice des Pauvres, ces
contributions volontaires dont parle St. Juſtin
dans ſa ſeconde Apologie, dont la diſtribution ſe faiſoit à toute eſpece de Malheureux,
ſans exception, comme le dit ce Martyr Phi-
loſophe (*indigentium omnium*) ; mais encore ils
ſe faiſoient tous une Loi de payer exactement
la dîme de leurs biens & revenus, les prémices
de leurs recoltes & de leurs travaux. L'uſage
en étoit établi par l'ancienne Loi chez les Juifs ;
les

les premiers Difciples de l'Evangile fe crurent obligés de le fuivre : la preuve s'en trouve dans les Lettres de St. Cyprien (*L.* 1 , *Ep.* 9) , & dans les anciens Canons apoftoliques (*L.* 8 , *chap.* 30). Bientôt fans doute le *droit* accordé fi juftement aux Eccléfiaftiques pauvres d'entrer en partage avec les autres Indigens, fit naître quelques abus , ou du moins quelques foupçons (que le véritable efprit de l'Eglife craint autant que les fautes mêmes) ; & de-là naquit la néceffité d'un partage. Il eft établi , par les Canons apoftoliques , que les prémices des recoltes & travaux étoient pour l'Evêque , les Prêtres & les Diacres ; les dimes toutes entieres pour les Pauvres , parmi lefquels on comprenoit les Veuves, les Vierges & les Clercs inférieurs indigens. Mais l'Evêque & fes Coopérateurs dans le Miniftere eccléfiaftique , n'ont *droit* , fuivant le Canon 41 , à percevoir ainfi leur portion des prémices offertes à l'Eglife , ou même à y fuppléer , en cas d'infuffifance , par une partie des autres biens & revenus , qu'à proportion de leurs vraies néceffités : c'eft le terme formel (*ex iis quibus indiget ad fuas neceffitates*). Le Concile d'Antioche renouvelle cette difpofition dans le Canon 25 ; il ordonne que les Canons apoftoliques feront fuivis , & en conféquence , que l'Evêque diftribuera aux

I

Pauvres tous les biens de l'Eglife, *fans en rien réferver pour fes propres befoins, à moins qu'il ne foit vraiment pauvre, auquel cas, il ne doit prendre que fon néceffaire.* L'Eglife étoit alors affez peu nombreufe ; elle ne contenoit encore dans fon fein que très peu de Perfonnes riches & puiffantes ; la caiffe de l'aumône univerfelle, **qui** faifoit alors fon feul tréfor, n'étoit donc pas opulente. Cependant il eft néceffaire d'obferver que dès-lors, parmi les Miniftres de la Religion, les Diacres & les Diaconiffes occupoient le troifieme rang de la Hiérarchie, leur inftitution remontant aux Apôtres même ; que ces Diacres, ces Diaconiffes étoient, à proprement parler, les Officiers de la charité générale, les Serviteurs particuliers des Pauvres : c'eft une remarque très importante, felon nos *idées*, à laquelle nous reviendrons.

L'Eglife s'étendit, le nombre des Fideles s'accrut, & le tréfor commun de la bienfaifance chrétienne devint plus riche, à proportion des progrès de la Foi ; mais auffi la ferveur diminua dans tous les Ordres. Le Clérgé, Dépofitaire du bien des Pauvres, accoutumé à prendre fon propre néceffaire furcette maffe facrée, chargé de diftribuer les libéralités publiques aux autres Indigens, & d'économifer le furplus, dont il rendoit un compte exaƈt à l'Evêque & au Presbitere (car l'économie & les diſtributions étoient la fonction de l'Ordre des Diacres); le Clergé en vint donc peu-à-peu juſqu'à ſe croire le maître de ces aumônes, & à ſe faire riche *du bien des Pauvres* (Origene, tract. 15 in Math.). Par une ſuite de l'erreur & de l'abus, qui va toujours en devenant plus injuſte & plus abſurde, le Clergé s'appropriant les oblations volontaires & les décimes, au préjudice des Pauvres, par la raiſon qu'il en étoit le Dépoſitaire & l'Adminiſtrateur, quelques Evêques, par la même raiſon, prétendirent s'emparer ſeuls de cette caiſſe, & des fonds qui lui appartenoient, pour en diſpoſer à leur gré, pour n'en donner à leur Clergé même que ce qu'ils voudroient, fondés ſur ce qu'ils étoient en effet les premiers Economes, & qu'il appartenoit à leur dignité de préſider aux comptes, & d'ordonner les diſtributions : c'eſt ainſi qu'un *abyme invoque un autre abyme.*

Pour arrêter cet abus dans notre Occident, le Pape Simplice ne ſut rien de mieux que d'ordonner un partage ; il voulut que, de tous les biens & revenus des Egliſes, oblations, dimes, prémices, fonds & rentes, qui ne formoient encore qu'une maſſe indiviſe, le produit annuel fût diviſé en quatre portions égales. La premiere pour l'Evêque ; la ſeconde pour le refte du Clergé ; la troifieme pour l'entretien & les réparations des Eglifes mêmes ; la quatrieme enfin, pour les Pauvres de toute efpece. Le Pape Gelafe fit, avant la fin du cinquieme fiecle, une Loi générale de ce Réglement, qui dans la Décretale de fon Prédéceffeur, paroiffoit n'être que provifoire & particuliere. Nous allons voir comment elle devint en France une des Conftitutions de l'Etat, qui n'a jamais été révoquée.

Clovis, le vrai Fondateur de la Monarchie Françoife, ayant lui-même fubi le joug de la Religion dans le tems qu'il foumettoit toutes les Gaules à fon Empire, les Evêques s'emprefferent à mettre fous fa protection tous les Réglemens principaux de la difcipline eccléfiaftique, à l'exemple des Empereurs Romains, qui depuis Conftantin avoit prêté leur autorité pour les faire exécuter. Le premier Concile d'Orléans, de l'an 511, dont les fages Canons furent érigés en force de Loi par le concours des deux Puiffances, adopta le partage ordonné par le Pape Gelafe, qui s'exécutoit fans doute fous la domination des Romains. C'eft l'objet du cinquieme Canon, que le quart de tous les fruits appartenans à l'Eglife foit donné très exactement aux Pauvres, à peine de dépofition contre les Evêques & les Prêtres qui se rendroient coupables d'aucun attentat à cette portion sacrée, où qui négligeroient d'en empêcher l'usurpation. Cette pratique fut en vigueur dans le Royaume, tant que la postérité de Clovis se maintint sur le Trône ; elle ne fut oubliée qu'avec toutes les autres de la discipline ecclésiastique, dans les tems de trouble, où la race des Maires du Palais, après avoir subjugué peu-à-peu le reste de la Nation, finit par déposer ses propres Maîtres.

Charlemagne, le Héros, le Législateur de la France, dont les vertus politiques & militaires firent oublier l'usurpation de ses peres, s'occupa sans relâche, au milieu même des guerres & des conquêtes, à remettre en vigueur toutes les regles du gouvernement politique & de la discipline ecclésiastique. Les Parlemens s'assembloient tous les ans ; tout le monde sait qu'ils étoient composés des Evêques & des Abbés pour le Gouvernement spirituel, des Comtes & Barons pour le temporel : la Noblesse seule combattoit au dehors, & administroit la justice ; le Peuple étoit serf. Les Capitulaires sont l'ouvrage de ces Parlemens, qui formoient autant de Conciles nationaux, célébrés sous les yeux du Monarque, & confirmés dans l'instant même par le concours de tous les Grands de l'Etat, chargés du dépôt des

Loix nationales : jamais Ordonnances n'eurent plus de folemnité que ces Capitulaires, auffi n'ont-ils jamais perdu leur force & leur auto-rité. Tous les articles qui n'ont point été ré-tractés par des Edits poftérieurs, font cenfés exécutoires ; ils influent comme tels dans toute la Jurifprudence.

Une des Loix les plus formellement renou-vellées par les Capitulaires, fut le partage de tous les biens & revenus eccléfiaftiques en qua-tre portions égales, dont une toute entiere ap-partiendroit aux Pauvres, conformément à la Décrétale du Pape Gelafe. On trouve l'exécu-tion de ce Réglement, ordonnée jufqu'à cinq fois, dans le Recueil de ces Capitulaires (L. 1, c. 87, L. 7, c. 152, 217, 290, add. 4, c. 94) ; & même, par une exception remarqua-ble, & qui paroît fondée fur un motif raifon-nable, on y prefcrit que, dans les Paroiffes très riches, les deux tiers des dîmes feront pour les Pauvres. C'eft ainfi que le partage introduit par les Papes, devenu Loi de l'Eglife & de l'Etat, par le premier Concile d'Orléans, fous Clovis, acquit un nouveau dégré d'autorité, par le concours des deux Puiffances, fous l'Empire de Charlemagne & de Louis le Dé-bonnaire fon fils.

Il ne faut pas imaginer que cette divifion

fût abfolue de telle maniere, que l'Evêque &
fon Clergé fuffent inconteftablement les maîtres d'appliquer à leur ufage les deux portions
qu'on leur abandonnoit, qu'ils n'en duffent aucun compte ni à l'Eglife, ni à l'Etat, & que
les Pauvres fuffent abfolument exclus d'y rien
prétendre. Tout au contraire : le premier efprit
de l'Eglife vivoit toujours, fes biens étoient
toujours cenfés appartenir entiérement aux Pauvres, fuivant les Canons apoftoliques & le premier Concile d'Antioche; les Membres du Clergé n'avoient droit d'entrer en partage avec les
autres Pauvres, qu'autant qu'ils étoient Pauvres
eux-mêmes, & à proportion de leurs *befoins*
réels. Cette maxime de toute l'Eglife eft ex-
pliquée par St. Auguftin, dans fa Lettre cin-
quantieme, avec toute la précifion poffible :
les Evêques de l'Eglife Gallicane n'en étoient
pas moins pénétrés, & nous en trouvons un
monument bien clair & bien refpectable dans
le trente-unieme Canon du Concile de Paris,
de l'an 829. » Quoique l'Evêque foit autorifé
» par les Canons (dit ce Concile) à s'appro-
» prier le quart des dîmes, des revenus ecclé-
» fiaftiques, & des oblations des Fideles, ce-
» pendant lorfque l'Evêque eft affez riche de
» fon patrimoine, il faut qu'il s'en contente :
» s'il n'a rien par lui-même, qu'il prenne fur

» les biens de son Eglise de quoi satisfaire aux
» besoins d'une vraie nécessité, non aux desirs
» de la cupidité. Mais s'il n'est pas contraint
» par les circonstances à faire usage de la por-
» tion qu'on lui destine, qu'il la remette entiere
» avec les deux autres qui sont destinées aux
» Pauvres & aux réparations des Eglises. « Rien
n'est plus précis ni plus digne d'admiration que
cette Ordonnance.

La conséquence très immédiate & très certaine, c'est qu'en vertu des Loix civiles & canoniques, le quart des revenus ecclésiastiques
appartient indubitablement aux Pauvres dans
toute l'étendue de l'Eglise Gallicane.

Rien n'étoit plus facile ni mieux exécuté dans
l'ancienne discipline que ce Réglement, plus
favorable, comme on voit, aux Ecclésiastiques
mêmes qu'aux Pauvres. On n'imagineroit pas
sans doute par quelle fatalité le Clergé peut
en être venu à l'éluder, & même peut-être à
l'oublier entiérement ; le partage des biens ecclésiastiques, ou la création des Bénéfices particuliers, a été seule la cause de cette innova-
tion qui s'est faite peu-à-peu, sans regle & sans
autorisation, bien plus sûrement encore, sans
aucune atteinte réelle aux droits des Pauvres.
Jusqu'au milieu du neuvieme siecle & au-delà,
tous les biens de chaque Diocèse étoient mis

en commun, sous la régie d'un Econome (c'étoit l'Archidiacre), qui rendoit compte de sa gestion à l'Evêque & à son Conseil. Tous les revenus étant donc alors confondus dans une caisse générale, on procédoit au partage, & le quart des Pauvres se prélevoit avec autant de facilité que d'exactitude. Mais la division cessa peu-à-peu, à mesure qu'on laissa devenir plus commun l'usage de donner en Bénéfice, c'est-à-dire en usufruit à vie, certaine portion des biens ecclésiastiques aux Prêtres & même aux Laïcs, & singuliérement aux Pauvres ; car il est constant, quoi qu'en puisse dire le commun, que dans la premiere origine, les Clercs n'avoient point de droit exclusif aux Bénéfices, c'est-à-dire à l'usufruit de quelques biens ecclésiastiques séparés de la masse commune, qui n'étoit possédé qu'à titre précaire pour un temps , & pour une redevance à la caisse générale : redevance qui se compensoit pour les uns , & qui ne se compensoit pas pour les autres , suivant qu'ils avoient eux-mêmes, ou qu'ils n'avoient pas, le droit d'entrer en partage du produit de la caisse.

Cet usage de donner les biens ecclésiastiques en Bénéfice étant devenu si général, que la caisse commune fut absolument anéantie, les usufruits particuliers s'étant incorporés par habitude, plutôt que par aucune Loi publique, avec les titres & les fonctions, il en résulta nécessairement que chaque Bénéficier fût chargé pour sa part de l'admininistration de telles & telles possessions ecclésiastiques. Mais on n'oublia jamais le principe primitif & inviolable, que ces biens étoient tous, sans exception, le patrimoine des Pauvres, que les Ministres des Autels n'en étoient ni les Propriétaires, ni les usufruitiers libres & absolus, mais seulement les Economes, les Dépositaires pour les Pauvres; que la portion de ces premiers & véritables Maîtres étoit toujours sacrée; qu'on ne pouvoit y toucher sans attentat; que les trois autres mêmes n'appartenoient aux Membres du Clergé qui régissoient les fonds, qu'à titre d'aumône, & à proportion de leurs vrais besoins, la stricte nécessité leur donnant seule droit au partage. Il faudroit compiler tous les Auteurs, tous les Conciles, s'il s'agissoit de rassembler les témoignages rendus dans tous les tems à la vérité de ce principe : le Concile de Trente l'a renouvellé solemnellement, & le Clergé de France l'a fait valoir avec toute la force imaginable en mil sept cent cinquante.

Il s'ensuit evidemment que les *droits* des Pauvres, très respectables dans leur origine, très formellement établis par les Loix civiles &

canoniques, très imprefcriptibles en France, leur affurent le quart de tous les revenus eccléfiaftiques, & qu'il n'eft nul prétexte, nulle raifon, nul ufage contraire qui puiffe s'oppofer à l'exécution des Réglemens inviolables qui leur donnent cette portion, comme *exigible* dans le for extérieur, en vertu des titres publics que leur a formé le concours des deux Puiffances, fans préjudice du *droit* que les Canons leur réfervent dans le for intérieur fur les autres portions abandonnées à des Membres du Clergé qui les détournent à leur propre ufage, fans vraie *néceffité*.

Tant que vous avez laiffé fubfifter des Pauvres errans ou fédentaires, qui n'avoient d'autre reffource que la mendicité ou les bienfaits des ames charitables; tant que vos Hôpitaux de toute efpece ont été bornés dans leurs revenus, & aftreints à ne fécourir qu'un genre de mifere, les Miniftres de l'Eglife ont eu des Indigens à fecourir. On a dû fuppofer qu'ils s'acquittoient de ce devoir : c'eft à quoi les Conciles & les Ecrivains eccléfiaftiques les excitoient fans ceffe. Mais fi vous prenez enfin une fois la réfolution fi fage & fi falutaire d'abolir totalement la mendicité, en aboliffant, pour ainfi dire, totalement la pauvreté même, c'eft-à-dire, en foulageant toute efpece de mifere & d'indigence ; fi vous rétabliffez la caiffe générale des aumônes dans chaque Diocèfe ; fi vous ordonnez qu'à ce feul & unique tréfor de la bienfaifance patriotique foient verfés toute efpece de revenus appartenans aux Pauvres, toute rente, toute contribution qui leur fera deftinée, il eft évident que les Adminiftrateurs de cette caiffe univerfelle doivent révendiquer *le quart de tous les biens eccléfiaftiques quelconques du Diocèfe* : ce quart eft évidemment leur bien & leur patrimoine. Il n'eft pas befoin de Loi nouvelle, elle eft portée depuis long-tems par l'une & l'autre autorité, elle n'a jamais rien perdu de fa force : le miniftere public en doit réclamer l'exécution, & les Tribunaux fouverains ne peuvent fe difpenfer de l'ordonner. La Déclaration nouvelle doit reveiller leur follicitude en faveur des Pauvres ; ils fe font chargés, en la vérifiant, de procurer aux Malheureux des reffources équivalentes au produit de la mendicité qu'on leur défend. Il eft inutile d'aller chercher aux Pauvres des revenus étrangers, tandis que les Loix vous montrent ceux qui leur appartiennent par un droit facré & inconteftable.

La révendication de ce quart légalement reftitué à la caiffe générale des Pauvres, fera naître une difficulté qu'il ne nous appartient pas de résoudre , mais qu'il nous suffit d'indiquer , d'autant mieux qu'elle ne doit être décidée que sans préjudice des-*droits* de l'indigence. Le Clergé contribue depuis long-tems aux besoins de l'Etat par des décimes & des dons gratuits ; il a procédé par des empruns & des répartitions dont le syftême eft fans doute évidemment abfurde & ruineux ; mais en attendant qu'on le corrige , fi faire fe peut, pour éviter le mal à venir, le mal paffé demandera qu'on revienne fur fes pas. Les Pauvres feront-ils obligés de payer le quart des dettes contractées par le Clergé ? Nous ne croyons pas que perfonne opine pour ce parti. S'ils en font abfous, le Clergé les paiera-t-il feul, fur les trois quarts qui lui feront reftés , ou le Gouvernement fe chargera-t-il de ce quart en faveur de la refti- tution exigée très exactement à l'avenir de la portion appartenant aux Pauvres ? C'eft à la générofité du Monarque Bien-aimé , qu'il faut laiffer cette queftion à décider ; le Clergé ne fauroit choifir un Juge plus favorable ; il y ga- gnera plus qu'à la juger lui-même : les Repré- fentans de l'Eglife Gallicane penfent affez no- blement pour l'y condamner , & le Prince eft affez bienfaifant pour l'en abfoudre.

Quoi qu'il en foit , nous attribuons à la re- cette du Bureau diocéfain , pour l'avenir , &

à perpétuité, le quart quitte & net de tous les biens & revenus eccléfiaftiques du Diocèfe, & nous ne craignons pas d'être blâmés ni défavoués par les Evêques & les Prêtres du Clergé de France, leurs fentimens & leurs lumieres nous font garans de leur applaudiffement. La caiffe diocéfaine étant générale, & fon aumône univerfelle, d'ailleurs les Evêques & les Curés étant neceffairement Membres de chaque Bureau diocéfain & paroiffial, il feroit injufte & honteux pour l'Eglife Gallicane que fes Miniftres vouluffent, ou refufer ce quart, que les Pauvres ont un *droit* manifefte d'exiger dans le for extérieur, ou de murmurer contre la réclamation. Quiconque en fera mécontent, s'accufera foi-même de prévarication & d'un vol fait aux Pauvres. Si le Bénéficier donnoit ce quart aux Pauvres, on ne lui fait aucun tort de le recevoir dans la caiffe générale, puifqu'elle feule fera pour tous les Pauvres : s'il ne le donnoit pas, il faut le forcer à payer cette dette fi légitime, trop heureux qu'on ne le pourfuive pas pour la reftitution.

Au refte, nous comptons encore fur les deux autres portions laiffées au Clergé. Nos efpérances en faveur des Pauvres font fondées fur les Canons : mais ces Loix ne font obligatoires que dans le for de la confcience, & par conféquent nous devons en ranger le produit dans la claffe des contributions volontaires, dont nous traiterons bientôt. Le quart exigible dans le for extérieur n'en formera pas moins, dans la caiffe diocèfaine, un objet confidérable.

N°. II.

L'Eglife, dans fes plus beaux jours, ne fe contentoit pas d'être Dépofitaire du tréfor des Pauvres, & fidelle difpenfatrice des aumônes que la piété des Chrétiens lui confioit, elle avoit encore des Miniftres particuliers qu'elle chargeoit par état de rendre aux Indigens & aux Malheureux de toute efpece les fervices qu'exigeoient leurs douleurs ou leurs befoins. Les Diacres & les veuves confacrées furent inftitués par les Apôtres mêmes pour les fonctions de la charité publique, & pour fervir les deux fexes dans leurs néceffités. Les Malades, les Vieillards, les Orphelins, les Prifonniers, les Voyageurs étoient l'objet de leur follicitude. Tous les monumens de l'Eglife primitive nous montrent les Diacres & les Veuves occupés, fous les ordres de l'Evêque & du Presbitere, de ces foins importans de la miféricorde chrétienne. On voit, par le Recueil des Canons apoftoliques, par les plus anciens Conciles, & par les Ecrits des premiers Peres, que le nombre des Diacres & des Diaconiffes étoit confidérable dans toutes les Eglifes, parce qu'ils s'acquittoient envers leur fexe d'un double miniftere, inftruifant les Catéchumenes, & foulageant tous les Indigens.

Les fervices temporels & fpirituels dont les Pauvres de toute efpece peuvent avoir befoin dans leur infortune, font donc effentiellement une partie du Miniftere eccléfiaftique ; l'obligation de s'en acquitter réfidoit dans les Apôtres mêmes, & nous voyons dans l'Evangile, que Jefus-Chrift les avoit chargés du foin des Pauvres : quelle fublime leçon que celle de ce Divin Maître, lorfqu'il s'identifie lui-même avec les Pauvres, lorfqu'il fe repréfente affis fur fon Tribunal, jugeant tous les hommes, & qu'il prononce par avance la Sentence de malédiction contre les Réprouvés, l'Arrêt de triomphe pour les Elus. J'étois nud, vous ne m'avez pas revêtu ; j'étois malade, vous ne m'avez pas foulagé ; j'étois Prifonnier, vous ne m'avez pas vifité ; j'étois affligé, vous ne m'avez pas confolé : allez Maudits au feu éternel. Venez vous, les Bien-aimés de mon Pere, entrez pour jamais dans le féjour de fa gloire, & foyez heureux de fon bonheur : vous m'avez vêtu dans ma nudité, foulagé dans mes maladies, vifité dans les Prifons, confolé dans les afflictions. Voilà ce que nous propofons à méditer à de

prétendus

prétendus dévots infenfibles qui croient conquérir le Ciel par des pratiques extérieures de
dévotion , & par les autres vertus de précepte
ou de confeil, fans aucun fentiment de bienfaifance chrétienne : ils verront dans ce Jugement anticipé , quels feront les fruits de leur
dévotion pharifaïque.

Les Apôtres, qui voyoient Jefus-Chrift même
dans la perfonne de tous les Malheureux ,
étoient donc forcés à regarder leurs *befoins* comme un des principaux objets de la follicitude eccléfiaftique, & c'eft pour y pourvoir, que furent
inftitués fpécialement l'Ordre des Diacres , &
la fonction des Diaconiffes. Les uns & les autres furent par conféquent vraiment Membres
du Clergé , rempliffant une de fes fonctions les
plus importantes, les plus fpécialement ordonnées par le divin Fondateur de la Religion.
C'eft pourquoi nous trouvons par-tout, dans
les plus antiques monumens eccléfiaftiques , les
Diacres & les Diaconiffes au nombre des Miniftres confacrés , d'une part, au fervice de
l'Eglife ou des Autels, & de l'autre, aux befoins des Pauvres. C'eft à ce titre que les uns
& les autres avoient droit d'entrer, avec les
Pauvres , en partage des biens donnés au tréfor commun de l'Eglife , s'ils étoient réellement
pauvres eux-mêmes, & qu'ils recevoient leur

portion des revenus , pour en faire ufage fuivant leurs befoins & leur néceffité feulement.

Les Miniftres de la charité publique , ceux
qui doivent rendre aux Pauvres les fervices de
tout genre qu'exigent leurs infirmités , doivent
donc recevoir leur entretien & leur falaire des
fonds & revenus de l'Eglife , & fur la portion
réfervée au Clergé , non fur le quart deftiné
aux Pauvres : c'eft une conféquence immédiate
des Canons que nous avons cités ci-deffus , qui
mettent par-tout les Diacres & même les Diaconiffes dans le Clergé , immédiatement après
les Evêques & les Prêtres , lorfqu'il s'agit des
diftributions qu'on fait aux Miniftres de l'Eglife,
& qui décident en même tems que leur fonction
effentielle eft de fervir les *Pauvres* fous les ordres de l'Evêque & des Prêtres.

Les Diaconiffes ne fubfiftent plus en France,
depuis le Concile d'Epaone , qui les abolit : on
peut dire que les Diacres ne fubfiftent en quelque forte qu'à-demi. Les Apôtres les avoient
inftitués pour tous les emplois de la charité publique , pour fervir au Saint Sacrifice , pour
inftruire & baptifer les Cathécumenes. Un Diacre fut long-tems un Perfonnage recommman-
dable par fes mœurs , par fa bienfaifance , qui
rempliffoit toute fa vie l'importante fonction
de foulager tous les Pauvres , & qui prenoit

fa place dans l'Eglife après les Evêques & les Prêtres, dont il étoit le Coopérateur dans les faints Myfteres. Aujourd'hui nos Diacres ne font que les jeunes Eleves du Clergé, promus au rang des Diacres pour quelques mois feulement, qu'ils paffent ordinairement entre les murs d'un Séminaire, fans remplir aucun des devoirs de charité dont les Diacres étoient fans ceffe occupés dans les premiers tems, & pour lefquels leur Ordre étoit inftitué. Ces jeunes Diacres, qui font accoutumés à n'en regarder le caractere que comme un dégré qui les approche de la Prêtrife, ne s'acquittant plus des obligations impofées aux anciens, ne recueillent plus aucun fruit temporel de leur promotion : les revenus de l'Eglife font partagés entre les Poffeffeurs des Bénéfices ; le Diacre qui n'en a point, n'eft plus payé par l'Eglife.

Cependant les befoins des Pauvres fubfiftent, & ils entraînent l'indifpenfable néceffité de leur rendre ces fervices qu'on avoit attachés à l'état des Diacres, à celui des Diaconiffes. Il a donc fallu chercher de nouveaux Miniftres de la charité publique, de nouveaux Serviteurs des Pauvres. On en a trouvé fans doute, mais il a fallu pourvoir à leur fubfiftance, à leur logement : & l'on a cru devoir prendre leur néceffaire fur les fonds mêmes que les bonnes ames donnoient pour celui des Pauvres. Tout le monde nous prévient sans doute , c'est à la portion des biens ecclésiastiques , destinée à l'entretien du Clergé même, qu'il falloit recourir ; c'est la part destinée par tous les anciens Canons aux Diacres & aux Diaconisses , qui devoit servir à cet entretien des nouveaux Ministres de la charité qui remplissent aujourd'hui leurs fonctions. Le Clergé ne paie plus ses Diacres , depuis qu'ils ne sont plus chargés de ce devoir : ce qu'ils recueilloient autrefois , devoit donc être le prix de ceux qui s'en acquittent à leur place. Nous ne voyons aucune réponse solide à ce raisonnement ; aussi fut-il adopté par l'Eglise de France , & par nos Loix civiles , dans le tems même où se fit le changement de fonction des Diacres & des Diaconisses ; & c'est ce que nous allons dévélopper.

Les Ministres de la Religion avoient pris en Orient le titre de Chanoines & de Chanoinesses , parcequ'ils étoient soumis plus particuliérement aux Regles ou Canons de l'Eglise , & qu'ils étoient inscrits sur le Registre du Diocèse , qu'on appelloit aussi le Canon, ou la regle des distributions qui se faisoient au Clergé. La Coutume s'étoit introduite en Occident, de rassembler les Clercs dans une Maison commune & réguliere , sous les yeux de l'Evêque ,

& de les aftreindre , par un vœu fpécial à cette Obfervance religieufe. Saint Eufebe de Verceil paffe pour être l'Inftituteur de cette Pratique , & Saint Auguftin en fut le Promoteur , le grand Légiflateur , eftimant qu'à défaut du Peuple , qui ne pouvoit plus fuivre l'exemple des Apôtres & des Fideles de Jérufalem , les Membres du Clergé devoient au moins , puifqu'il étoit en leur pouvoir , mettre en commun toutes leurs poffeffions , tous leurs revenus , tous leurs droits , fe contenter d'en recevoir le néceffaire , & vivre enfemble dans l'obfervation des bonnes œuvres & des fonctions du faint Miniftere. Cet exemple de l'Eglife d'Hippone eut beaucoup d'Imitateurs , tant en Afrique que dans les Gaules & l'Italie , comme nous l'apprenons du Difciple de St. Auguftin , qui nous a donné l'Hiftoire de fa vie , dont il avoit le témoin. Le Clergé qui fuivoit la Regle du faint Docteur (car il en avoit fait une pour fa Communauté d'Eccléfiaftiques Religieux , comme le dit expreffément l'Evêque de Calame , fon Eleve & fon Hiftorien , & nous en trouvons tout l'efprit dans fes Sermons de la vie commune des Clercs); ce Clergé , plus régulier , plus canonique , mit en ufage dans l'Occident le titre de Chanoines. L'idée qui venoit encore du même Saint , de renfermer auſſi dans une Maiſon ſainte toutes les Vierges , Veuves & Diaconiſſes conſacrées à Dieu , pour les aſſujettir à une ſemblable Regle , ayant été pareillement ſuivie , le nom de Chanoineſſes leur fut appliqué , pour les diſtinguer de celles qui faiſoient profeſſion de la vie monaſtique & ſolitaire. Ceux qui n'ont pas aſſez réfléchi ſur la vie de Saint Auguſtin , écrite par un de ſes Diſciples, ſon Contemporain, ſur l'unité des vues qu'il avoit en raſſemblant chacun dans une Communauté ſéparée, les Perſonnes des deux ſexes dévouées au ſervice de l'Egliſe , ſur la reſſemblance parfaite qui ſe trouve entre ſes Sermons ſur la vie commune dés Clercs , & ſa Lettre cent neuvieme qui traite de celle des Femmes conſacrées aux fonctions de l'Egliſe , convenables à leur ſexe , ceux - là tombent , ſur l'origine & la regle des Chanoines & des Chanoineſſes , dans des erreurs palpables qui ne ſont pas de notre ſujet.

Ce qui nous intéreſſe ici , c'eſt que les Communautés des Chanoines & des Chanoineſſes établies en Europe , d'après les exemples de Saint Auguſtin , contenoient les Miniſtres des deux ſexes deſtinés au ſervice des Pauvres & à toutes les fonctions de la charité publique. Tout étant devenu commun parmi les Habitans de ces Maiſons ſaintes , on ne diſtingua

plus les obligations des Diacres & des Diaconiffes, d'avec celles des Prêtres, des Evêques
mêmes, des Vierges & des Veuves, rélativement aux Pauvres & à leurs *befoins* : tout le
monde s'empreffa de les fervir. C'eft à peu-près
vers le même tems, que la multiplication des
Fideles & des richeffes de l'Eglife, fit imaginer
d'établir des *Infirmeries* publiques, des *Afyles*
pour les *Vieillards* ou les *Eftropiés* invalides,
des Maifons pour les *Orphelins*, des *Hofpices*
pour les Voyageurs, car on trouve toutes ces
efpeces d'Etabliffemens de piété défignés dans
les Loix des Empereurs Chrétiens. L'idée la
plus fimple & la plus naturelle fut d'établir ces
Maifons de charité dans les Monafteres mêmes
des Chanoines & des Chanoineffes, pour le
fervice de tous les Pauvres de leur fexe ; &
de-là tirent certainement leur origine les plus
anciens de tous les Hôpitaux qu'on trouve par-
tout dans l'enceinte des Chapitres de Cathé-
drale, & fous leur jurifdiction. Par ce changement, tout le Clergé de l'Eglife étoit chargé
des Pauvres, à la place des Diacres & des
Diaconiffes ; mais auffi les Pauvres étoient obligés d'aller chercher dans les Hôpitaux les fecours de la charité, que l'on portoit autrefois
aux Fideles dans leurs maifons mêmes.

L'Eglife Gallicane, dans la rénovation gé-

nérale de fa difcipline, fous les Régnes de
Charlemagne & de Louis le Débonnaire, ren-
dit plus stable & plus générale la Regle des
Chanoines & des Chanoineffes, qu'elle établit
en toute la France, fous l'autorité très expreffe
du Gouvernement, fuivant les Statuts du Concile d'Aix-la-Chapelle, de l'an 816, dont les
Canons devinrent Loi de l'Eglife & de l'Etat,
étant érigés en Ordonnance civile par les Capitulaires de l'Empereur & de plufieurs Parlemens confécutifs. Dans cette reforme fi fage,
fi univerfelle, on n'eut garde d'oublier les intérêts des Pauvres, ni les fervices qu'ils avoient
droit d'exiger, ni l'obligation impofée aux Membres du Clergé. Les Canons d'Aix-la-Chapelle
ordonnent que chaque Monaftere de Chanoines
& de Chanoineffes qu'il établit dans toutes les
Villes de France, aura fon Hôpital pour tous
les Pauvres paffans, malades & invalides; celui des Chanoines pour les hommes; celui des
Chanoineffes pour les femmes. Non feulement
les Communautés devoient aux Infortunés de
leur fexe les fervices rélatifs à leurs befoins,
mais encore, outre le quart de tout bien eccléfiaftique réfervé par le même Concile aux
Pauvres, les Chanoines & les Chanoineffes
devoient encore leur donner dans leurs Hôpitaux la dixieme partie de ce qu'on leur accor-

doit à eux-mêmes fur la portion du Clergé, ou de ce qui leur étoit offert en particulier par la dévotion des Fideles : c'eft ainfi que l'ordonne le Canon 28 de ce fameux Concile. On y trouve bien fpécifié que ces Hôpitaux étoient vraiment généraux pour toute efpece de pauvreté ; que les Evêques leur diftribuoient la portion des biens eccléfiaftiques réfervée pour les Pauvres, fuivant la Décrétale, mais que les Chanoines & Chanoineffes qui les adminiftroient, tant au temporel qu'au fpirituel, fous l'autorité de l'Evêque (repréfentant en cette partie les Diacres & les Diaconiffes), devoient encore ajouter la dîme de leur diftribution particuliere & des offrandes qu'on leur faifoit.

Concluons què l'Ordre des Chanoines, & celui des Chanoineffes de Saint Auguftin, font, par leur état, confacrés au fervice des Pauvres ; qu'il eft une Loi folemnelle, confirmée par le concours de l'une & l'autre Puiffance, qui les oblige à remplir ces fonctions fi nobles & fi méritoires de l'hofpitalité : Loi fondée fur l'origine même, & fur le premier efprit du Clergé.

Nous n'examinons point ici fi les Chapitres de Chanoines féculiers, en s'affranchiffant de la Regle d'Aix-la-Chapelle, & de celle de St. Auguftin, ont également prefcrit contre le devoir de l'hofpitalité , & contre le droit que les Pauvres avoient certainement d'exiger d'eux, même dans le for extérieur, la dîme de leurs diftributions particulieres , fans préjudice de leur quart de tous revenus eccléfiaftiques , quelconques : c'eft à ces Compagnies que nous renvoyons la décifion de ce problême. Mais ceux qui vivent fous l'empire de la Regle ne peuvent méconnoître leur état & leur devoir. Auffi voyons-nous par-tout , jufqu'aux derniers fiecles , ou des Hôpitaux attachés à des Communautés d'Hommes & de Filles , vivant fous la Regle de St. Auguftin, ou tout au contraire des Communautés de cet Ordre incorporés aux Hôpitaux qu'on a fondés directement pour les vrais befoins des Pauvres ; & de-là tant d'Ordres , ou pour mieux dire , de Congrégations hofpitalieres , toutes de l'Ordre canonial , fous la Regle de Saint Auguftin. Dans plufieurs , c'eft la Communauté qu'on a fondée , l'Hôpital en étoit une fuite néceffitée par la Loi. Dans d'autres (fur-tout depuis les Croifades , qui rendirent plus communs les Pélerinages & les Hôpitaux) , c'eft l'Hôpital qu'on a fondé , & les Communautés en font devenues l'acceffoire comme indifpenfable.

Il en réfulte évidemment d'abord , que les Pauvres des deux fexes ont *droit* d'être fervis par les Miniftres de l'Eglife dans leurs *befoins* quelconques, & de l'être *gratuitement* : les offices de la charité chrétienne étant compris, dès l'origine, parmi les fonctions eccléfiaftiques, & le Clergé richement doté depuis long-temps pour les remplir toutes avec plus d'exactitude & de liberté. Secondement, que l'Eglife, à la place de fes Diacres qui ne font plus chargés fpécialement du foin des Pauvres & des Diaconiffes qui ne fubfiftent plus, a fubftitué les Chanoines & les Chanoineffes vivant fous la Regle de Saint Auguftin, pour cet augufte emploi ; qu'ils y font dévoués par une Loi folemnelle de l'Eglife & de l'Etat, qui n'a rien perdu de fa force ni de fon autorité.

Il faudroit mal connoître la Nation Françoife, pour être étonné que l'Ordre canonial ait comme entiérement oublié le devoir de l'hofpitalité, fi clairement impofé à toutes fes Maifons des deux fexes par les Capitulaires, fi long-tems exécuté avec un foin dont il nous refte beaucoup de monumens, fi bien rappellé par la fondation de toutes les Maifons & Congrégations plus directement hofpitalieres du même Ordre. Il en eft arrivé de cette fonction, comme de prefque toutes les autres du Gouvernement eccléfiaftique, & même de l'Adminiftration civile & militaire. Nos Ancêtres avoient établi des Miniſtres chargés de chaque emploi relatif à la Religion & à l'Etat ; ils leur avoient attribué le pouvoir néceſſaire à leurs fonctions, & des revenus équivalents aux ſervices qu'ils étoient obligés de rendre. La jalouſie & la paſſion de dominer ont fait regarder, comme des objets d'envie, l'eſpece de pouvoir & d'autorité que les Loix attachoient ſagement à l'état & à la fonction ; de proche en proche, on a voulu tout envahir, & ſous prétexte de quelques abus, on n'a laiſſé paſſer aucune occaſion de reſtreindre les pouvoirs inférieurs, & de ramener tout à une ſeule autorité qu'on vouloit rendre arbitraire. Pour y parvenir plus facilement, on a diſtingué (par une abſurdité pleine d'injuſtice, ſource fatale de mille abus) la fonction même de l'état & du revenu ; on a laiſſé leurs qualités & leurs biens aux Miniſtres du Gouvernement eccléſiaſtique & civil, & on a prétendu les décharger de leurs obligations, pour leur ſubſtituer des Perſonnes ſans caractere, ſans dignités, qui ne rempliſſoient ces devoirs qu'à titre précaire : ces Etrangers amovibles étant plus aſſervis aux volontés tranſitoires, la dépendance leur a tenu lieu de titre, & ſouvent de tout autre mérite, depuis que l'erreur & la vanité ont voulu transformer les devoirs en autorité, les commandemens en

Loix , les Peres en Maîtres, & les Fils en
Efclaves.

Mais en introduifant cette divifion ridicule
des fonctions qu'on transfere à d'autres , & des
titres qu'on laiffe avec les revenus à ceux qu'on
affranchit du devoir , il a fallu fonger au falaire de ces Intrus qu'on fubftituoit aux vrais
Miniftres , & c'eft par tout une furcharge qui
devient de jour plus pefante pout l'Etat. C'eft
ainfi , par exemple , que dans le Gouvernement
eccléfiaftique , les Evêques avoient autrefois ,
pour Coopérateurs dans leur Surintendance ,
les Archiprêtres , les Doyens ruraux , les Ar-
chidiacres , dont les titres fubfiftent , mais dont
on a transféré toutes les fonctions , ou du moins
toute l'autorité , à cette multitude étonnante
de Grands-Vicaires , fans qualités hiérarchi-
ques , comme fans occupation , qui fe font de
leur nom feul un titre pour prétendre aux revenus eccléfiaftiques. C'eft ainfi que la Nobleffe
a confervé les droits féodaux qui furent , dans
l'origine , le prix d'une double fonction , c'eft-
à dire du Service militaire & de l'Admininiftra-
tion de la Juftice , & qu'on a foudoyé d'ailleurs
des Armées , & impofé des droits pour l'entretien des Perfonnes employées aux Jugemens.
C'eft ainfi que , dans prefque toutes les parties
de l'Adminiftration , nous avons en France des

Titulaires payés qui ne font point leur Charge,
& des Officiers amovibles fubrogés à leur place
qui font repayés pour la faire. Il en eft arrivé
de même de l'Ordre canonial, pour les fervices
de *la charité* publique : on a regardé avec un
œil d'envie l'adminiftration fpirituelle & temporelle qui lui étoit confiée; dès qu'on a commencé
à confiderer ce miniftere comme une efpece d'autorité, la manie de la *jurifdiction* a fait oublier
l'objet principal; les abus n'ont point été corrigés; on les a d'abord négligés, puis exagé-
rés, comme il fe pratique toujours; on a féparé
les Hôpitaux, & peu à peu, de nouveaux
Officiers ont été introduits à la place des anciens; ces Miniftres fubrogés eccléfiaftiques ou
féculiers font prefque tous payés aux dépens
des fonds deftinés aux Pauvres. Les Chapitres
déchargés de l'Adminiftration fpirituelle & temporelle fe font fécularifés & transformés en
Communautés de Religieux, plufieurs en
Bénéfices à fimple tonfure (abus qui n'en eft
pas plus refpectable, pour être plus invétéré.

Louis XIII defira de voir tout l'Ordre de St.
Auguftin réuni dans une même Congrégation
réformée, fuivant l'ancien Inftitut de ce Corps
eccléfiaftique, & le Pape concourut à ce beau
deffein par des Bulles qui furent revêtues de
Lettres Patentes, & enregiftrées. Le Cardinal

de la Rochefoucaud, chargé de cette opération, auroit dû remonter aux anciennes Loix de l'Eglife Gallicane , folemnellement approuvées par les Princes les plus refpectables, dans ces auguftes Affemblées de toute la Nation qui confirmoient les Capitulaires ; il auroit dû regarder, dans cette multitude de Maifons & de Congrégations de l'Ordre canonial, comme les principales & les plus dignes des foins de l'Eglife & de l'Etat, celles qui confervoient encore les fonctions refpectables de l'hofpitalité ; il auroit dû fentir que les deux caracteres principaux de cet Ordre font évidemment fa double deftination aux plus faintes fonctions du miniftere ; c'eft-à-dire, premiérement, à la follicitude paftorale & aux emplois de la Hiérarchie , fecondement, aux fervices des Pauvres, & à tous les devoirs de la charité chrérienne ; que les Obfervances communes de la vie religieufe ne font que l'acceffoire & l'objet fécondaire de cet Inftitut. Par une erreur fans doute très involontaire de fa part (mais qui pourroit bien ne l'être pas de la part des Confeils mal intentionnés pour les anciens Ordres religieux, aufquels il eft aujourd'hui démontré que ce bon Cardinal s'étoit aveuglement dévoué) , les Réformateurs fe font égarés dès le premier pas; tout occupés de l'objet acceffoire (qu'il ne

faloit pas négliger fans doute , mais qu'il faloit fubordonner aux deux principaux) , ils ont oublié qne les Chanoines de l'Ordre de Saint Auguftin étoient effentiellement des Membres du Clergé deftinés à remplir toutes les fonctions, & à occuper tous les rangs de la Hiérarchie , non par occafion ou par exception , non comme les Troupes auxiliaires de l'Eglife , & des vices-Gérents des Pafteurs , mais directement par état , par droit & par devoir , comme vrais Pafteurs eux-mêmes , deftinés par leurs vœux mêmes à tous les emplois de la Cléricature , & finguliérement à ceux de l'hofpitalité & de la charité , pour lefquels la Loi de l'Eglife & de l'Etat la plus folemnelle , la plus irrévocable, a fubftitué en France les Chanoines & les Chanoineffes aux Diacres & aux Diaconiffes. L'efprit ancien de cet Ordre étoit , dans l'Eglife Gallicane & dans la Monarchie Françoife, qu'il y eût en chaque Diocèfe , fuivant fon étendue , une ou plufieurs Maifons de chaque fexe. Ces Maifons vraiment religieufes , dans lefquelles on fe fixoit par un engagement irrévocable , & où l'on fuivoit toutes les pratiques de la vie commune , étoient , premiérement , des Hôpitaux ouverts à toute efpece d'indigence, entretenus non feulement par une portion compétente du *quart* des revenus eccléfiaftiques
attribué

attribué aux Pauvres, & par les contributions volontaires des Fideles, mais encore par la *dixieme* des biens particuliers pris dans la maffe commune du Clergé pour l'entretien des Monafteres de Chanoines & de Chanoineffes. Secondement, ces Maifons étoient des Séminaires où l'on élevoit les Prêtres deftinés aux Cures, mais des Séminaires *totalement gratuits*, dans lefquels les anciens Chanoines retirés du miniftere des Paroiffes, inftruifoient les jeunes dans toutes les fciences néceffaires aux fonctions qu'ils avoient remplies eux-mêmes pendant long-tems. Cette inftitution, qui ne coûtoit rien aux Familles, qui fe communiquoit avec une charité fraternelle, entre des Confreres dont l'âge & l'expérience faifoient la feule diftinction, valoit bien fans doute celle qu'on fait payer affez cher aux jeunes Clercs féculiers, qu'ils reçoivent en Difciples timides de Maîtres étrangers, favans (nous voulons bien le croire) dans la Théorie du Miniftere eccléfiaftique, mais qui n'ont jamais pratiqué les devoirs de la follicitude paftorale, qu'ils fe chargent d'enfeigner aux autres. Enfin ces Maifons étoient des Afyles honorables pour les anciens, dont les belles années avoient été confacrées aux travaux du Miniftere : ils redevenoient Maîtres à leur tour dans le même lieu qui les avoit reçus comme

Eleves. Quiconque refléchira fur cet Inftitut , & fur l'enchaînement admirable de fes parties , regrettera fans doute, s'il aime l'Eglife & l'Etat, qu'on l'ait affoibli & défiguré peu-à-peu, juf-qu'au point où nous le voyons. Ces nouveaux Miniftres qu'on a fubftitués dans les Hôpitaux , ces Séminaires dotés, mais *non gratuits*, tenus par des Maîtres qui le font toujours fans avoir acquis d'expérience, dont les jeunes Clercs ne font point les Confreres , mais on pourroit dire les Sujets, tant la domination y eft dure ; ces Maifons de retraite enfin, que l'on commence à vouloir établir en France dans quelques Dio-cèfes pour les anciens & pauvres Eccléfiafti-ques , font précifément des images de l'ancien Inftitut canonial , qu'on prend bien de la peine à ébaucher depuis un fiecle & demi, pendant qu'on s'eft en quelque forte appliqué pendant plufieurs autres, à en détruire la réalité fi fage-ment établie par le concours des deux Puif-fances, & qu'on s'applique même encore, fans le fentir, à détruire le peu qui en refte.

Nous nous croyons autorifés à regarder le rétabliffement de l'Ordre canonial dans fon ancienne fplendeur, comme une des reftitutions à faire aux Pauvres & à l'Etat , autant qu'à l'Eglife. Son vrai luftre étoit de fournir gratui-tement des Serviteurs & des Servantes aux

Pauvres des deux fexes, des Pafteurs tous formés aux Eglifes paroiffiales (formés fur tout aux
œuvres de miféricorde, qui font une partie fi
effentielle du Miniftere eccléfiaftique), de retirer enfin dans fon fein ceux dont les forces
étoient épuifées par l'âge & les travaux, &
de les employer comme Maîtres à l'inftruction
de ceux qui devoient un jour remplacer leurs
fucceffeurs. C'eft ainfi que nous indiquons à
l'Eglife & à l'Etat, ces Serviteurs nés, tant au
fpirituel qu'au temporel, de chaque *Hofpice
diocéfain*, dont nous avons prouvé la néceffité.
Les Religieux, les Religieufes de l'Ordre de
Saint Auguftin font deftinés à ce miniftere honorable par des Loix folemnelles & imprefcriptibles, civiles & canoniques ; non feulement
ils doivent le remplir *gratuitement*, mais encore, par une obligation particuliere, ils doivent encore la dîme de leur propre revenu particulier, c'eft-à-dire de la portion qui leur eft
affignée dans celle du Clergé, *le quart* des Pauvres toujours prélevé fur le tout. Nous ferons
ufage de ces principes dans la *Pratique* de nos
idées, & nous indiquerons la maniere de reftituer à cet Ordre fon ancienne gloire, en lui
reftituant toute fon utilité primitive. Les prétendus Réformateurs n'ont penfé qu'à lui rendre
la régularité des Obfervances communes : de

trois parties eſſentielles , ils n'ont embraſſé que la derniere. La premiere , & la principale de toutes , c'eſt-à-dire *l'hoſpitalité* , a été totalement oubliée. La ſeconde , preſque auſſi utile à l'Ordre, à l'Egliſe & à l'Etat . c'eſt à-dire l'inſtitution des vrais Paſteurs dans la jeuneſſe , leur établiſſement dans les Paroiſſes pendant toute leur maturité , leur retraite honorable dans la Vieilleſſe, a été fort négligée , contredite même par l'ignorance , la baſſe jalouſie & l'eſprit de domination, toujours aveugles & inconſéquens. La troiſieme, quelque bien qu'on l'eût opérée , n'a jamais pû produire que des réformes avortées. Auſſi le grand projet de réunir tout cet Ordre en une ſeule & même Congrégation , n'a-t-il point encore eu ſon exécution : les Lettres Patentes du Roi légalement enrégiſtrées ſubſiſtent , ainſi que la Commiſſion du Pape : l'une & l'autre Puiſſance a voulu que l'inſtitut fût rétabli dans ſon état primitif. Il eſt encore tems de continuer ce que nos Peres virent à peine s'ébaucher : les intérêts des Pauvres ſe réuniſſent ici avec cent autres auſſi reſpectables aux yeux de la politique & de la Religion.

Il eſt donc vrai que l'Egliſe a reçu pour les Pauvres , par forme de dépôt ; premiérement , dans le for intérieur , la totalité des biens qu'elle poſſede ; enforte que les Membres du Clergé n'ont droit à partager les revenus, qu'en qualité de Pauvres, & à proportion de leurs befoins. Secondement, dans le for extérieur, un *quart* de ces mêmes revenus, qui doit être prélevé pour les Pauvres quitte & net de toutes charges : quart exigible de la part des Pauvres, en vertu des Loix de l'Eglife & de l'Etat. Troifiémement, fur un autre *quart* deftiné au Clergé, l'entretien des Miniftres de la charité chrétienne & patriotique pour les deux fexes, des Serviteurs & des Servantes des Pauvres, repréfentant des Diacres & des Diaconiffes qui font depuis long-tems en France, en vertu des Canons & des Ordonnances, les Religieux & les Religieufes de l'Ordre canonial de Saint Auguftin.

§. III.

Des Contributions en faveur des Pauvres.

Quelque abondans que foient les tréfors de l'aumône univerfelle dont nous venons de chercher l'origine & la deftination impreſcriptible, on eft cependant fi frappé de la multitude apparente des Pauvres, & fi touchés de leurs *befoins*, ou fictifs, ou réels, que notre fyftême de miféricorde générale & patriotique paffera pour une chimere, à moins que nous n'ajoutions encore d'autres fonds & revenus à ceux que nos peres ont donnés directement aux Pauvres, dans la fondation des Etabliſſemens pieux, ou que l'Egliſe a reçus pour eux, comme en dépôt, ſuivant les Loix qui viennent d'être expliquées. Les abus qui détournoient à d'autres emplois les biens conſacrés aux ſecours de l'indigence, ont fait ſentir plus que jamais aux bonnes ames, la néceſſité de tendre aux Indigens une main bienfaiſante; & le malheur des tems ayant augmenté le nombre des Infortunés, dans la même proportion qu'il tariſſoit les ſources de la charité publique, le Gouvernement s'eſt vu forcé d'ordonner ou de permettre des taxes ſur l'opulence, & même ſur la médiocrité, en faveur de la pauvreté véritable. Ces oblations volontaires que peut produire la généroſité du Citoyen, ou la piété du Fidéle, & ces contributions preſcrites par la Loi, forment un troiſieme objet qui ſert néceſſairement à mettre, pour la eaiſſe de l'aumône générale établie dans chaque Dioc̀éſe, la recette effective au niveau de la dépenſe, & c'eſt là le point eſſentiel de toute l'Adminiſtration politique, rélativement aux beſoins & aux droits des Pauvres.

N°. I.

Nous avons déja dit ailleurs combien il eſt abſurde & pernicieux de confondre le principe de l'œconomie particuliere, avec celui de l'œco-

nomie publique : erreur commune , appuyée
fur de grandes autorités, mais fuivie de grandes
fautes & de maux prefque irremédiables, toutes
les fois qu'on l'a prife pour bafe du Gouvernement public , foit dans fa totalité , foit dans
quelqu'une de fes parties : nous fommes obligés
d'y prévenir ici, parceque les grandes maximes
d'Etat qu'on peut regarder comme axiomes fon-
damentaux, fe retrouvent infailliblement toutes
les fois qu'on veut approfondir quelque partie
de l'Adminiftration.

La regle principale de l'œconomie privée ,
c'eft de conftater d'abord la recette annuelle ,
pour y proportionner la dépenfe : fon grand
art , c'eft de tenir toujours la mife au-deffous
de la perception, pour fe procurer des réferves,
& pour parer au chapitre des accidens. Quelques prétendus Politiques ont voulu prendre
cette conduite fage & paternelle pour la Loi
de l'Adminiftration publique, mais nous croyons
en avoir démontré l'illufion. Un pere de famille a des poffeffions certaines & bornées ,
dont les produits font abfolument en fon pouvoir par la Loi de la propriété. Le trefor public, au contraire , foit dans fa totalité , foit
dans chacune de fes parties , ne doit point , à
proprement parler, avoir de rente déterminée,
parcequ'il n'eft fondé que pour les *befoins* réels,

[168]

& qu'il n'a de droit & d'exiſtence qu'à proportion de la néceſſité. Le Particulier poſe, pour
premier principe, ſon revenu, parcequ'il en
eſt aſſuré, la dépenſe qu'il peut & qu'il doit
faire en eſt la conſéquence. Mais la ſage politique, en tout ce qui regarde les obligations
du Gouvernement, procede par la voie contraire ; elle calcule d'abord la dépenſe vraiment
utile & indiſpenſable : c'eſt le fondement. Elle
en conclut quelle doit être ſa recette ou ſon
revenu. La raiſon en eſt manifeſte ; c'eſt que
l'autorité publique n'a point de propriété ſur
les fortunes des Citoyens, mais un droit de
faire contribuer aux *vrais beſoins* de l'Etat chacun des Sujets, en proportion de ſes facultés.
Il eſt ſenſible (comme nous l'avons expliqué
dans un autre Ouvrage), que l'erreur de prendre pour modele l'œconomie civile, & de commencer par la fixation des revenus, jette l'Adminiſtration dans l'une des deux extrêmités,
ou de percevoir plus que la dépenſe, & d'introduire le luxe, le gaſpillement & les prodigalités, dont on ne revient jamais, ou de reſter
au-deſſous du juſte néceſſaire, & d'être obligé
de recourir à des expédiens honteux & funeſtes.

L'aumône générale a ſouffert juſqu'ici de ce
faux ſyſtême, autant que les autres branches
du Gouvernement François ; on s'eſt appliqué

par-tout à former fans ceffe des revenus fixes aux Pauvres, qu'on entaffoit d'une main, & qu'on laiffoit ufurper & dépérir de l'autre; pendant que ce manége inutile fatiguoit les Citoyens & les Miniftres mêmes de la Légiflation, rien ne paroiffoit plus jufte ni plus naturel que de proportionner les bienfaits aux revenus confacrés aux œuvres pies, c'étoit au hafard à fuppléer comme il pouvoit à leur infuffifance. Nos idées font abfolument contradictoires avec ce fyftême, dont tout le monde fent depuis longtems le faux & le danger, puifqu'il entraîne évidemment & infailliblement après lui la mendicité, & toutes fes fuites malheureufes. Notre axiome fondamental eft que tous les vrais Pauvres ont un *droit* réel *d'exiger* leur vrai néceffaire : la conclufion immédiate eft, qu'il faut, pour premier objet, conftater tous leurs *befoins*, & pour fecond, avifer aux moyens de les fournir.

La caiffe générale de l'aumône patriotique doit donc avoir chaque année, dans tous les Diocèfes du Royaume, exactement tout ce qu'il faut pour fatisfaire tous les *befoins*, ftrictement dit, de toute efpece de Pauvres véritables : par conféquent, fi les fonds deftinés aux Etabliffemens pieux, fi le *quart* des revenus eccléfiaftiques ne fuffifent pas, il faut d'abord

tendre la main pour recueillir les oblations volontaires des Fideles ; enfin , en cas d'insuffisance , il ne faut pas balancer à ordonner une
contribution proportionnelle à l'aisance & au
bien être de chaque Citoyen ; il n'est point
d'autre maniere de satisfaire en cette partie la
justice & la saine politique.

Nº. II.

Les contributions volontaires que l'Evangile
recommande si pathétiquement aux Chrétiens ,
& que l'humanité seule prescrit à tous les humains , formeront sans doute une source abon-
dante pour la caisse générale de chaque Diocèse , dès que vous aurez absolument interdit
toute mendicité , & même toute aumône , suivant les Loix anciennes & modernes. Il est
toujours , malgré la corruption du siecle , un
germe de bienfaisance que la nature a placé
dans tous les cœurs. Nous entendons que le
Bureau paroissial sollicitera la piété des Fideles ,
la compassion des honnêtes gens , la généro-
sité même fausse ou véritable de ceux qui ne
donnent que par instinct , par hypocrisie ou
par vaine gloire : l'aumône est toujours bonne
à recevoir , quoique donnée par des motifs
étrangers à la vertu. La coutume est de prépo-
ser à la collecte des libéralités publiques , des
Personnes de distinction qui s'acquittent avec

zele de cet emploi , & qui réuffiffent plus facilement à vaincre les réfiftances de l'avarice. On a des Boëtes fcelées , des Troncs & d'autres pratiques toujours très bonnes , dès qu'elles produifent : mais il faut bien s'attacher à l'obfervation principale dont nous avons déja parlé, c'eft la pierre angulaire du vrai fyftême de l'aumône univerfelle , & nous ne craignons pas d'y revenir , en appuyant fur fa néceffité.

Le Bureau paroiffial doit compter de Clerc à Maître avec le Bureau général diocéfain, de toute recette des contributions volontaires. Il ne faut jamais fouffrir , fous quelque prétexte que ce foit , qu'il s'attribue lui-même aucun Domaine , aucun droit de recevoir aucune poffeffion : tout doit être à une feule & unique caiffe de l'aumône générale , fous la direction de la grande Commiffion du Confeil du Roi. Le Bureau diocéfain, après avoir reçu le compte de chaque Bureau paroiffial, rendra le fien à la Commiffion du reffort établie en chaque Parlement , & celle-ci à la Commiffion générale du Confeil ; enforte que toute perception foit faite au nom de cette Commiffion générale , & toute dépenfe de même , fans nulle exception : fi vous rompez un feul fil de cette chaîne , vous rifquez de tout perdre ; au refte rien ne fera plus facile , fuivant nos idées , dont nous expliquerons bientôt la *pratique.*

Toute contribution volontaire sera donc censée faite à la caisse universelle nationale, soit qu'on la verse dans les caisses plus ou moins subalternes, soit qu'on l'adreïïé directement aux plus génerales : rien n'est plus juste ni plus avantageux. Nous avons déja dit que nous comptions sur les libéralités du Clergé, quoique réduit aux trois quarts de ses revenus, & nous avons expliqué les motifs de cette espérance, fondés sur les Canons : il nous reste ici une observation qui paroit trop importante, pour la négliger.

Nos Rois, toujours bienfaisans, n'ont réclamé qu'en faveur des Pauvres, le droit de percevoir, pendant la vacance des Bénéfices dont ils sont Patrons, les revenus qui sont destinés aux Bénéficiers. Les Canons avoient ordonné qu'ils seroient distribués aux Indigens : c'est une suite de leur origine & de leur destination primitive. L'Eglise avoit chargé de leur administration provisoire quelques-uns de ses Ministres, qui devoient aussi veiller sur la succession des Ecclésiastiques décédés ; on prélevoit les sommes nécessaires aux réparations, le reste étoit dévolu aux Pauvres, à moins qu'il ne fût bien constaté que c'étoit un bien patrimonial ; le bon sens & l'équité disoient alors que les parens d'un Prêtre ne devoient point hériter des épargnes qu'il avoit pû faire fur les revenus de fon Bénéfice. Son droit fe bornant à prendre le néceffaire pendant fa vie, fes épargnes fuperflues étoient évidemment le bien des Pauvres : c'étoit donc en vertu d'un titre inconteftable, qu'on leur en faifoit la reftitution. Depuis que nos Rois ont révendiqué cette adminiftration, qui leur appartient fans doute, & comme Souverains, & comme Fondateurs des grandes Eglifes, & comme premiers Peres des Pauvres, on a été obligé d'établir des Œconomes généraux & particuliers qui régiffent, mais *non gratuitement*, tous les biens des Bénéfices royaux dépourvus de Titulaires, qui s'emparent de toutes les fucceffions mobiliaires, qui veillent avec beaucoup de formalités aux réparations, & qui remettent le furplus (*après avoir prélevé leurs droits qui ne font pas médiocres*), aux héritiers des Bénéficiers morts. Une adminiftration générale établie dans la Capitale, & difperfée dans le Royaume, avec une retenue de tant par livres de recette & de mife, eft néceffairement très difpendieufe, & c'eft ce qu'on ne peut nier de celle des Œconomats : à Dieu ne plaife que nous accufions ceux qui la régiffent, nous ne blâmons jamais perfonne en particulier, encore moins ceux qui font à la tête de celle-ci. Mais c'eſt un fait que par la néceſſité (ſans doute indiſpenſable), des frais, le produit quitte & net, n'eſt pas à beaucoup près auſſi conſidérable qu'on pourroit ſe l'imaginer. Ce produit s'emploie tout entier en bonnes œuvres, c'eſt ſa deſtination, & l'on ſeroit criminel d'imaginer qu'on en détourne la plus petite portion à d'autres uſages. Cette vérité bien établie, nous oſons dire que les biens des Bénéfices vaquans pourroient, ſans aucun inconvénient, être adminiſtrés comme tous ceux qui ſont pareillement deſtinés aux œuvres pies, par le Bureau diocéſain & paroiſſial, ſous l'autorité & au nom des Commiſſions particulieres ; que les mêmes Bureaux pourroient être Dépoſitaires des deniers provenans de la vente des effets appartenans aux Bénéficiers décédés ; qu'ils veilleroient avec plus de facilité aux réparations des lieux ſitués dans leur reſſort, & ſous leurs propres yeux ; ils prendroient *gratuitement* les ſoins que demande l'adminiſtration, qui ſeroit pour eux ſi facile, ſi éclairée ; & ils pourroient ſe contenter du droit le plus modique, pour veiller aux réparations & à la conſervation des meubles ou des deniers en provenant. Par ce ſyſtême ſimple, on épargneroit tous les frais que coûte la régie des Œconomats, & on l'épargneroit pour les Pauvres, qui en font les véritables objets. Le Roi donne des penſions ſur cette caiſſe ; il ſeroit toujours le maître d'en accorder ſur celle de la bienfaiſance univerſelle, & elles ſeroient payées dans le Diocèſe, dans la Paroiſſe même des Perſonnes pauvres ſuivant leur état, qu'il voudroit gratifier ; nous diſons exprès *pauvres ſuivant leur état*, pour deux raiſons. La premiere, c'eſt que l'intention du Prince eſt certainement de ne donner des penſions ſur les Œconomats, qu'aux Pauvres ; ſi d'autres en avoient obtenus, ce ne ſeroit à coup ſûr qu'en trompant la bonté du Souverain. La ſeconde raiſon, c'eſt que la pauvreté, comme nous l'avons dit plus haut, eſt toujours rélative à la naiſſance, aux places, à l'âge & aux autres circonſtances ; le Roi étant le Souverain Juge de tout, ſa déciſion doit être ſouverainement reſpectée, lorſqu'il daigne prononcer lui-même, & par conſequent lorſqu'il jugeroit l'indigence d'un de ſes Sujets (ou même d'un Etranger qu'il auroit la clémence d'adopter) digne d'une penſion ſur la caiſſe générale de la bienfaiſance patriotique, le Brevet de Sa Majeſté feroit un titre inviolable.

Les Bureaux diocéſains & paroiſſiaux peuvent donc s'acquitter ſans inconvénient, & tout au contraire avec beaucoup d'avantages des fonctions de l'Œconomat : c'eſt un profit pour la maſſe univerſelle des bonnes œuvres. Mais ce n'eſt pas le ſeul que nous attendions de la libéralité du Prince. Il deſtine chaque année certaines ſommes à ſes aumônes particulieres ; la diſtribution en eſt faite par le Grand Aumônier de France : il eſt de la dignité du Monarque, & de l'intérêt général, que ſes bienfaits ſe repandent ſur tout le Peuple, dont il eſt le pere. Nos Rois partageoient autrefois leurs dons par Métropoles & par Diocèſes : on en trouve de beaux exemples dans le teſtament de Charlemagne & de quelques autres Princes. Nous oſons croire que l'aumône royale doit toujours être ainſi répartie. Le Grand Aumônier de France eſt, ſelon nos *idées*, un des principaux Membres de la Commiſſion univerſelle & ſouveraine que nous propoſons d'établir pour l'Adminiſtration de la charité générale patriotique : c'eſt dans cette même commiſſion qu'il fera pour le Roi, chaque année, la répartition par Métropoles & par Diocèſes, ſuivant les beſoins reſpeƈtifs, afin que la contribution volontaire du Monarque ſoit comme le dernier complément de l'univerſalité de l'aumône. Les Princes, les Grands & les Riches de la Nation ſeront invités par les Commiſſions de chaque Parlement à verſer ainſi dans les caiſſes générales des offrandes libres qui ſeront diſtribuées par les Bureaux diocéſains

&

& particuliers. Nous comptons affez fur la Nation, pour eftimer cet article des oblations du Citoyen de tout état, comme un objet d'un rapport très confidérable.

N°. III.

Si les contributions volontaires, jointes aux revenus folides, ne fuffifoient pas encore pour tous les befoins réels des vrais pauvres, tels que nous les avons expliqués ci-deffus, il faudroit recourir aux taxes impofées d'autorité fur les Riches, qui *doivent* aux Indigens tous les fecours que leur état exige. Ils ont *droit* de les demander; leur *devoir* eft fans doute de les attendre avec humilité : la bienfaifance & la religion de leurs Concitoyens formant le plus beau de leurs titres. Mais s'ils font fruftrés de leur efpérance, il faut que le Gouvernement interpofe fon autorité, pour forcer le Riche infenfible à s'acquitter d'une obligation fi réelle & fi facrée.

Les befoins peut-être illufoires des Etabliffemens pieux qu'on vouloit fonder dans le Royaume, ont fait introduire, fous plufieurs formes, ces contributions néceffitées ; faudra-t-il les détruire ou les conferver, les changer, les augmenter, les diminuer ? C'eft une matiere qui mérite d'être approfondie.

Le Déclaration du mois de Juillet 1724 ajoute

trois deniers pour livres à toutes les impofitions des Généralités, pour être employés au profit des Pauvres. Cette fur-impofition fe perçoit certainement ; la Loi marque fa deftination : il eft difficile de fe perfuader qu'on l'ait intervertie pour le paffé ; mais il nous paroîtroit encore plus inconcevable que le Miniftere public de tous les Parlemens ne fe fît pas un devoir de réveiller leur attention fur un objet de cette importance, à moins qu'une Loi poftérieure que nous ignorons, revêtue des mêmes formes légales, n'eût changé cet emploi.

S'il n'eft point intervenu de pareils actes, accompagnés de toute la majefté de la légiflation, rien ne fera plus fimple, plus jufte, plus inftant que d'ordonner aux Receveurs particuliers des Elections, de verfer chaque mois à la caiffe de l'aumône univerfelle établie dans le Bureau diocéfain, les trois deniers pour livres des impofitions qu'ils perçoivent, à moins qu'on n'aime mieux abolir l'impôt. Il feroit indécent de verfer dans le Tréfor royal des deniers perçus pour une telle deftination ; le Roi n'a pas befoin du nom des Pauvres, pour exiger les fommes néceffaires au maintien de fon Empire & à la fplendeur de fon Trône. Tout ce qui leur eft deftiné doit être employé à leur foulagement ; rien ne feroit plus dangéreux ni plus mal imaginé

que de donner, fous le nom même du Prince ;
l'exemple de le détourner à d'autres ufages.

L'établiffement des Bureaux de Miféricorde
ou de Charité a mis dans la néceffité d'impofer
une taxe perfonnelle fur les Familles, qu'on leve
à Paris, par exemple, fous le titre du grand
Bureau des Pauvres. Nous nous fommes apper-
çus, par beaucoup d'exemples, que les Subalternes qui recoltent cette contribution à
Paris, s'en acquittent on ne peut pas plus mal :
nous ne voudrions pas affurer qu'il s'y gliffe
beaucoup de malverfations ; mais nous y en
avons vu certainement en différens quartiers,
& dans diverfes années, des apparences très
fortes. Ces Hommes font des Inconnus qui ne
portent ni marques diftinctives, ni caractere ni
commiffion authentique ; ils fe préfentent avec
des Regiftres informes, furchargés d'additions
en marges & en interlignes, d'une écriture dif-
férente du rôle même ; ils font fi peu fûrs de
leur fait, qu'ils pactifent & tranfigent de leur
chef à des fommes moins fortes que la taxe
écrite fur le Livre. On peut compter fur l'exactitude de ces faits. Leurs quittances ne font ni
étiquetées ni relatives à un Livre en regle, dont
elles indiquent l'article, la page, le numero ;
en un mot cette récolte n'a nullement l'air d'une
opération authentique, & une chofe très cer-

taine, c'eſt qu'il eſt phyſiquement impoſſible d'établir aucune comptabilité envers qui que ce ſoit, vis-à-vis de ces Collecteurs, par la forme qu'ils donnent à leur perception. Ceux que nous avons interrogés & preſſés ſur cet article, nous ont aſſuré qu'ils faiſoient eux-mêmes les taxes & les Regiſtres, qu'ils étoient ſous-Fermiers du droit de courir ainſi les Maiſons ; qu'ils tenoient cette ſous-Ferme d'autres Fermiers qui traitoient eux-mêmes en gros avec un Bureau. S'ils nous ont accuſé vrai, tout le monde s'accordera ſans doute avec nous pour penſer que c'eſt un très grand abus. Ces collectes devroient s'impoſer légalement, & ſe percevoir ſans frais, mais avec plus d'ordre, plus de clarté ; ſurtout il faudroit que le compte en fût exactement rendu, & que tout argent ſorti de la poche du Citoyen fût verſé ſans profit intermédiaire dans la caiſſe des Pauvres. Nous demandons mille excuſes aux Perſonnes reſpectables qui peuvent être à la tête de cet Etabliſſement ; mais nous croyons qu'elles prendront nôtre obſervation en bonne part. Leurs grandes occupations les obligent de s'en rapporter à des Subalternes qui les trompent : il eſt bon qu'il ſe trouve ainſi des Citoyens ſans titres, dont la fraude ne ſe défie point, mais qui ont l'émulation de rechercher les abus, & le courage de les démafquer : on peut voir que c'eft une de nos occupations favorites. Tout honnête homme conftitué en dignité doit nous en favoir gré ; les Subalternes, auteurs ou partifans des malverfations, peuvent feuls s'en offenfer, mais nous les méprifons, & nous rangerions dans la même claffe qu'eux quiconque oferoit prendre leur défenfe, & nous interdire des obfervations patriotiques toujours générales & moderées, fans perfonnalités & fans invectives.

Une autre maniere d'impofer pour les œuvres pies, eft celle des Octrois qui fe levent avec les droits d'entrée & de fortie attribués aux Fermiers Généraux des Impôts prohibitifs, & aux Officiers municipaux. Nous avons dit notre avis fur le fyftême des prohibitions & des droits affermés, que nous croyons abfurde & pernicieux pour l'Etat : toute la France paroît être de notre opinion, & les Parlemens fe font accordés d'après la voix publique pour l'attefter, & même le démontrer au Prince & à fon Confeil : c'eft un Procès entre la Nation & les Fermiers qui n'eft pas encore décidé. Nous avons donné nos idées, avec l'agrément du Miniftere, dans le tems où l'on accueilloit ces fortes d'Ecrits, au lieu de les profcrire : mais nous n'avons pas oublié les intérêts des Pauvres, ni ceux des Villes municipales; nous avons propofé de taxer plutôt les Maisons par un seul & unique Impôt, bien plus facile à répartir & à recueillir : c'est l'objet naturel des Officiers municipaux. Il seroit encore fort simple, pour les supplémens nécessaires à l'aumône, de l'ajouter au marc la livre de l'Impôt unique réel & personnel qu'on se propose de substituer à cette multitude de droits dont le Peuple est accablé, en tout événement au marc la livre de la capitation.

Quiconque nous aura lu, ne doutera point que nous desirions tout autre forme plutôt que celle des Impôts prohibitifs qu'on a imaginés déja, ou qu'on pourroit imaginer, pour les appliquer à des œuvres pies. Celui des Cartes à jouer paroît d'abord fort raisonnable ; mais quand on refléchit à l'espece d'inquisition qu'il introduit, & à l'immensité des frais de régie que cette inquisition même exige, on en est bientôt désabusé. L'usage qu'on fait du produit est très respectable sans doute, mais l'Education de la jeune Noblesse pauvre des deux sexes pourroit être plus générale & non moins bonne, sans cette nouveauté : la Noblesse indigente a droit plus que personne au *quart* des revenus ecclésiastiques revendiqué en faveur de toute espece d'Indigens ; c'est de la charité bienfaisante de notre ancienne Noblesse, que l'Eglise Gallicane tient certainement ses revenus : il faut donc faire sur ce *quart* une distraction en sa faveur. Les Gentilshommes riches se feront un devoir d'offrir des contributions volontaires pour cette Education, dès qu'on la donnera sans nulle exception à tout Enfant noble vraiment pauvre de l'un & l'autre sexe : s'il falloit encore un supplément, c'est sur la Noblesse ou sur les Possesseurs des Terres seigneuriales, qu'il conviendroit de le répartir. Il ne seroit besoin que d'ajouter au marc la livre de la capitation de la Noblesse, sans nouvelles régies, qui nourrissent inutilement un tas de Citoyens valides dans un état d'espionnage & de vexation cent fois pire que l'inutilité.

Nous ne proscririons pas de même les Loteries, pourvu que le système & la régie en fussent toujours fort clairs & fort simples, ainsi que la comptabilité : c'est une contribution volontaire que paie le Citoyen pour le plaisir de jouer, avec espérance de gagner beaucoup, en risquant de perdre peu de chose.

En résumant tous les détails où nous venons d'entrer sur les biens & revenus appartenant aux vrais Pauvres, il est impossible de ne pas demeurer convaincu que la caisse générale des Pauvres sera très riche en France, & plus que suffisante pour leurs vrais besoins. On nous a bien affuré, dans un des Bureaux du Miniftere fpécialemeut deftiné pour cet objet, que les biens & revenus des Hôpitaux actuels, malgré les ufurpations & les négligences, rapportent près de huit millions : le quart des revenus eccléfiaftiques doit valoir au moins autant. L'Eglife Gallicane donne depuis long-tems beaucoup plus de quatre millions de don gratuit au Roi, qui obligent d'en percevoir plus de cinq, parcequ'on emprunte, & qu'il faut payer chaque année partie des capitaux & tous les intérêts. On voit, par ce calcul çavé au plus bas, que le revenu total eft de beaucoup au-deffus de trente-deux millions, & le quart audeffus de huit.

Les aumônes particulieres, y compris celle du Roi, & le profit des Œconomats, les trois deniers pour livres impofés fur toutes les Généralités, & les taxes des Bureaux de Charité pafferont plus de quatre millions ; en comprenant toutes les offrandes quelconques du Royaume, & toutes les contributions ordonnées : la caiffe de l'aumône univerfelle aura donc plus de vingt millions de revenus. Si vous réduifez les vrais Pauvres à leur jufte nombre, il eft impoffible que vous en trouviez cent mille qui foient chaque jour à la charge des charités publiques. Suppofons en France dix-huit millions d'Habitans , & trois millions qui peuvent fournir à l'espece des vrais Pauvres , c'est tout au plus que nous admettions cent mille Pauvres actuels chaque jour , trente mille Bâtards , Orphelins ou Vieillards , & quarante mille Invalides à nourrir ; mais pour avoir chaque jour sur les bras trente mille Malades sur trois millions , il faudroit que toutes les années fussent pires que les tems des Maladies épidémiques , puisqu'il seroit nécessaire de supposer dix millions neuf cens cinquante mille journées effectives d'infirmité. Quoi qu'il en soit de ce calcul, on voit que la recette ne pourra jamais être fort au-dessous de la dépense. Au reste, en cas d'insuffisance des fonds , il est juste & nécessaire de taxer légalement les Citoyens , pour qu'ils fournissent le supplément. Tous les *besoins* des vrais Pauvres doivent être remplis; c'est leur *droit*; c'est le précepte de la Religion & de la saine politique. Le vrai revenu de la caisse générale , c'est tout l'argent nécessaire à l'accomplissement de ce *devoir.*

ARTICLE TROISIEME
Des Personnes dévouées au service des Pauvres.

§. I.

De l'Administration civile.

UN Gouvernement éclairé par les principes d'une sage politique, regardera toujours les *Besoins*, les *Droits* & les *Devoirs* des vrais Pauvres, comme un des ressorts de l'Etat le plus digne de ses attentions, quand même il ne consulteroit que les Loix de la sagesse humaine, sans se régler sur celles d'aucune Religion. Il suffit d'être homme pour s'intéresser au sort des Malheureux, & pour compâtir aux douleurs des Indigents. Les Nations les plus sauvages connoissent & respectent l'hospitalité. Les Barbares les moins policés s'empressent à secourir leurs voisins malades, qui sont vraiment Pauvres, dans leurs infirmités, chez tant de Peuples dont la chasse & la pêche font toute la richesse & même toute la subsistance) L'Homme est naturellement bon & sensible ; c'est la vanité, le luxe & l'avarice qui le rendent impitoyable; l'autorité publique n'est destinée qu'à mettre en honneur les vertus qui font la gloire & le bonheur de l'humanité, qu'à réprimer les passions qui font son opprobe & sa ruine.

L'établiffement de la fociété , le partage des biens , l'affurance des poffeffions , les régles des héritages , les diftinctions des rangs , & toutes les autres variétés qu'entraîne la fondation des Empires , font néceffairement naître l'inégalité des fortunes , la richeffe , la médiocrité , l'indigence. La puiffance légiflative étend fes droits fur tous les Citoyens ; mais à fon tour , elle fe doit à tous fans diftinction. Si le Pauvre eft obligé , comme le Riche , de lui rendre fon hommage & fon obéiffance , ce devoir eft un titre en fa faveur, pour reclamer tous les fecours qui lui font néceffaires. Entre Hommes les engagemens font réciproques ou chimériques ; c'eft un monftre aux yeux de la raifon , & du bons fens, qu'une foumiffion entiérement inutile à celui qui doit obéir & refpecter. Si l'autorité temporelle ne devoit pas fes foins à la fubfiftance des Pauvres , ils ne feroient plus des Concitoyens , encore moins des Sujets ; ils feroient plutôt les vrais Ennemis de tous les Riches , les Loix de la propriété feroient autant d'hoftilités contre eux, & la nature ne leur montreroit dans les poffeffions particulieres que des objets légitimes de vengeance & de conquête.

Les Dépofitaires de la puiffance publique font donc en tout Etat policé néceffairement les miniftres de la bienfaifance patrioti-

que, les Peres & les Défenfeurs des Malheureux, les premiers ferviteurs de l'indigence. **Le
Royaume de France eft fondé fur une légiflation trop fage & trop bienfaifante, pour que
ce principe ne faffe pas une partie de fa conftitution fondamentale.**

N°. I.

Tous droits publics réfidant effentiellement
parmi nous dans la perfonne du Monarque,
ceux des Pauvres font cenfés, par les maximes
de la Monarchie, appartenir au Roi comme
Pere commun, & Tuteur univerfel de tout indigent. C'eft un titre que nos Rois ont fouvent
reclamé avec beaucoup de zèle & d'empreffement. Le Prince bien-aimé qui nous gouver-
ne, a l'ame trop tendre & trop généreufe envers fon Peuple, pour n'être pas jaloux d'un
fi beau nom, autant que les plus bienfaifants
de fes Auguftes Prédéceffeurs. Nous l'infcri-
rons donc hardiment à la tête des Perfonnes dévouées par état au foin des Pauvres, & nous
ne craignons point d'en être démentis. Tous
ceux que nous allons nommer ne font que fes
coopérateurs ou fes repréfentans dans le foulagement des Malheureux, la plus noble des
fonctions de fa Royauté, celle qui le rend plus
particuliérement l'image de Dieu même, &
l'inftrument de fa miféricorde.

Les dépositaires des Loix & les difpenfateurs de la Juftice, tiennent du Monarque le droit de remplir à fa place, dans toute l'étendue de fon Empire, ces obligations fi facrées, que fa qualité de Pere des Pauvres lui prefcrit. Ceux qui veillent en fon nom à la confervation de ce dépôt & de tous les autres attributs de fa Couronne, pour exciter & réveiller l'attention des Juges & des Tribunaux, font chargés de même de veiller aux intérêts de toute efpece de Malheureux. Les biens qui leur font deftinés, les azyles qu'on leur a bâtis, les fecours qu'on leur doit font fous la fauve-garde du Miniftere public, & fous la protection fpéciale de toute la Magiftrature.

Les Cours Souveraines, les Siéges inférieurs, & jufqu'aux Judicatures du dernier Ordre, font donc dévouées, au nom du Roi, par fon ordre & à fa place, au fervice des Pauvres ; les Procureurs Généraux des Parlemens, leurs Subftituts & les Subalternes mêmes de ceux-ci, font les Agents, les Repréfentans & les Intentendants nés des Etabliffemens pieux, chacun dans fon reffort. Leurs dignités mêmes font les titres, en vertu defquels ils fe doivent à tous les foins qu'exige d'eux l'adminiftration de l'Aumône générale patriotique ; l'honneur & le plaifir de remplir ces fonctions eft leur unique falaire. Nous devons cette juſtice au **Corps de la Magiſtrature**, qu'il n'a jamais perdu de vue ce devoir de ſon Miniſtere, & qu'il s'en acquitte dans les occaſions avec autant de zèle que de déſintéreſſement.

Mais dans la multitude étonnante d'objets qu'entraîne un Gouvernement auſſi compliqué que celui du Royaume, il en eſt une quantité conſidérable dont les premiers principes ſont poſés & connus, ſans que les conſéquences pratiques en aient jamais été aſſez bien développées, faute d'un ſyſtême de légiſlation complet, uniforme, général & perpétuel. On n'a pas le loiſir de le combiner avec maturité : l'obſervation des regles proviſoires faites à la hâte, & les difficultés des exceptions occupent trop pour qu'on puiſſe méditer ſur les régles mêmes, & ſe donner le tems de les détailler. Une politique fauſſe & pernicieuſe s'eſt même occupée long-tems à morceler, pour ainſi-dire, tout notre droit public, & à rompre la chaîne qui doit unir toutes les parties de l'Etat. Après l'anarchie du Gouvernement féodal qui avoit opéré long-tems le même mal ; c'eſt la crainte puſillanime du Miniſtere, tout occupé de lui-même & non de l'Etat, qui tendoit ſans ceſſe à diviſer, à iſoler, à confondre & embrouiller tout pour dominer à ſa fantaiſie, & pour cacher fes fautes , fes vexations fous les ténèbres qu'il affectoit de répandre dans toutes les parties. Un jour plus beau luit depuis long-tems dans le Confeil de notre Maître , la pureté des intentions fait rechercher , avec empreffement, la clarté des principes univerfels , & la liaifon des mouvemens réglés qui fe développent du centre à la circonférence, & qui reviennent fans embarras de chaque extrêmité au principe de tous les rayons. On travaille à rendre le Royaume une machine fimple , compofée de refforts les moins compliqués & les plus fagement unis entre eux par une correfpondance générale. On ne reconnoît plus qu'une autorité royale , qu'une Magiftrature répandue dans le Royaume , qu'un intérêt d'Etat.

Nous ne faifons qu'appliquer cette idée fi véritable & fi féconde en conféquences falutaires au fujet que nous traitons. Nous ne reconnoiffons de même qu'une Aumône générale & univerfelle : nous difons que les Magiftrats, chargés des fonctions de Juges ou de celles du Miniftere public , font les Officiers de la Charité du Prince , comme ceux de fa Juftice ; & c'eft en partant de ce principe , que nous propofons d'établir une Commiffion du Confeil, pour l'adminiftration de toute efpece de bienfaifance dans l'étendue du Royaume ; une Commiffion fubordonnée dans chaque Parlement , où nous entendons admettre les Chefs & Députés des Cours Souveraines , avec les Avocats & Procureurs Généraux ; un Bureau général en chaque Diocèfe foumis aux Commiffions, où nous comptons pour Membre les Baillis & Sénéchaux, ainfi que les Procureurs du Roi ; enfin, un Bureau particulier dans chaque Paroiffe fous le Bureau diocéfain , dont le Juge & le Procureur Fifcal feront effentiellement les Membres. Nous exigerons de chacun d'eux de l'affiduité , une infpection , un compte exact , une correfpondance fuivie pour cet objet , tant avec les Supérieurs qu'avec les Subalternes. Nous expliquerons la *Pratique* de cet enchaînement.

N°. I I.

Les Miniftres des Loix font trop occupés à la diftribution de la Juftice , pour qu'on les furcharge de détails d'adminiftration , fans leur donner des Adjoints qui partagent avec eux les foins & la follicitude. C'eft ainfi que pour la régie purement civile des Provinces , Villes & Communautés , on leur affocie , en quelque forte , les Officiers municipaux , foumis même en Corps aux Tribunaux quant à la Jurifdiction , & aftreints aux formes dans les matieres contencieufes , mais choifis eux-mêmes parmi

les

les Magistrats, & jouissant d'une portion d'autorité en ce qui les concerne d'une maniere
spéciale : l'ordre & l'enchaînement nécessaires
à tout Gouvernement qui tend au bien régnent
encore moins en cette partie qu'en toutes les
autres concernant les Siéges & les jugemens
ou les administrations. Ce font des piéces de
rapport formées dans des tems & dans des vues
différentes, qui font réellement si disparates,
que la bisarrerie en est trop frappante : le Ministere l'a conçu ; des Loix nouvellement
rendues pour les Octrois partent de cet esprit
& de ces principes lumineux qui tendent à l'unité
& au bon ordre.

Il est dans chaque Paroisse un Officier qu'on
appelle *Syndic* paroissial ; c'est un bon établissement que les détails de l'Administration ont
forcé de créer : s'il manquoit encore quelque
chose à la forme de son élection, à la certitude
de son état, de ses prérogatives, de ses fonctions, de ses devoirs, il faudroit le régler le
plutôt qu'il seroit possible, par une bonne Loi.
Mais pourquoi cet Officier municipal reste-t-il
isolé, sans aucun rapport qu'avec les Subdé-
légués des Intendans, qui ne font que des Commis amovibles sans titres, sans fonctions légales,
& sans autorité approuvée ? Nous savons que

les Syndics de Paroiſſe n'ont été introduits que
pour les Milices , les Corvées & les autres
charges nouvelles qui ſont impoſées aux Peuples par les Intendans & leurs Subdélegués :
mais , abſtraction faite de cette origine , la
création des Syndics des Paroiſſes , comme
Officiers municipaux , pour l'entretien & réparation des Chemins , pour l'embéliſſement des
Bourgs , pour les aſſemblées du Corps des Habitans , & leurs Délibérations , nous paroît une
idée très bonne , politiquement parlant : on
verra que nous en connoiſſons pluſieurs uſages
très avantageux au bien public.

Mais , ſuivant le véritable eſprit de toute
Monarchie , nous voudrions que cet établiſſement fût lié ſyſtématiquement avec tous les
autres de l'Adminiſtration municipale ; que le
Syndic de chaque Paroiſſe dépendît de l'Hôtel
de Ville du reſſort , comme le Juge dépend du
Bailliage ; que chaque Hôtel des Villes particulieres dépendît du Tribunal municipal des
Capitales de Province ; enfin que , ſous la pré-
ſidence du Miniſtre & de l'Intendant des Finances chargés de cette partie , fût formée une
Commiſſion réguliere du Conſeil, qui ſeroit générale & au-deſſus de toutes celles du Royaume
établies dans les réſidences des Cours du Parle-

ment : il eſt évident qu'on cherche cet enſemble, & qu'on tatone juſqu'à ce qu'il ſoit trouvé.

On s'imagine ſans doute que c'eſt ici une
diſgreſſion dans laquelle nous nous ſommes jet-
tés : point du tout, nous revenons. Les Officiers municipaux ſont encore ſpécialement dévoués au ſervice des Pauvres : l'eſprit de nos
Ordonnances, & la pratique de toutes les Villes
du Royaume, a toujours été de les admettre
au nombre des Adminiſtrateurs nés des Hôpitaux & des autres Etabliſſemens pieux. Nous
avons beaucoup de détails, & nous voulons
de l'aſſiduité, des ſoins, une ſollicitude vraiment paternelle dans le Bureau paroiſſial, dans
le Bureau diocéſain, dans la Commiſſion provinciale & dans celle du Conſeil. Joignons aux
Membres de la Magiſtrature les Officiers municipaux, & nous approcherons de plus en plus
de notre but. C'eſt donc en faveur des Pauvres,
principalement, que nous avons propoſé d'introduire l'ordre & la correſpondance légale dans
l'Adminiſtration municipale.

Nᵒ. III.

Nous avons déja détaillé nos idées ſur les
Notables des deux ſexes qui ſeront choiſis par
chaque Bureau paroiſſial pour l'accompliſſement des œuvres de miſéricorde. C'eſt un devoir commun à tous les Citoyens que de ſervir

& foulager les Pauvres , mais tous ne font pas également propres à s'en acquitter avec le zele & l'intelligence convenables; il faut la maturité de l'âge , l'intégrité des mœurs , la probité fcrupuleufe , la bienfaifance naturelle , de l'adreffe & de l'activité ; toutes ces qualités réunies dans un hommes, dans une femme , les indiqueront au Bureau comme dignes d'être nommés fes Coopérateurs dans la plus belle des fonctions : nous en voudrions deux ou trois de chaque fexe dans les Paroiffes médiocres , quatre ou même plus dans les grandes Ils doivent être admis , avec voix confultative , feulement dans les affemblées du Bureau paroiffial : on peut faifir toutes les occafions de les encourager, par des diftinctions & des faveurs ; nous voudrions qu'ils euffent une place diftinguée dans les affemblées , un banc particulier dans les Eglifes : c'eft à eux que nous confirions les Troncs portatifs , & le foin d'y ramaffer les aumônes, dans les Solemnités faintes ou profanes.

L'emploi très important de ces Notables des deux fexes feroit d'être les premiers Dépofitaires de tous les meubles, effets & denrées que le Bureau paroiffial feroit porter aux Malades; ils recevroient les premiers avis de la famille ou des voifins d'un Pauvre attaqué de quelques infirmités ; ils le porteroient aux Chefs du Bureau ; conſtateroient avec eux ſes beſoins actuels ; mettroient l'ordre dans l'emploi , & veilleroient à la conſervation ; ils viſiteroient tour à tour & ſouvent le Pauvre malade , ſe relayant pour cet office ; ils aſſiſteroient principalement à l'adminiſtration des remedes & des alimens; les femmes ſur-tout qui, peuvent ſouvent vaquer par-tout à l'ouvrage qui les occupe & qui ſe tranſporte facilement avec elles , ſeroient plus ſédentaires auprès des Malades : on choiſiroit exprès les Perſonnes que leur état, leur fortune, ou d'autres circonſtances, mettroient plus à portée de vaquer à ces bonnes œuvres.

L'uſage s'eſt établi dans pluſieurs Diocèſes , d'attacher à chaque Paroiſſe un Maître & une Maîtreſſe d'Ecole pour inſtruire les Enfans des deux ſexes. Nous regardons cette pratique comme très importante à pluſieurs égards , & nous en développerons tous les avantages dans nos *idées ſur les Ecoles nationales* : quelques prétendus Légiſlateurs exigent en certains Diocèſes que ces Maîtres & ces Maîtreſſes ſoient Célibataires ; & on voit que les Maîtreſſes ſurtout y tendent peu-à-peu à ſe transformer en eſpeces de Religieuſes : cet article n'eſt pas de ceux que nous conſeillons. Il ſeroit mieux à tous égards que le Maître & la Maîtreſſe d'Ecole fuſſent unis par le Mariage , & qu'on leur

donnât pour falaire quelque Domaine qu'ils feroient valoir : c'eft ce que nous expliquerons.

Ce qui doit nous occuper ici, c'eft que les devoirs de l'inftruction n'occupent pas tout le jour
les Maîtres & les Maîtreffes, fur-tout à la Campagne, où les Enfans travaillent utilement ;
c'eft que la fonction de ces mêmes Perfonnes
leur donne une correfpondance & une efpece
d'autorité dans toutes les familles des Paroiffes.
Les Evêques & les Curés ont habilement atta-
ché les Maîtres & Maîtreffes au fervice de l'E-
glife, du Lutrin, de la Sacriftie : pourquoi le
Bureau de Charité ne profiteroit-t-il pas du
même exemple ? Le Clergé a eu l'attention de
vous mettre fur la voie, en fe fervant auffi
d'eux pour vifiter les Malades : nous comptons
donc ici les Maîtres & les Maîtreffes d'Ecole au
nombre des Serviteurs des Pauvres, & des
Membres du fecond ordre du Bureau paroiffial,
avec les Notables des deux fexes.

§. II.

De l'Adminiftration eccléfiaftique.

Nous avons déja remonté jufqu'à la fource
même des devoirs du Clergé, dévoué par état
au fervice des Pauvres. La Religion Chrétienne, qui donne à toutes les vertus morales plus
de luftre & plus d'activité, ne prefcrit rien

avec plus d'empire que la bienfaisance envers les Malheureux. L'Eglise Catholique a toujours fait une profession spéciale d'être leur protectrice & leur mere : ses Ministres sont essentiellement ceux de l'indigence ; & le Chef de tous les Pasteurs ne connoît point de plus beau titre que celui de Serviteur des Serviteurs de Jesus-Christ. Chaque dégré de la Jurisdiction Ecclésiastique , est un engagement plus spécial aux fonctions de la Charité ; & parmi les Ordres Religieux que la piété fit naître dans divers Siécles pour la pratique de différentes vertus, les plus chers , au véritable esprit du Christianisme , furent toujours ceux qui professoient plus spécialement l'Hospitalité.

Nº. I.

L'autorité pastorale , qui constitue la véritable hierarchie , forme donc un engagement perpétuel au service des Pauvres ; & c'est pour cette raison que nous avons compris , dès le commencement , les Evêques & les Curés parmi les principaux Membres des Commissions que nous proposons d'établir pour le gouvernement de l'Aumône universelle. Il faudroit transcrire tous les Conciles, pour alléguer toutes les autorités qui les chargent , les uns & les autres , de cet auguste emploi. Ce soin seroit d'ailleurs fort inutile , l'Eglise Gallicane s'est toujours

diſtinguée , & ſe diſtingue encore par ſa géné‐
roſité pour les Indigents. Le Corps Epiſcopal
brille , ſur-tout , par ſes libéralités envers les
Malheureux de toute eſpece , particuliérement
envers la pauvre Nobleſſe & les Familles aban‐
données , que les préjugés de la naiſſance éloi‐
gnent d'un travail qui les aviliroit, quoique livrés
à la miſere. Nous pourrions citer des exemples
merveilleux en ce genre de profuſion , que la
modeſtie tient ſecrets. Mais tout le monde
connoît la prodigalité d'un de nos premiers Pré‐
lats , que nous pouvons citer par ce trait qui
le déſigne : nous ſaiſiſſons , avec empreſſement,
l'occaſion de lui payer ici le tribut de louanges
qu'il mérite à cet égard : elles ne feront pas ſuf‐
pectes dans notre bouche , après la profeſſion
que nous avons faite publiquement & dans cet
Ouvrage & dans d'autres , de combattre des
préjugés qu'on n'a malheureuſement que trop
réuſſi à lui faire adopter.

Le Clergé de France mérite donc d'être con‐
ſervé dans la poſſeſſion immémoriale de préſi‐
der à l'adminiſtration des bonnes œuvres : ou‐
tre qu'il eſt toujours le premier Corps de l'Etat
dans un Royaume très Chrétien comme le nô‐
tre , il a pluſieurs titres pour ſe maintenir dans
cet honneur. De tout tems nos Rois, depuis
Clovis , ont eu ſoin d'attacher à leur Perſonne

quelques uns des Evêques , dont les charges
ont eu des noms divers , fuivant les Races &
les fiécles ; leur autorité même & leurs fonctions ont effuyé des viciffitudes : les Prélats de
la Cour , Chappelains & Archichapelains ,
Confeffeurs , Aumôniers & les grands Aumôniers , ont eu plus ou moins de part aux Confeils des Rois , & au Gouvernement politique ;
mais le foin des Pauvres eft un emploi qui leur a
toujours été dévolu. Le grand Aumônier de
France fut long - tems , par des Loix préci-
fes , le Surintendant de tous les Hôpitaux du
Royaume.

Les Evêques, honorés auprès du Roi & de fon
Augufte Famille de ces Emplois , que le nom
même confacre fpécialement à la Charité , doivent donc être Membres de la Commiffion générale , établie dans la Cour du Monarque pour
l'adminiftration générale de l'Aumône univerfelle ; les Archevêques le feront des Commiffions établies pour chaque Parlement , ainfi que
les Evêques des réfidences de ces Cours Souveraines , & ceux qui font plus fpécialement
Confeillers de ces mêmes Cours. Chaque Prélat
préfidera par lui-même ou par fon Archidiacre , au Bureau général diocéfain. Nous rendons cette fonction à la dignité d'Archidiacre ,
fuivant l'ancien efprit de l'Eglife , n'approu-

vant en aucune maniere qu'on fépare les fonctions du titre Hierarchique, pour les attribuer
à des grands Vicaires amovibles, fans titres Canoniques, & fans une véritable autorité qui
leur foit propre. Enfin chaque Curé préfidera
au Bureau paroiffial. Les Vicaires y feront admis avec voix confultative feulement, fi ce
n'eft en l'abfence du Curé qu'ils repréfenteront
alors pour la Préfidence & la voix délibérative. Ainfi le Clergé de France dirigera lui-même
l'emploi de ce *quart* de fes revenus qu'il doit
aux Pauvres, & que nous avons révendiqué
pour eux : il ne pourra concevoir nulles allar-
mes & nuls foupçons fur l'emploi de ces fonds
facrés, dont il eft réellement le dépofitaire,
& qu'il ne pourroit abandonner à la difcretion
des Œconomes mêmes les plus refpectables,
fans fe rendre criminel lui-même d'une prévarication.

C'eft par cette raifon qu'il eft impoffible d'enlever à l'Eglife Gallicane l'adminiftration des
revenus confacrés à la Charité patriotique,
d'autant plus qu'elle eft effentiellement une des
fonctions du faint Miniftere ; mais comme elle
eft auffi politiquement parlant un des devoirs
de l'autorité publique, il eft jufte & néceffaire
que les Magiftrats civils & municipaux en partagent l'infpection & le gouvernement. Le Cler-

[203]

gé de France n'en peut être jaloux ; c'eſt l'eſprit général de la Religion d'aimer la lumiere
& de fuir les ténèbres , de rendre compte de ſa
conduite à tous ceux qu'elle peut intéreſſer ,
& de ne point redouter les Aſſociés & les Surveillans : c'eſt plus ſpécialement l'ancien & primitif eſprit de l'Egliſe Gallicane , que les matieres Eccléſiaſtiques qui ſe trouvent avoir le
moindre rapport avec le bien public , la tranquillité de l'Etat , & la propriété des biens temporels , ſe traitent dans des Tribunaux & des
Aſſemblées mixtes , où l'une & l'autre Puiſſance concourt de tout ſon zèle & de toute ſon
autorité , pour opérer à qui mieux mieux tout
ce qui tend au bonheur des Sujets , à la proſ-
périté de la choſe publique , & à la gloire du
Souverain. Ceux qui cherchent, avec réflexion
dans les ſources même la conſtitution de notre
Monarchie , ne peuvent jamais ſe laſſer d'admirer cette harmonie. Quel dommage que des
Conſeils artificieux & intéreſſés , cachant la
plus noire perfidie ſous le voile de la Religion , aient tenté de la détruire par le fondement , & de rompre ces chaînes. „ Malheur à
„ l'Egliſe ! malheur à l'Etat !(nous le diſons d'a-
près le dernier Pere de l'Egliſe Gallicane , le
grand Boſſuet.) „ malheur lorſque les deux Ju-
„ riſdictions ont commencé à ſe voir d'un œil

„ jaloux ! Miniſtres de la Juſtice du Roi, Mi-
„ niſtres de la Religion de Jeſus-Chriſt, Miniſ-
„ tres les uns & les autres du Roi des Rois,
„ pourquoi vous diviſer ? vous qui repréſentez
„ le Dieu de la paix, vous qu'il a conſtitués
„ pour la donner aux hommes.

Nous propoſons de reſſerrer ces nœuds qu'on auroit dû reſpecter comme la baſe de la tranquillité publique, de réunir, ſuivant l'eſprit fondamental, les deux Puiſſances dans les Aſſemblées de la miſéricorde publique ; la Magiſtrature & le Clergé ſe reſpecteront & ſe chériront d'autant plus, qu'ils ſeront plus à portée de ſe connoître. Ces deux Corps, trop long-tems ſéparés ſous de faux prétextes par les vrais ennemis de nos Loix, mériteront, en ſe rapprochant, leur confiance réciproque, celle du Prince & du Public : l'union tant déſirée des bons Citoyens, rétablira le calme dans la Nation & la gloire du Gouvernement François parmi les Nations voiſines. Cette heureuſe rénovation eſt un des objets de nos vœux, & nous oſons croire que l'intérêt des Pauvres ſeroit l'amalgalme naturel de ces Corps malheureuſement trop aliénés l'un de l'autre, & ſi peu faits pour l'être.

N°. II.

Les Paſteurs du premier & du ſecond ordre, ne ſont pas, ſuivant l'eſprit de l'Egliſe, les ſeuls

Miniftres eccléfiaftiques dévoués au fervice des Pauvres, comme les Magiftrats civils n'en font pas, fuivant nos idées, les feuls Miniftres féculiers : nous avons déja développé l'origine, les droits & les devoirs de l'ordre canonial, nous ne répéterons point nos principes, il nous fuffit de rappeller en deux mots ce que nous avons propofé d'après la plus ancienne & la plus refpectable Difcipline établie par les deux Puiffances : que tous les biens poffedés en chaque Diocèfe par l'Ordre de S. Auguftin, foient réunis : que l'*afile* diocéfain dont nous avons parlé dans le premier Chapitre, foit ouvert pour toute efpece de Pauvres, ou totalement Invalides, ou feulement à demi, qui voudront s'y retirer ; les uns pour travailler felon leurs forces ; les autres pour y trouver des amis & des parens adoptifs dans leur caducité, s'ils n'en ont plus ailleurs : que cet *afile* foit triple, un pour les Veufs célibataires de chaque fexe, & un autre, au milieu, pour les Pauvres actuellement mariés : que les Religieux & les Religieufes de l'Ordre de St. Auguftin foient, fous l'autorité du Bureau diocéfain, les Adminiftrateurs fpirituels & temporels de ces *Afyles* ; que la Maifon des Chanoines, en même tems qu'elle fera vraiment *hofpitaliere*, foit, comme autrefois, un Séminaire gratuit pour former de bons

Curés, & le lieu d'une retraite honnête & pai-
fible pour ceux dont les fervices exigeront un
répos bien mérité.

Cette réforme ordonnée depuis long-tems,
mais encore imparfaite, eſt également importante pour l'Ordre canonial, pour l'Eglife &
pour l'Etat. Nous détaillerons la *pratique* de
ces idées, & nous montrerons encore un
bien réel qu'on y peut attacher, toujours en
fuivant les anciens ufages & les maximes pri-
mitives de notre Gouvernement eccléſiaſtique
& civil : car c'eſt une illuſion de chercher le
bien de l'Etat & de l'Eglife Gallicane, ailleurs
que dans nos anciennes Loix ; on le trouve tout
naturellement, quand on approfondit avec un
œil un peu philofophe l'Hiſtoire de la Nation.
Le François feroit bien fol de chercher ailleurs
la fageffe & la bonne politique qu'il poffede
dans le tréfor de fa légiflation. C'eſt, au jugement des plus grands génies, le chef d'œuvre
du bon fens & de la juftice : il ne s'agit que
de les chercher dans nos monumens les plus
anciens & les plus authentiques, fans fe laiffer
éblouir par les preftiges que l'ignorance, la cupidité mal entendue, l'efprit de domination &
de fafte, fuivis du luxe, de la pareffe & de la
précipitation, ont tenté d'y fubftituer.

Un Ordre également refpectable eſt encore

deſtiné par état au ſervice des Pauvres , dans
toute l'étendue du Royaume : militaire & hoſ-
pitalier , il conſacre d'une maniere ſpéciale la
Nobleſſe que le Prince en décore à l'exercice
des bonnes œuvres ; c'eſt celui de St. Lazare ,
auquel on en a réuni quelques autres , avec de
beaux Privileges. L'Héritier préſomptif de la
Couronne eſt aujourd'hui le Chef de ce Corps ;
deux Miniſtres y préſident ſous ſes ordres , &
les Maiſons les plus illuſtres y fourniſſent des
Chevaliers & des Commandeurs eccléſiaſtiques.
L'intention du Roi eſt de le décorer de plus en
plus , de l'enrichir par une dotation ſtable &
permanente. Nous avons annoncé que cet objet nous paroiſſoit depuis long-tems digne des
bontés du Monarque , & tel que tout bon Citoyen devoit s'eſtimer heureux d'y pouvoir
contribuer : nous n'avons point héſité cependant à blâmer la forme introduite dans quelques
opérations rélatives à ce projet , dont le vice
ne doit être attribué qu'aux Gens de Loix que
cet Ordre honore de ſa confiance , & qui devroient être plus circonſpects , pour ne pas ſe
ſervir de ſon crédit & de ſon autorité contre
les maximes du Royaume & les libertés de
l'Egliſe Gallicane

Voici notre idée fondamentale. Le vrai luſtre
de cet Ordre , comme de tous les autres , doit

être tiré de son *utilité* : si les Corps pensoient à se rendre vraiment profitables au bien public, sans nuire à personne , ils n'auroient pas besoin de songer à se procurer de la gloire & des richesses, la reconnoissance publique en prendroit soin d'elle-même. C'est un injustice , que de vouloir être décorés & payés pour être *inutiles* ou *dangéreux* ; c'est une illusion d'espérer qu'on s'y maintiendra long-tems , eût-on la politique la plus rafinée & le crédit le plus imposant : nous venons d'en voir un bel exemple. Ce seroit donc tromper l'Ordre de St. Lazare , & l'engager dans une route fausse & peu décente, que de le faire prétendre à des honneurs & des biens considérables , tant qu'il ne remplira pas des fonctions importantes au bien public : ses services réels doivent être le fondement de sa gloire & de sa richesse , s'il veut en faire un édifice solide. Mais de quelle nature doivent-être ses emplois ? La question est facile à décider : par son titre même, par son institution & par son ancienne & primitive destination , cet Ordre est *hospitalier* , & par conséquent c'est au service des Pauvres & à l'administration de toutes les œuvres de miséricorde, qu'il est consacré par la Loi de son existence.

Nous faisons donc entrer dans la Commission souveraine, les premiers Officiers de cet Ordre,

qui

qui le régiſſent ſous les ordres du Prince. Nous admettons dans les Commiſſions des Parlemens Commandeurs Grands Croix de cet Ordre (qu'il faudra créer, s'ils ne le ſont pas, & diſtinguer par une broderie). Nous ne ſerions pas éloignés de l'idée de décorer de cette grande Croix les Premiers Préſidens & les Procureurs Généraux des Cours Souveraines, pour marque non-ſeulement de leur dignité, mais encore de leurs devoirs plus étroits envers les Pauvres. Nous attachons un Commandeur de l'Ordre de St. Lazare à chaque Bureau diocéſain; & ce Commandeur, outre ſa voix dans le Bureáu même, ſera Viſiteur & Inſpecteur né de tous les Bureaux paroiſſiaux; il fera tous les ans ſa tournée dans le Diocèſe, viſera les Regiſtres & les Comptes, ſe fera montrer les Pauvres, les biens, les meubles, des effets, & dreſſera du tout des procès-verbaux en forme, qui ſeront dépoſés dans le Bureau diocéſain & dans les Commiſſions. Le Juge local étant obligé de faire une fois par an le même procès-verbal; l'Evêque Diocéſain étant chargé du même ſoin dans ſes viſites ordinaires ou l'Archidiacre à ſa place, & le Supérieur de *l'Aſyle* faiſant auſſi pareille tournée dans des ſaiſons différentes, les Bureaux de Paroiſſes inſpectés quatre fois, ne pourront jamais ſe relâcher, s'altérer & ſe détruire.

O

L'Ordre de St. Lazare fera pour-lors vraiment hofpitalier; il rendra, comme l'Ordre canonial, des fervices effentiels aux Pauvres. Il fera donc jufte & falutaire de le recompenfer. Etant un Corps eccléfiaftique, il a droit aux biens que fe partagent les Bénéficiers; auffi fon privilege eft-il de poff*éder des penfions fur les Bénéfices, fans que les Chevaliers foient tenus de vivre Célibataires. Mais ce n'eft pas affez de cette expeҫtative, qu'on réalife peu, qui mériteroit cependant de l'être, il faut un revenu certain; la dîme des biens particuliers de l'Ordre de St. Auguftin eft due aux bonnes œuvres & à ceux qui s'en acquittent : on peut l'attribuer à l'Ordre de St. Lazare, devenu l'Infpeҫteur & le Vifiteur de tous les objets de la charité patriotique; & dans le cas d'infuffifance, y fuppléer des mêmes biens, ou réunir des Bénéfices des autres Ordres du Clergé féculier, pour fournir tout ce qui fera néceffaire à l'honnête entretien du Commandeur diocéfain. Sa fonҫtion eft un des devoirs du Clergé, l'Eglife eft payée pour la remplir : il n'eft pas jufte que de petits Collets inutiles s'approprient le falaire, pendant que les autres feroient le devoir.

§. III.

Il nous refte à parler de quelques Ordres ou

Congrégations hospitalieres récemment intro-
duites, qui ne font pas Corps avec l'Ordre canonial, & qui se sont dévoués aux fonctions
de l'hospitalité, comme les Freres de la Charité, les *Sœurs grises* & autres. La pratique
de nos idées supprimeroit ces Corps sur-ajoutés,
qui vous deviennent comme inutiles, dès que
vous détruisez les Infirmeries & autres Hôpitaux, en soulageant les Malades dans le sein
de leur famille, ou en leur procurant des parens adoptifs ; dès que vous ne laissez qu'un
Asyle par Diocèse, & que vous y joignez,
pour le desservir, les Religieux & les Religieuses
de l'Ordre de St. Augustin, les plus anciens de
tous les Hospitaliers, qui vous sont d'ailleurs
doublement utiles, leur Maison étant des Séminaires & des Retraites pour les Curés, en
même tems que des *Hôpitaux.*

De ces nouvelles Congrégations, les uns,
tels que les Sœurs grises, n'ont point adopté
les vœux solemnels ; rien n'empêche qu'on ne
les conserve dans la double fonction dont elles
nous ont paru s'acquitter très bien, d'instruire
la Jeunesse de leur sexe, & de servir les Malades, sous les Ordres du Bureau paroissial :
par-tout où les Maîtresses d'Ecole ne seront
point mariées, nous y verrions avec plaisir des
Sœurs grises. Nous en dirions autant des Freres

de la Charité , à condition qu'ils renonceroient,
comme les Sœurs , aux vœux folemnels. Quelques Maifons de ces deux Ordres pourroient fubfifter , une , par exemple , en chaque Diocèfe,
pour être le Noviciat. La Maifon des Freres
fourniroit des Maîtres pour les Ecoles paroiffiales , également formés aux fonctions ma-
nuelles de la charité : celle des Sœurs fourniroit
les Maîtreffes. Les uns & les autres auroient
des regles , mais point de vœux ; ils feroient
foumis à l'Evêque & au Supérieur de leur Ordre
refpectif, tant qu'ils refteroient Célibataires ;
mais ils pourroient fe marier , & alors ils feroient affranchis de la Regle & de la fubordi-
nation à l'Ordre , mais ils ne perdroient pas
pour cela leurs Places ni leurs Appointemens,
en continuant leurs fonctions. Ce Réglement
une fois fait pour l'avenir, on établiroit pour
cette fois ceux mêmes qui ont fait des vœux, &
ils refteroient toute leur vie dans la réfidence &
l'emploi qui leur auroit été affigné. L'effentiel,
c'eft de réduire tout à deux Congrégations, une
d'Hommes , une de Filles ; de leur donner une
Regle uniforme pour tout le Royaume, d'en exclure le célibat abfolu & les vœux fimples ou
folemnels.

Fin du premier Chapitre.

IDÉES
D'UN CITOYEN
SUR
LES BESOINS, LES DROITS,
ET LES DEVOIRS
DES VRAIS PAUVRES.

CHAPITRE SECOND.
PRATIQUE.

ARTICLE PREMIER.
Des Ministres de la Charité patriotique.

§. I.

De la Commission générale du Conseil du Roi.

S'IL s'agit de réaliser nos *idées* sur l'Administration de l'Aumône universelle, chrétienne
& patriotique, le premier établissement fonda-

mental fera celui d'une Commiſſion générale du Conſeil du Roi, qui formera le centre de toutes les opérations relatives à la bienfaiſance publique. Nous ne balancerions point à lui donner pour Chef le Roi lui-même, préſumant de ſa bonté, qu'il daigneroit l'honorer de ſon auguſte préſence, du moins quelques fois, tous les ans, & dans les circonſtances les plus importantes. Il ne faut que ce trait de bonté de la part du Maître, pour aſſurer tout le ſyſtême, & pour en faire un objet d'amour & de reſpect. Les momens que Sa Majeſté voudra bien donner aux Aſſemblées qu'elle fera célébrer ſous ſes yeux, feront une ſource intariſſable de biens : c'eſt le Privilege des Rois, & ſur-tout des nôtres, que leurs bonnes œuvres en produiſent des millions d'autres, par l'émulation qu'inſpirent leurs exemples.

N°. I.

Les Aſſemblées ordinaires de cette Commiſſion univerſelle feroient compoſées des Membres ſuivants, dont il ne nous appartient pas de regler les rangs, nous imaginons même que dans le cas où l'étiquete de la Cour ne les auroit pas déterminés, ces perſonnes ſi reſpectables, ou ne penſeroient point du tout à ce futil honneur du pas, ou qu'ils s'accorderoient facilement enſemble, tous occupés du bien général de l'Etat, &

de ses Sujets indigens, plus que de la chimere des prééminences. L'esprit qui commence à regner de plus en plus en France , apprend à tous les hommes , qu'on est toujours respectable & respecté , quand on se rend utiles , quand on se montre bienfaisants ; que la jalousie des distinctions, l'amour excessif des différences extérieures, la morgue & la pédanterie des dignités, ne servent qu'à rendre ridicules ou haïssables.

Quoi qu'il en soit de l'étiquete (que nous devons respecter autant que l'exige le véritable esprit d'une Monarchie dont les honneurs sont un des grands ressorts ; mais que le Gouvernement sait allier avec les intérêts plus importans, ou dédaigner même quand il le faut) la Commission universelle doit renfermer pour l'Etat ecclésiastique , les Grands & Premiers Aumôniers , (l'Héritier présomptif du Trône, comme Grand Maître des Ordres Hospitaliers , honoreroit ces Assemblées de sa présence , lorsque le Roi daigneroit les illustrer de la sienne) ; deux premiers Officiers de l'Ordre de Saint Lazare , & le Chef de l'Ordre Canonial qui feroit les fonctions de Secrétaire de la Commission : pour l'Etat Civil , quelques-uns des Ducs & Grands Titrés, un des Ministres du Roi, deux Intendans Généraux des Finances, des Conseillers d'Etat , & des Maîtres des Requêtes en nombre suffisant.

Cette Commiſſion auroit des ſéances réglées; les Conſeillers d'Etat & Maîtres des Requetes ſe partageroient les Départemens , en diviſant entr'eux les Commiſſions de Parlemens, pour correſpondre, les uns avec les Magiſtrats de la Juſtice civile , les autres avec ceux de l'adminiſtration municipale. Les Prélats Aumôniers de la Famille Royale ſeroient chargés de la correſpondance avec les autres Evêques, les Officiers de l'Ordre de St. Lazare avec les Commandeurs , & le Chef de l'Ordre canonial avec les Supérieurs diocéſains. Chacun faiſant ſon rapport à la Commiſſion univerſelle , chaque objet ſeroit conſtaté par cinq témoignages différens ; & par la même harmonie, chaque Réglement général de la Commiſſion ſeroit intimé par-tout, & de cinq manieres différentes ; enſorte que jamais on ne peut compter ſur la vérité & ſur l'exactitude, ſi la régie de la Commiſſion générale , ainſi combinée , ne la procuroit pas.

N°. II.

Nous avons établi dans chaque Paroiſſe un Intendant des Pauvres , que nous ſuppoſons être-le Syndic, comme Officier municipal ; c'eſt à lui que ſeroit confiée la caiſſe de chaque Bureau paroiſſial. Ses Comptes & l'Adminiſtration du Bureau particulier ſeront inſpectés quatre

fois chaque année, par l'Evêque ou l'Archidiacre, par le Commandeur de St. Lazare,
par le Juge, par le Supérieur de l'Asyle diocésain. Le Syndic donneroit donc, par une
triple correspondance, l'état de sa régie.

Premiérement, au Bureau diocésain ; secondement, à la Commission parlementaire ; troi-
siémement, à la Commission universelle, &
ce pour le moins tous les trois mois. Le Syndic,
comme Officier municipal, corresponderoit
avec un des Conseillers d'Etat de la Commission, dans le département duquel il seroit placé.
Le Juge communiqueroit de même ses Procès
verbaux aux trois Sieges supérieurs ; un Con-
seiller d'Etat ayant le département local & la
correspondance de la Magistrature, en rendroit
compte à la Commission ; le Commandeur de
Saint Lazare au Chancelier de cet Ordre ; l'Archidiacre ou le Sécrétaire de l'Evêché, à M. le
Grand Aumônier de France, & le Supérieur de
l'*asyle* Diocesain à celui de tout l'Ordre Canonial.
Chacun auroit donc un Bureau de Correspondance sous le contre-seing du Ministre pour af-
franchir tous les paquets. Les cinq Bureaux particuliers auroient à cet effet leurs regiftres en
regle dans lesquels s'inscriroient tous les actes
de la Correspondance mutuelle. La Commission
générale auroit en outre le sien où seroient ins-

crits les rapports faits par extrait de chaque
Correſpondance, & les délibérations y relatives.

Quoique nous établiſſions une eſpece de correſpondance directe de chaque Bureau paroiſſial avec la Commiſſion générale du Conſeil,
elle ne ſera cependant que pour la réception de
la copie des comptes, de même que pour celle
des procès-verbaux : quant aux explications à
demander, & aux ordres à donner, c'eſt par
les Commiſſions générales des Parlemens, &
par les Bureaux diocéſains qu'elles doivent
paſſer, afin d'entretenir l'ordre & la ſubordination.

Notre idée fondamentale eſt que toute recette
ſoit faite au nom de la Commiſſion générale,
mais de proche en proche. Pour la réaliſer, il
faut que cette Commiſſion faſſe compter de
Clerc à Maître les Commiſſions particulieres,
celles-ci feront compter les Bureaux diocéſains,
& ces derniers le Bureau Paroiſſial : tout de
même pour la dépenſe.

La Commiſſion générale recevra toutes les
obſervations rélatives à l'adminiſtration de l'aumône univerſelle ; elle en demandera, quand
elle le trouvera néceſſaire, la vérification aux
aſſemblées inférieures ; enfin elle fera des Réglemens généraux pour la police, & quand il

le faudra, ces Statuts feront érigés en Loix publiques, fur fes remontrances.

§. I I I.

Des Commiſſions provinciales.

Sous l'autorité de la Commiſſion univerfelle du Confeil du Roi, nous propofons d'établir dans chacune des Villes du Royaume où réfident les Cours de Parlement, une Commiſſion particuliere pour le Reſſort ; nous y comptons pour Membres les Premiers Préfidents, Procureurs & Avocats Généraux de chacune des Cours Souveraines, avec deux ou trois Députés ; les Archevêques, & quelques Evêques, ou des Eccléfiaftiques pour les repréfenter en leur abfence, choifis parmi les Confeillers Clercs ; quelques Gentilshommes nommés par le Gouverneur de la Province ; les Officiers Municipaux de ces mêmes Villes ; un Commandeur Grand'Croix de l'Ordre de St. Lazare ; & un Vifiteur & Supérieur Majeur de l'Ordre Canonial.

Les opérations de cette Commiſſion feroient les mêmes dans fon Reſſort que celles de la Commiſſion générale dans tout le Royaume ; fa premiere Correfpondance feroit immédiate-

ment avec les Bureaux des Diocèses qui lui seroient soumis, & médiatement avec les Bureaux
particuliers des Paroisses ; la seconde avec la
Commission du Conseil : on sent que les Députés du Parlement seroient chargés de l'entretenir pour la partie de la Magistrature civile, un
des Officiers municipaux pour la sienne, &
ainsi des autres, comme nous l'avons expliqué
ci-dessus ; chacun enrégistreroit dans ses Livres
authentiques, les Actes de cette correspondance, Lettres, Comptes, Mémoires, Rôles &
Procès-verbaux de visite, & feroit son rapport
à la Commission ; les Extraits & les Délibérations y relatives, y seroient aussi régulierement
inscrites, signées & paraphées dans des Registres en forme : un des Officiers municipaux fai-
sant les fonctions de Secrétaire.

Après avoir reçu de tous Bureaux Diocésains
le compte de Clerc à Maître, la Commission
établie pour le ressort de chaque Parlement le
rendroit de même à la Commission générale,
en y ajoutant tout ce qu'elle auroit immédiatement perçu ou dépensé.

C'est à cette Commission que les Bureaux
Diocesains adresseroient leurs observations &
leurs demandes sur les cas extraordinaires & sur
les difficultés qui peuvent survenir journelle-

ment , c'eft d'elle qu'ils en recevroient la décifion au moins provifoire , qui s'exécuteroit jufqu'à ce que la Commiffion univerfelle en eût ftatué dans le cas où les Bureaux croiroient être obligés d'y recourir. Par la même raifon tous les Réglemens généraux émanés de la premiere Commiffion toutes les demandes qu'elle auroit à former , ne pafferoient aux Bureaux Diocefains , que par la Commiffion intermédiaire.

§. III.

Du Bureau Diocefain.

En chaque Ville Epifcopale feroit établi , fuivant nos idées , un Bureau général de bienfaifance patriotique compofé desMembres fuivans: pour l'Etat Eccléfiaftique , l'Evêque , l'Archidiacre , deux Chanoines & deux Curés à ce délégués , le Commandeur de l'Ordre de Saint Lazare , le Supérieur des Chanoines établis dans *l'afyle* : Pour la Nobleffe , les Lieutenans des Maréchaux de France , & deux Gentilshommes par eux nommés : pour la Magiftrature civile , le Sénéchal ou Bailli , un Juge député du Siege , le Procureur du Roi. Pour la Magiftrature municipale , le Maire de Ville , un Echevin ou Conful , le Syndic ou Procureur de l'Hôtel-de-Ville. Dans ce Bureau , le Supé-

rieur de l'afyle feroit les fonctions de Secrétaire , le Syndic ou Procureur de la Ville celle
de Caiffier.

Les affemblées fe tiendroient régulierement
toutes les femaines. 1°. Pour les affaires immédiatement affectées au Bureau même. 2°. Pour
la correfpondance avec la Commiffion de la Province. 3°. Pour la relation continuelle avec les
Bureaux des Paroiffes. Nous avons établi que
le Siege Diocefain feroit feul Juge des befoins
de la Nobleffe & de la haute Bourgeoifie réduites à l'indigence ou totale , ou partielle ,
ou tranfitoire , ou permanente ; qu'il fervi-
roit de Pere aux Orphelins des deux fexes nés
dans les premieres claffes des Citoyens ; qu'il
pourvoiroit à l'éducation de tous fans exception ; qu'il aideroit principalement pour cet objet les Parens vraiment pauvres, rempliffant par
tout d'une maniere plus générale & moins coû-
teufes les vues bienfaifantes qui dicterent au feu
Roi l'établiffement de Saint Cyr , & à Louis *le
Bien-Aimé* celui de l'Ecole Militaire. Le même
Bureau recevroit auffi par lui même les contributions des Citoyens les plus riches qui feroient
chaque années des offrandes volontaires , principalement celles du Clergé féculier & régulier,
de la Nobleffe & de la Magiftrature. Les Membres du Bureau donneroient fans doute l'exem-

ple. Il feroit tenu par le Secrétaire & le Caiſſier un regiſtre en bonne forme de cette adminiſtration immédiate dont le compte ſe rendroit très exactement tous les trois mois à la Commiſſion Provinciale. L'Evêque ou l'Archidiacre, le Sénéchal ou Bailli, le Commandeur de S. Lazare & le Chanoine ſupérieur de l'aſyle, viſiteroient chacun de leur côté tous les ans les Penſionnats où l'on éleveroit les enfans du Bureau Dioceſain ; & dans les viſites on conſtateroit l'exiſtence des Vieillards ou Infirmes des deux ſexes qu'il entretiendroit, par un article ſéparé du Procès verbal de chaque Paroiſſe dont ils feroient l'inſpection, le Juge des lieux ſuppléant le Sénéchal ou Bailli pour ceux qui ſeroient domiciliés à la campagne. L'aſile Dioceſain eſt encore un objet immédiatement ſoumis à ce Bureau, dont nous parlerons plus bas *ex profeſſo*.

Nous avons dit que toute régie des fonds, Fermes & réparations ſe feroient par le Bureau dioceſain, éclairé par les viſites & par les relations du Bureau paroiſſial, qui lui ſerviroit d'Agent, de Correſpondant, de Receveur, mais à charge de rendre un compte exact : c'eſt la premiere partie de cette correſpondance. Il eſt auſſi dans nos *idées* que le même Bureau dioceſain regle tout ce qui concerne les penſions des Invalides abſolus, les ſecours généraux néceſſaires à tous les Malades, & que la dépenſe ſe faſſe en ſon nom & par ſes ordres : c’eſt le ſecond objet de rélation.

Enfin, tout ce qu’on vient d’expliquer ci-deſſus, & tout ce qu’on dira dans la ſuite, fait aſſez comprendre en quoi conſiſtera la dépendance & l’enchaînement du Bureau diocéſain avec la Commiſſion provinciale. On ſent qu’il nous eſt impoſſible de ne pas revenir ſouvent ſur les mêmes objets, nous voulons être clairs & utiles, s’il ſe peut ; ce n’eſt pas ici le cas de craindre les répétitions. Ce n’eſt pas un Ouvrage d’agrément que nous écrivons : c’eſt un ſyſtême de politique & de bienfaiſance que nous voulons développer & faire adopter. Dans la *Théorie*, nous ne voulions qu’inſtruire & perſuader : dans la *Pratique*, nous ne deſirons que mettre parfaitement au fait de toute la machine qui doit réſulter de l’accompliſſement de nos idées. Ceux qui ne cherchent dans les Ouvrages qu’à s’amuſer, & qui veulent qu’on mette tous ſes ſoins à leur plaire par une élegance recherchée, doivent renoncer pour toujours à nous lire. *Emolumentum potiùs in perpetuum, quàm ludicrum ad tempus :* c’eſt la deviſe que nous avons priſe de-puis long-tems d’après Thucydide, & que nous tacherons de conſerver.

Les Membres des Bureaux diocéſains auront
leur.

leur département, suivant leur état, comme
dans les deux Commissions supérieures; l'Archidiacre, la correspondance avec les Curés;
le Sénechal, celle des Juges; le Chef des Officiers municipaux, celle des Syndics de Paroisse;
le Commandeur de St. Lazare, celle de son
Commissaire; enfin le Superieur de l'Asyle,
celle du Maître & de la Maîtresse d'Ecole. Ils
en feront leurs rapports; & chacun dans son
district intimera les ordres du Bureau diocésain
aux Membres respectifs du Bureau paroissial : de
même chacun d'eux entretiendra le commerce de
lettres & d'actes avec la Commission provinciale, par l'entremise de son Supérieur particulier.

Dans les Villes un peu considérables, qui ne
font point Episcopales, on déléguera deux ou
trois Membres de chaque Bureau Paroissial,
pour en composer le Bureau *général* de la Ville,
chargé de pourvoir aux *besoins* des Pauvres
étrangers sains ou malades.

§. I V.

Du Bureau paroissial.

Il est aisé maintenant de prévenir tout ce que
nous avons à dire sur le Bureau paroissial. Le
Curé doit y présider, en son absence le Vicaire le représente, avec voix délibérative;
mais en sa présence, il n'a que le quatrieme
rang, avec voix consultative seulement; le

Prat. B

Seigneur ou fon Repréfentant, le Juge & le Procureur fifcal; le Syndic de la Paroiffe, le Commiffaire de l'Ordre de St. Lazare & le Maître d'Ecole : tels font les Membres délibérans. Des Hommes & des Femmes notables, avec la Maîtreffe d'Ecole, font préfens & confultans, comme chargés des opérations & des détails des œuvres de miféricorde, ainfi que de la confervation des effets que le Bureau prêteroit aux Pauvres malades.

Il eft néceffaire d'entrer ici dans une difcuffion rélative aux Officiers de Juftice. Une de nos *idées*, dont l'utilité ne fe borne pas à l'objet de la bienfaifance univerfelle, mais qui fert comme de pivot à plufieurs de nos fpéculations politiques, feroit d'obliger les Juges, Procureurs fifcaux, Greffiers - Notaires & Sergens de chaque Juftice, à réfider perfonnellement dans leur reffort : nous aimerions mieux diminuer le nombre des Gens de Loix, dont les Villes font furchargées. Ces Officiers ne font, dans les Cités, que des Bourgeois oififs, eux & toute leur famille; à la Campagne, ils fourniroient des Cultivateurs & de bonnes Ménageres ; ils engraifferoient nos champs, & rendroient nos Bourgs plus vivans & plus agréables. C'eft le grand mal, dans le Royaume, ainfi que nous efpérons le démontrer, que nos Campagnes foient défertes, que tout le monde s'enterre dans les

Villes, parcequ'on n'a travaillé jufqu'ici que pour elles. Pour ne pas multiplier les êtres fans néceffité, ne pourroit-on pas, par exemple, rendre la juftice plus expéditive, fixer un terme précis pour les Jugemens, interdire les appels pour les petites fommes & les affaires de peu d'importance, en les faifant juger promptement, à peu de frais, & fouverainement dans les Villages, même par les Juges (qui n'en feroient pas moins foumis aux Bailliages, pour la difcipline intérieure, & pour la réception & l'obfervation des Loix, comme ceux-ci le feroient aux Cours de Parlement, quoique jugeant fans appel, des fommes & des affaires médiocres). Vous fupprimeriez les délais, les degrés de Jurifdiction & les frais énormes des Procédures ; les grands procès feroient feuls jugés en premiere & derniere inftance, par les Cours fouveraines; les petits par les Juges de Campagne, & les médiocres par les Sieges des Villes : c'eft l'objet important qu'on s'étoit propofé, en établiffant les Préfidiaux, & qu'on n'avoit fait qu'à demi. En retranchant ainfi plus de moitié des inftances, vous élaguez le nombre des Suppôts de Juftice; mais ceux que vous confervez pour les fixer en chaque Village, felon nos idées, peuvent fans inconvénient être appliqués à d'autres emplois. Rien n'empêche, par exemple, que le Notaire - Greffier foit en même tems le Receveur de tous les droits du Roi dans une Paroiſſe , & le Dépoſitaire de la caiſſe de charité ; que le Sergent ne ſoit en même tems le Maître d'Ecole , le Procureur fiſcal , le Syndic de la Paroiſſe; ils auroient aſſez de tems pour vaquer à toutes ces fonctions, & pour être encore de bons Cultivateurs , dont l'induſtrie rendroit les Campagnes plus floriſſantes.

Si le Gouvernement daignoit faire quelque attention à nos remarques ſur cet article important , on trouveroit encore une autre reforme à faire à cet égard , dans la diviſion même des Paroiſſes & des Juſtices. Le hazard ayant pour ainſi dire préſidé ſeul à l'établiſſement des Egliſes paroiſſiales , il eſt arrivé que , dans certains lieux , les Cures ſont d'une étendue ſi médiocre, que les Clochers ſe touchent , pour ainſi dire , & que cinq ou ſix Familles compoſent tout le Troupeau d'un Paſteur , qui quelquefois n'en eſt pas moins riche , tandis qu'ailleurs les Paroiſſes ſont des Diocèſes , & les Curés rançonnés par les gros Décimateurs & les impoſitions du Clergé , n'en ſont pas moins pauvres. Cette mauvaiſe diſtribution nuiroit ſans doute à tout projet de réforme politique , ſoit pour la juſtice , ſoit pour la finance , ſoit pour les autres détails d'adminiſtration : la diviſion du Royaume par Paroiſſes étant la derniere de toutes , c'eſt celle qui méritoit le plus de ſoin , & c'eſt celle dont

le Gouvernement ne s'eſt pour ainſi dire jamais
occupé, ſuivant l'uſage ordinaire de l'inconſé-
quence françoiſe. Les Bureaux diocéſains & les
Commiſſions ſupérieures ſentiroient bientôt,
mieux que perſonne, la nature de l'abus, &
les moyens de le corriger; ils ſeroient plus à
portée d'obtenir du Gouvernement qu'il y mît
ordre. On trouvera ſans doute ſur ſon chemin
de petits intérêts particuliers pour leſquels de
mauvais Citoyens feront grand bruit : mais il
faut renoncer à l'eſpoir d'opérer aucun bien
réel, ſi l'on eſt dans la diſpoſition de prêter
l'oreille à de ſemblables criailleries.

La diviſion des Paroiſſes ſera donc un objet
d'attention & de réforme pour les Adminiſtrateurs de la bienfaiſance univerſelle & patriotique; c'eſt un ſervice eſſentiel qu'ils rendront
à toutes les autres branches du Gouvernement,
ſur-tout pour le ſyſtême de l'inſtitution publique, celui de l'ordre judiciaire & des deniers
royaux; rien ne ſera plus ſimple, plus juſte
ni plus facile que de réunir les Cures trop petites, & de partager les Paroiſſes trop grandes :
on trouvera quelques prétendues difficultés de
la part des Titulaires, des gros Décimateurs
& des Seigneurs hauts-Juſticiers; mais il eſt aiſé
de concilier leurs droits avec la réunion & le
partage; les tempérammens s'offrent d'eux

mêmes. Le petit dommage qui en doit réfulter, eft un malheur léger pour des Particuliers, l'opération eft un bien réel pour l'Etat ; il n'y a donc pas à balancer, fur-tout lorfqu'il s'agit de droits qui ne font pas fondés fur la Loi d'une propriété fi décidée que les autres poffeffions civiles, mais qui ne font que des émanations de l'autorité publique eccléfiaftique & civile, des portions détachées d'une grande maffe, dont l'intérêt général doit toujours prévaloir.

Les Paroiffes étant une fois ainfi fixées à une jufte étendue, nous concevons qu'un feul & même Juge peut en réunir plufieurs fous fon autorité, foit qu'elles dépendent de la même terre, comme il eft d'ufage pour les Seigneuries titrées, foit qu'elles appartiennent à divers Seigneurs qui n'auroient que le même Juge. Mais nous exigerions qu'il eût fa réfidence continuelle dans l'une de ces Paroiffes, & qu'il tînt régulierement fes féances dans les autres, furtout dans chaque Bureau de Charité alternativement. Pour le Procureur Fifcal s'il étoit Syndic, le Greffier-Notaire s'il étoit encore Receveur des droits du Roi, & l'Huiffier s'il étoit maître d'Ecole, il en faudroit toujours un par chaque Paroiffe ; trois Familles de Cultivateurs plus aifés & plus induftrieux feroient une conquête pour chacun de nos Villages. Toutes ces

idées feront mieux développées dans notre Ouvrage, *fur les Moyens politiques de perfectionner
l'Agriculture.* Nous en avons donné cette efquiffe
pour prévenir l'objection de ceux qui trouveroient le plan de notre Bureau Paroiffial trop
compliqué pour les petites Paroiffes de Campagne. Il eft tout naturel qu'une grande & antique Monarchie comme la nôtre, foit fondée fur
des loix admirables d'une part, & fouvent fur
la déraifon la plus complette de l'autre, c'eft
la fuite néceffaire des tems & des erreurs humaines. Mais il eft prefque impoffible de réformer une feule partie fans être obligé de toucher aux autres, à caufe de l'intime relation
qui doit régner entre tous les refforts d'un Etat
bien adminiftré. Plus on remonte aux premiers
& vrais principes d'une fage politique, plus on
voit que les effets fe répandent & fe développent dans diverfes portions de la machine.

Le Bureau Paroiffial veilleroit donc 1°. fur
les fonds & revenus appartenant directement
aux bonnes œuvres, qui feroient fitués dans la
Paroiffe, il en feroit le Régiffeur, l'Œconome,
le Receveur au nom du Bureau Diocefain. 2°.
Sur les biens & revenus Eccléfiaftiques de la
même Paroiffe, pour en faire diftraire immédiatement le *quart* au profit des pauvres, pour
le compte & de l'autorité du même Bureau

Diocéfain. 3°. A l'Œconomat gratuit de ces mêmes Biens vaquans en Régale pour le compte de la Caiffe générale, à la vente des effets, garde des deniers, & aux réparations moyennant un droit très modique. 4°. A la récolte des contributions volontaires des Citoyens qu'il folliciteroit. 5°. A la recette des impofitions faites pour les bonnes œuvres, telles que les trois deniers pour livre s'ils fubfiftoient, & autres femblables mifes ou à mettre ; c'eft le premier article de fa follicitude.

Secondement, le même Bureau veilleroit fur les meubles & uftenfiles appartenant à la Charité générale. Ce feroit à lui à les proçurer, les entretenir, les renouveller, ainfi que nous expliquerons plus bas. Il auroit la direction des Pauvres invalides, orphelins, voyageurs & malades, conftateroit & affirmeroit leurs befoins, leur adminiftreroit les fecours réglés par le Bureau Diocéfain, les repréfenteroit aux quatre vifites annuelles, & déféreroit les délinquans au Bureau Diocéfain, ou même en certains cas à la Juftice. Et pour tout dire enfin, le Bureau Paroiffial correfponderoit continuellement avec le Bureau Diocéfain, pour lui propofer tout ce qui feroit utile, & pour exécuter tous les ordres qui feroient émanés, foit de lui, foit des Commiffions fupérieures.

§. V.

Des Ordres Hospitaliers.

On a vu par l'enchaînement de nos idées, de quelle utilité feroient les Ordres Hospitaliers dans le Royaume. L'intérêt de l'Eglise & de l'Etat se joint au leur pour exiger qu'on les rétablisse dans leur antique splendeur.

N°. I.

L'Ordre de S. Lazare feroit donc composé de son auguste Grand-Maître, & de ses illustres grands Officiers qui feroient Membres de la Commission souveraine. Il auroit des Grands-Croix de deux sortes, les uns honoraires sans Commanderie effective, savoir tous les Premiers Préfidens & Procureurs Généraux des Parlemens ; les autres effectifs, un par chaque Province ou ressort de Parlement, distingué par une Croix en broderie sur la poitrine, qui feroit en même-tems Commandeur du Diocese dans lequel siegent les Parlemens & s'assemblent les Commissions Provinciales. Les Commandeurs non Grands-Croix feroient par conséquent au nombre de cent dix-huit, un par chaque Diocèse ; on leur formeroit un revenu certain & honnête pris sur la portion des revenus de l'Ordre Canonial, qui doit non-seulement toute espece de service, mais encore un dixieme quitte & net , aux bonnes œuvres , & qui ne peut mieux s'acquitter qu'en l'appliquant à consacrer au service des pauvres la Noblesse décorée de l'Ordre de S. Lazare. C'est pourquoi nous proposons d'unir & d'incorporer ces deux Ordres , comme nous l'allons expliquer plus bas , de réunir tous leurs Biens à la masse commune , & d'en tirer premierement les Pensions des Commandeurs.

Leurs fonctions seroient d'assister aux Assemblées du Bureau Diocésain , avec voix délibérative d'y faire leur rapport de tout ce qui leur seroit mandé par les Commissaires des Paroisses , d'instituer eux-mêmes & de destituer ces Commissaires , de faire enfin tous les ans très exactement leurs visites dans le Diocèse , constater l'état des personnes , des biens & des effets appartenant à quel titre que ce soit au système général de la bienfaisance patriotique, on pourroit donner aux Commandeurs âgés ou incommodés des Chevaliers Coadjuteurs en future succession , avec une petite part de la pension. L'Ordre auroit son Conseil résidant auprès du Grand-Maître pour les réceptions & nominations , pour le maintien de la police , des regles & des honneurs du Corps.

N°. I I.

L'Ordre Canonial seroit , suivant nos idées ;

incorporé & foumis à l'Ordre de S. Lazare , & cette incorporation maintiendroit fa difcipline intérieure , fa force contre les attaques des jaloux de toute efpece qui l'ont tant défiguré , tant dépouillé. Les Commandeurs Eccléfiafti-ques de l'Ordre de S. Lazare formeroient auprès du Grand-Maître un Confeil, qui auroit fous les ordres de ce Chef augufte , l'admiftration & Sur-Intendance de l'Ordre Canonial.

Les Chanoines de l'Ordre de S. Auguftin auroient un Prépofé général (*Præpofitus* , c'eft le terme de la Regle) ; douze Prépofés Provinciaux , un par chaque Commiffion ; cent dix-huit Prépofés Diocéfains , un par chaque Diocèfe. Chaque Prépofé auroit au moins fix Chanoines Prêtres pour l'adminiftration fpirituelle de *l'afile* Diocéfain , ainfi que nous l'expliquerons plus bas. Les femmes de ce même afile auroient pour adminiftratrices au moins fix Chanoineffes fous la Jurifdiction immédiate d'une Prévote , & médiate du Prépofé.

L'introduction des Commandes ayant fait paffer depuis long-tems une partie des Biens de l'Ordre Canonial entre les mains du Clergé Séculier , qui convoite le refte & ne cherche qu'à s'en emparer , nous lui ferions jetter des cris trop aigus , fi nous lui propofions de reftituer :

nous aurions beau dire qu'il s'agit de rendre à cet Ordre son utilité primitive , le moyen de persuader à tant d'Abbés Commandataires si riches & si oisifs , que l'utilité ou l'inutilité doive influer sur la distribution des revenus Ecclésiastiques. Il vaut donc mieux laisser son manteau, pour sauver au moins, s'il se peut, la tunique de l'avidité des Commandataires & des Exacteurs.

Les Biens des Abbayes & des Prieurés à la nomination du Roi , qui font actuellement en Commandes , doivent être partagés premierement en quatre parties , afin qu'on préleve le *quart* qui appartient aux pauvres dans tous les revenus Ecclésiastiques. Sur les trois quarts restant, il faut prélever encore un dixieme pour les bonnes œuvres , l'Ordre Canonique le doit. Par conséquent de quarante parties de revenu , c'est onze privilégiées. Les vingt - neuf autres doivent se partager en trois portions , une pour le Commandataire valant neuf parties & deux tiers , une autre pour les charges valant également neuf parties & deux tiers ; enfin une troisieme quitte de charges pour la Communauté , valant aussi neuf parties & deux tiers : par conséquent le Commandataire chargé de tout , ne doit avoir à sa disposition que dix-neuf parties & un tiers sur quarante. Soyons généreux une fois pour tout , partageons par égalité , donnons à chaque Abbé ou Prieur Commandataire précisément la juste moitié des fonds ; déchargeons-le des entretiens & réparations qu'il doit sur l'autre moitié , ce qui forme un objet très considérable ; que l'autre moitié sauvée du naufrage soit dévolue à la Caisse générale de l'Aumône patriotique , & régie comme tous ses autres biens par tout où elle se trouvera , qu'elle soit quitte par conséquent de toute imposition & taxe Ecclésiastique sous quelque nom & prétexte que ce soit. Que cette attribution des revenus de l'Ordre Canonial une fois faite à la Caisse universelle de bienfaisance, jointe aux services réels des deux Ordres , soit le titre irrévocable & imprescriptible , en vertu duquel ils recevront des honoraires convenables pour vivre suivant leur état.

Nous croyons que le plus simple est de fixer ces Pensions des deux Ordres par marcs d'argent fin au titre de Paris. Supposons , par exemple, le marc à 50 livres , nous proposons pour les Commandeurs Grands Croix de Saint Lazare , soixante marcs valant mille écus ; pour les Commandeurs particuliers , quarante-huit marcs valant deux mille quatre cens livres payables en espece tous les trois mois , sans impôt , ni retenue ; pour les Préposés Provinciaux de l'Ordre Canonial, autant que pour les Grands Croix ; pour les Prépofés Diocéfains, autant que pour les Commandeurs. Nous en adjugeons à chaque Chanoine de l'afile & aux Chanoineffes vingt ; pour les Eleves de l'Ordre, dont nous parlerons tout-à-l'heure, dix - huit ; & pour les Maîtres ou Profeffeurs vingt-quatre.

Chaque Chanoine ou Chanoineffe contribueroit pour fa part à la table commune & à l'entretien de la Maifon. Chacun s'habilleróit du furplus fuivant les Réglemens de l'Ordre. Dans le for intérieur, il ne faudroit prendre que le néceffaire, & reftituer à la Caiffe de la Charité, par forme d'aumône, tout le fuperflu ; c'eft à la confcience de chacun des Membres de ces deux Ordres qu'il appartiendra de fe juger à cet égard & de pourvoir à fon falut. A mefure que le marc d'argent augmenteroit de prix, il faudroit fuivre cette révolution, tout le monde en fent la raifon & la néceffité.

Il fera néceffaire d'élever les jeunes Chanoines, depuis le moment où ils fe deftinent à l'état, jufqu'à ce qu'ils foient capables de fervir dans les afiles fous les ordres du Prépofé, pour devenir enfuite Curés, ou Prépofés & Maîtres ; comme auffi de retirer les anciens Pafteurs, & les entretenir dans leur caducité. Les jeunes

Eleves feront reçus à feize ans , mais fans engagement , & placés dans des Colléges réguliers que l'Ordre fe procurera dans les principales Villes d'Univerfité , un ou deux pour chaque Province , où ces jeunes Clercs ayant 18 marcs de revenu , payeroient penfion , & s'entretiendroient. Là fous l'autorité d'un Prieur & des Maîtres néceffaires, ils apprendroient toutes les fciences Eccléfiaftiques préparatoires aux faintes fonctions. Ils ne s'engageroient dans l'Ordre , qu'en recevant le Sous-Diaconat à vingt-deux ans révolus ; alors ils feroient envoyés dans les afiles de leur Province , à mefure qu'il y auroit des places pour y apprendre la pratique du miniftere fous le Prépofé. On leur donneroit à leur tour les Cures régulieres vacantes dans la Province , qu'il n'appartiendroit qu'à eux feuls de remplir ; mais fuivant le privilege de l'Ordre Canonial , qu'il eft très important de ne pas perdre , quoique la Jurifprudence moderne ait voulu le défigurer , ils feroient propres à toute efpece de Bénéfice Eccléfiaftique , dès qu'ils auroient atteint l'âge de trente ans.

Les Chanoines ainfi conftitués dans les Bénéfices particuliers , payeroient fuivant l'efprit de l'Ordre , les Canons & les Ordonnances , dans le for extérieur , la dixme de leur revenu particulier ; c'eſt-à-dire qu'ils ſeroient obligés de porter à la Caiſſe de l'Aumône , autant qu'ils ſeroient taxés aux impoſitions ordinaires du Clergé , cette redevance les acquitteroit de l'éducation qu'ils auroient reçue très gracieuſement & aux frais de la maſſe générale , elle leur acquerroit le droit d'une retraite douce & ſans contrainte dans les aſiles , dès que leur âge ou leurs infirmités la rendroient néceſſaires ; alors leur Penſion y ſeroit de vingt-quatre marcs.

Quant aux Chanoineſſes , nous ne voudrions de leur part que des vœux ſemblables à ceux de l'Ordre de S. Lazare ; mais nous ne penſionnerions que celles qui vivroient actuellement dans les Maiſons régulieres des aſyles & dans l'exercice des bonnes œuvres.

On nous prévient ſans donte ſur le choix des Membres que nous deſtinons à l'Ordre Canonial ; c'eſt une reſſource certaine & très honorable que nous préparons à la pauvre Nobleſſe des deux ſexes , principalement à ceux que le Bureau Diocéſain feroit élever en tout ou en partie ; ceux qui ſe deſtineroient à la vie Eccléſiaſtique & Religieuſe , ſeroient nommés par le Bureau même pour remplir les places d'Eleves ſuivant la néceſſité , le Bureau les préſenteroit au régime de l'Ordre Canonial , qui les

accepteroit

accepteroit fous le bon plaifir de M. le Grand-Maître & de fon Confeil Eccléfiaftique ; les Demoifelles pauvres feroient préfentées de même pour Eleves des Chanoineffes, & feroient formées dans chaque afyle par la Pré-vôte & les anciennes.

Les Regles, les Statuts & les prérogatives de cet Ordre, feroient affortis à l'état de fes Membres, c'eft l'ancien efprit de fon Inftitut. Le titre de Chanoine a toujours été une diftinc-tion d'honneur : la jaloufie des Moines & des Prêtres Séculiers s'eft efforcée vainement d'obf-curcir fa fplendeur, en voulant le confondre avec eux. Les Loix civiles & canoniques ont toujours veillé à fa confervation. Par une bifarrerie très inconcevable, plufieurs foi-difants Réforma-teurs, infpirés par des confeils mal-intention-nés, fe font prêtés à le dégrader en le ren-dant inutile & en prétendant l'avilir fous pré-texte de fa régularité. Le régime de quelques Congrégations n'avoit que trop adopté ces idées abfurdes & injuftes, en mettant pour ainfi dire toute fon étude à s'affimiler aux Ordres Monaftiques & Mendians. Ce n'eft point l'état des Chanoines de S. Auguftin, qui font, fui-vant tous les principes du Droit Canonique, effentiellement Membres de la Hiérarchie, égaux par conféquent à tous les autres Mi-

Prat.   C

niſtres de l'Egliſe , qui ſe qualifient de Séculiers.

C'eſt une ſinguliere idée que celle des Prêtres & des Canoniſtes , qui prétendent que les
Chanoines de S. Auguſtin ſe ſont dégradés dans
le onzieme ſiecle, parceque depuis cette époque,
ils ont proteſté ſolemnellement qu'ils renon-
çoient aux ſucceſſions de leurs Parens , pour s'en
tenir aux revenus de l'Egliſe. Tout le monde
convient que les Chanoines vivant ſous la regle
d'Aix-la-Chapelle , étoient la portion la plus
diſtinguée du Clergé de France. Ces Chanoi-
ſtes faiſoient vœu de ſtabilité dans leurs Monaſteres , & ne pouvoient l'enfreindre ſans apoſ-
taſie, ils devenoient par la déſertion Prêtres Ace-
phales, & les Capitulaires les condamnoient à la
dépoſition & à la priſon. Dans leurs Monaſteres
ces Chanoines avoient un cloître , un réfectoire , un dortoir commun ; ils avoient des Maîtres pour les former aux Sciences Eccléſiaſtiques, on les envoyoit dans les Cures , & on les
en retiroit. Il eſt vrai que la Loi de l'Egliſe & de
l'Etat leur permettoit de recevoir les Succeſſions
& d'adminiſtrer leur patrimoine en les exhor-
tant cependant à y renoncer plutôt , ou du
moins à n'en uſer que pour de bonnes œuvres.
Dans le onzieme ſiecle , les Maiſons de cet
Ordre ſi reſpectable ſe partagerent en deux eſ-

peces ; les uns retinrent précifément tout ce qu'avoient les Chanoines d'Aix-la-Chapelle ; ils y ajouterent la renonciation formelle aux Succeffions , que les anciennes Loix Eccléfiafti-bues recommandoient très-fortement fans la prefcrire. Eft-ce donc là une raifon pour fe dé-grader ? Quelle perfection , quelle dignité donne donc aux yeux de l'Eglife & de l'Etat , la licence qu'un Prêtre s'arroge de joindre un revenu patrimonial à ceux de fes Bénéfices. Les Canons difoient expreffément que de renoncer à toute propriété , c'étoit imiter les Apôtres & fe rendre comme eux plus dignes du faint Miniftere , plus propres aux fonctions de la Hiérarchie. Les Chanoines qui les ont crus , ne fe font donc point privés par-là de leur deftination à ces emplois de la follicitude paftorale ; on ne l'a jamais cru pendant fix fiecles entiers , jufqu'au Concile de Trente qui rend hommage à cette vérité. Il étoit réfervé à notre âge & à notre Nation d'imaginer que cette imitation de la vie apoftolique , cet empreffement à fuivre les Canons , étoit une tache & un empêche-ment pour les dignités du miniftere , comparable aux irrégularités & aux crimes : tant il eft vrai que le fol orgueil & l'avidité font abfurdes & inconféquens ! Des Eccléfiaftiques d'Aix-la-Chapelle , ceux qui ont confervé le droit des ſucceſſions contre les conſeils de l'Egliſe , ſont devenus par cette diſtinction les ſeuls , les vrais Chanoines, quoiqu'ils n'aient plus rien de ce qui conſtituoit les Anciens , ni cloître , ni réfectoire, ni dortoir commun, ni engagement, ni vie religieuſe ; le droit de ſucceder leur tient lieu de tout & les conſtitue en dignité. C'eſt un ridicule ſi complet , qu'il n'a beſoin que d'être expoſé pour ſe faire ſiffler de tout homme de bon ſens.

Nous imaginons , au contraire , qu'il eſt de l'intérêt public d'interdire aux Chanoines le droit d'altérer les ſucceſſions paternelles , dès qu'il ne les rendroit pas moins poſſeſſeurs des Bénéfices Eccléſiaſtiques ; nous croyons que la deſapropriation eſt une vertu, ſuivant l'Evangile , ſuivant l'exemple des Apôtres & les Canons , & nous en concluons que les Chanoines qui renoncent aux Héritages , n'en ſont point dégradés ; qu'étant par leur état membres de la Hiérarchie , leur déſapropriation ne les rend que plus diſpoſés à les bien remplir. Que les enfans de la Nobleſſe pauvre qui ſe deſtineront à l'Etat Eccléſiaſtique , ſeront bien élevés dans des Colleges réguliers, bien formés aux emplois Eccléſiaſtiques dans des aſyles , & qu'ils formeront de bons Miniſtres dans tous les Bénéfices. C'eſt pour l'utilité de l'Egliſe & de l'Etat , que nous reclamons pour eux ces privileges.

Nº. III.

Nous avons parlé des Ordres Hofpitaliers deftinés aux fonctions fubalternes, & nous avons expliqué nos idées fur leur confervation. A la bonne heure qu'on ait une ou deux efpeces d'Ecoles régulieres pour chaque fexe, où l'on éleve ceux qui fe deftinent aux fonctions de Maître d'Ecole & d'Hofpitaliers dans les Paroiffes : mais qu'on ne reçoive plus de vœux folemnels de ces Laïcs qui ne font point faits pour les emplois de la Hiérarchie. Placez d'abord ceux dont les engagemens font formés & irrévocables ; mais à l'avenir n'en fubftituez point d'autres qui foient ainfi liés. Que dans ces Ecoles on leur apprenne à travailler de leurs mains à l'Agriculture furtout & au Jardinage , à montrer aux Enfans la lecture, l'écriture, le calcul fimple , le catéchifme , & tout ce qu'on jugera convenable aux Enfans du Peuple. Si l'on adopte notre idée d'en faire les Huiffiers des Juftices fubalternes, il faudra leur inculquer auffi le protocole des Sergens , ce qui n'eft pas difficile ; & enfin un peu de plain-chant pour le fervice du Lutrin , fonction ordinaire des Magifters de Village ; mais furtout les traitemens des pauvres Malades. Les Maîtreffes d'Ecoles peuvent auffi être formées dans de femblables Maifons.

d'Inftitution. La coutume en eft établie dans plufieurs Diocèfes, il faut la rendre plus générale & l'affermir par de bons réglemens fur cette éducation, que la bonne politique doit regarder comme très importante. Nous recommandons que pour le falaire de ces Maîtres & Maîtreffes, on donne par préférence des terres & des héritages qu'ils cultiveront. Nous leur laiffons la liberté de fe marier; nous les y exhortons même, & leur confervons leur emploi avec plus de plaifir. Chaque Maifon d'Inftitution pour un fexe ou pour l'autre, doit être fous l'autorité du Bureau Diocéfain, comme nous l'expliquerons dans nos *idées fur les Ecoles Nationales*; en attendant, nous rappellerons ici que les Maîtres & les Maîtreffes feront membres du Bureau Paroiffial & les exécuteurs de fes commandemens; les Maîtres correfpondant immédiatement avec le Chanoine fupérieur de l'afyle Diocéfain.

§. VI.

Des Chirurgiens.

Les Pauvres malades ont befoin des fecours de la Faculté. Ce n'eft pas l'ufage du Peuple de divifer en trois perfonnes l'office de guérir ou du moins de raffurer, foulager & confoler. Les riches des Villes font feuls en poffeffion d'attirer autour d'eux dans les cas d'infirmités, un Médecin, un Chirurgien , un Apothicaire. Les Anciens ne connoiſſoient point ce partage ; le même homme donnoit des conſeils ſur la nature de la maladie , faiſoit les panſemens , préparoit & adminiſtroit les remedes. La pratique en reſte dans nos Campagnes & parmi les Artiſans det Villes. Nous ne voyons nul inconvénient à la faire ſuivre par les Bureaux de Charité dans chaque Paroiſſe. Ils doivent penſionner un Chirurgien pour viſiter , ſoigner , panſer & médicamenter les pauvres Malades ; rien n'empêche qu'une même perſonne ne deſſerve à cet égard pluſieurs Paroiſſes voiſines , étant logé dans le centre ; c'eſt aſſez la méthode de nos Provinces.

Le Bureau Paroiſſial ſera donc conſulté, comme particulierement intéreſſé à l'établiſſement & à la réception des Chirurgiens , dans les lieux où ils veulent fixer leur réſidence. Il déterminera des honoraires à ceux qu'il aura retenus pour le ſervice des pauvres ; il leur paiera les médicamens & panſemens à un prix honnête & reglé par le Bureau Diocéſain. Dans les Villes où les Médecins ont coûtume de demeurer , le Bureau général pourra les exhorter à viſiter les Pauvres malades par Pa-

roiſſes ; c'eſt une œuvre de charité que les Doc-
teurs en Médecine exercent par tout très no-
blement ; l'eſprit de leur Corps étant de la regarder comme une obligation indiſpenſable de
l'Etat. Les Chirurgiens aiſés & bienfaiſans ſe
feront ſans doute un devoir & une gloire de
ſervir auſſi gratuitement les Pauvres, & de
laiſſer leur Penſion à la caiſſe de l'aumône.
C'eſt une généroſité qu'on peut accepter, pourvu que les Indigens ne ſoient point négligés
dans leurs ſouffrances : il vaut mieux payer
le Chirurgien, & qu'il faſſe bien ſon devoir,
que d'être obligé de diſſimuler ſes fautes, parcequ'il ne recevroit point de ſalaire.

ARTICLE SECOND.

Des Fonds de l'Aumône universelle.

§. I.

De l'Adminiſtration des Fonds.

LE principe fondamental de notre ſyſtême eſt, comme on voit depuis long-tems, que la caiſſe univerſelle fictivement établie dans la Commiſſion générale du Conſeil du Roi, ſoit ſeule cenſée propriétaire & même uſufruitiere de tous les biens, fonds, revenus, préſens, offrandes journalieres, taxes & impôts, dont le produit eſt deſtiné à remplir les *beſoins* réels des vrais Pauvres. La premiere opération, d'où dépend tout le reſte, ſera donc de mettre légalement la caiſſe univerſelle en poſſeſſion imperturbable de tous ces biens. La ſeconde, de veiller à leur conſervation, leur entretien & leur amélioration. La troiſieme, de pourvoir, avec les formalités requiſes, à revêtir la Commiſſion d'une autorité ſuffiſante, pour ſuppléer, en cas de beſoin, à l'inſuffiſance des fonds & revenus certains & ſolides de la bienfaiſance patriotique.

Nº. I.

Il faudroit donc un Edit du Roi, par lequel Sa Majeſté formeroit la caiſſe univerſelle de la bienfaifance chrétienne & patriotique pour tout fon Royaume, & la mettroit à perpétuité fous la garde & direction de la Commiffion générale de fon Confeil, créé par le même Edit, pour être ladite caiffe régie fouverainement par la Commiffion fupérieure, mais en fon nom & fous fes ordres, par les Commiffions provinciales, par les Bureaux diocéfains & par les Bureaux de chaque Paroiffe, chacun en droit foi, fuivant leurs territoires refpectifs.

A cette caiffe ainfi créée feroient dévolus, par la Loi, premiérement, tous les biens, revenus, édifices & droits quelconques actuellement appartenans aux Etabliffemens pieux, Hôpitaux, Maladreries, Refuges, Hofpices, Maifons d'Orphelins, d'Enfans trouvés, d'Incurables & autres Lieux pieux, de quelque nature & condition qu'ils puiffent être. Secondement, tous les fonds ci-devant donnés aux Pauvres, & confacrés à leur fervice, qui auroient été détournés à d'autres ufages, dont Sa Majefté feroit un exprès commandement aux Commiffions & Bureaux de pourfuivre la reftitution, & à toutes fes Cours de l'ordonner, nonobftant toute prefcription & toute deftination contraire, conformément à l'article 10 de la Déclaration de 1693, l'abus eût-il été confirmé par Lettres Patentes enrégiftrées, qui

feront déclarées nulles , comme obreptices &
fureptices ; permettant Sa Majefté à la Commiffion générale d'accorder des gratifications
& penfions annuelles proportionnées à ceux
qui mettroient les Bureaux à portée de revendiquer ces anciens patrimoines ufurpés fur les
Pauvres , avec déclaration formelle de nullité
de tous actes poffeffoires , notamment pour
prouver l'érection ou transformation des Hôpitaux en Bénéfice , à moins que les prétendus
Titulaires ne repréfentent le titre même de la
fondation en bonne & due forme , & que ce
titre ne porte bien expreffément l'érection de
l'Hôpital en Bénéfice ; finon , & par le défaut
feul de repréfentation du titre ou de fondation
expreffe d'un Bénéfice par icelui, ordonner que
tous les lieux où l'on prouvera que l'hofpitalité
aura été fondée ou exercée , ne feront en aucune maniere cenfés des titres de Bénéfices ;
les prétendus Titulaires condamnés à les reftituer aux Pauvres , avec tous les biens & fonds
en dépendant , conformément aux Canons &
aux Ordonnances.

Troifiémement , en vertu du même Edit , la
caiffe générale feroit déclarée propriétaire du
quart quitte & net de tous les revenus eccléfiaftiques du Royaume, de quelque nature qu'ils
puiffent être , dîmes , fonds , rentes & Seigneu-

ries. Il lui feroit ordonné, en conféquence, de veiller, par le moyen de chaque Bureau paroiffial, à la manutention & régie de ces mêmes biens, à leur entretien & réparation de la part des Titulaires, & à la perception immédiate du *quart* appartenant aux Pauvres, exigible dans le for extérieur ; mais fans préjudice des droits appartenans aux mêmes fur tout le refte dans le for intérieur : droits qui s'étendent à tout ce qui n'eft pas néceffaire aux Prêtres.

Quatriémement ; il feroit ordonné partage par moitié de tous les fonds & revenus dépendans des Abbayes & Prieurés de la nomination du Roi, de l'Ordre canonial de St. Auguftin, actuellement poffédés en Commande, pour être une moitié des biens réels laiffés à perpétuité aux Abbés ou Prieurs Commendataires, qui feroient déchargés des entretiens, réparations de l'autre moitié, mais refteroient feuls fujets aux impofitions & taxes du Clergé. Pareil partage en deux portions égales de tous les fonds appartenans aux Prieurés à fimple Tonfure, dépendans du même Ordre, pour être également une moitié poffédée par des Prieurs Commendataires, à la nomination des Abbés ou Prieurs royaux, foit que les Bénéfices fimples foient actuellement poffédés en

Regle ou en Commande : l'autre moitié chargée de fes propres réparations , mais entiérement quitte de tous décimes , dons gratuits & impofitions du Clergé , attribuée à
l'avenir à la caiffe de l'aumône générale , pour
être régie comme les autres biens des Pauvres ,
par les Bureaux de chaque Paroiffe, à la charge,
par la Commiffion générale , d'entretenir &
penfionner les Commandeurs de l'Ordre de St.
Lazare , les Chanoines & les Chanoineffes ,
ainfi qu'il a été ci-devant expliqué ; mais auffi
fous la condition refpective que les Chanoines
promus aux Bénéfices quelconques , foit réguliers , foit féculiers , dont ils feront déclarés
capables (fans préjudice de leur droit exclufif
aux Cures actuellement ou ci devant régulieres)
payeront chaque année à la caiffe générale
autant précifément que la recette diocéfaine
des décimes.

Cinquiémement , à la caiffe générale appar-
tiendront toutes les contributions volontaires
des Citoyens, de quelque claffe & condition
qu'ils puiffent être , foit qu'on les faffe aux
Commiffions fupérieures , foit qu'elles foient
recueillies par les Bureaux. A elle encore ap-
partiendront, comme aumône de Sa Majefté ,
tous les revenus des Bénéfices à la nomination
du Roi , actuellement dépourvus de Titulaires,

& par la fuite de cette conceffion, un pour cent feulement de toutes les fommes provenant des meubles & portions de revenus appartenans aux Titulaires décédés, pour falaire de la confervation & vente des mêmes effets, & de l'application privilégiée du prix aux réparations : le refte remis aux héritiers ou créanciers.

Sixiémement ; toutes les impofitions ci-devant établies pour le foulagement des Paüvres feront transformées en une feule taxe fur les Maifons, foit à la Ville, foit à la Campagne, qui fera réglée tous les trois mois par Lettres Patentes, conformément aux befoins que la Commiffion univerfelle aura démontrés au Roi & à fon Confeil ; & fera ladite taxe répartie par les Commiffions générales & provinciales, puis par les Bureaux diocéfains & paroiffiaux, comme nous l'expliquerons au n°. III.

Ces fix articles formeroient le total de la caiffe, & la mettroient néceffairement de pair avec la dépenfe, puifque le fixieme ne feroit que le complément des cinq autres.

N°. II.

La régie des biens attribués à la caiffe générale, feroit fans doute un objet immenfe, fi nous en chargions, d'une maniere fpéciale & diftincte la Commiffion générale du Confeil. Les efprits les plus vaftes & les plus attentifs n'y fuffiroient pas, en quelque nombre qu'on pût les raffembler dans ce premier Tribunal ; la fraude & la négligence fe glifferoient de toutes parts dans les opérations des Subalternes qu'il faudroit employer. Quand on tient le premier rang dans une grande Monarchie , pour préfider à quelque partie que ce foit de l'Adminiftration , dont les branches s'étendent par-tout, la plus pernicieufe de toutes les manies feroit de vouloir tout voir, tout opérer par foi-même : les Subalternes intéreffés ne manquent pas de l'infpirer à ceux dont ils ont la confiance , parcequ'elle favorife l'envie ridicule qu'ils ont de dominer par-tout en Maîtres abfolus , & qu'elle facilite mille petites manœuvres qui les enrichiffent. Il ne feroit peut-être pas moins dangéreux de laiffer chaque Bureau paroiffial le maître abfolu de l'Adminiftration ; cette extrêmité deviendroit fans doute auffi funefte que l'autre. C'eft par ces motifs que nous avons attribué la régie, proprement dite, des biens au Bureau diocéfain, fous l'infpection & les ordres des Commiffions fupérieures, & par le miniftere des Bureaux particuliers de chaque Paroiffe. Ce milieu nous a paru le plus convenable ; & dans toute Adminiftration politique, ce feroit peut-être une excellente méthode que de s'en rapporter ainfi, pour les détails, à des

[44]

Siéges intermédiaires, fervis par des Inférieurs,
mais dirigés & infpectés par des Supérieurs.
C'eft là que les lumieres font plus abondantes,
les objets mieux proportionnés, les fautes
moins faciles, moins communes, moins dangéreufes.

Le Bureau diocéfain fera donc l'Œconome,
proprement dit, de tous les revenus de fon
reffort; c'eft à lui qu'il appartiendra d'adjuger
les Fermes, de faire percevoir les rentes, de
pourvoir aux entretiens journaliers, aux réparations extraordinaires ou rénovations totales :
& pour cela, premiérement, dans les Archives
de ce Bureau feront dépofés les titres de tous
les fonds & revenus appartenans à l'aumône,
non-feulement en originaux, mais encore en
copies collationnées qui feront faites au Siége
Royal par les Officiers en Corps, & gratuitement : une de ces copies collationnées reftera
dans le Siege même, l'autre fera dépofée avec
les originaux dans les Archives, la troifieme
fera mife dans celle du Bureau paroiffial. L'ordre naturel fera de divifer par conféquent les
Archives du Bureau diocéfain par Paroiffes :
ce ne fera pas feulement pour les biens & revenus directement hofpitaliers, que le Bureau
paroiffial dreffera procès-verbal de ceux qui
exifteront dans fon territoire, contenant leur
nature

nature, leur état actuel & leur produit, mais encore ce fera pour les biens eccléfiaftiques, dont le *quart* appartient aux Pauvres.

Ainfi le Bureau paroiffial fera tenu, pour premiere opération, de comprendre tous ces biens quelconques dans fon procès-verbal, avec mention des Bénéfices dont ils dépendent ; il aura foin fur-tout d'y conftater la quotité à laquelle fe perçoivent les dîmes novales & autres femblables levées de fruits en nature.

Le Clergé trouvera pour lui-même un avantage dans les foins des Bureaux ; ils veilleront à conferver fes titres, fes biens, fes revenus, fes édifices, dont ils ne permettront point aux Titulaires de négliger les réparations. Tout le monde fent depuis long-tems que l'Eglife Gallicane perd beaucoup journellement, par la diffipation des titres, qui n'exiftent qu'entre les mains des Titulaires dont les héritiers fesdétruifent, par l'oubli ou la connivence des Fermiers, & par la coupable nonchalance des Poffeffeurs actuels à faire valoir & à réparer en bons peres de famille. Le Bureau paroiffial, intéreffé pour le quart, veillera férieufement à la confervation des titres; il aura droit d'en demander communication, & d'en faire tirer trois copies collationnées par le Siege Royal ; une pour demeurer au Siege même, une pour le Bureau diocéfain, une pour le Bureau particulier.

Prat.   D

Afin de vaincre la réſiſtance mal entendue de quelques Bénéficiers ou des Corps, on peut ordonner que nulle foi ne ſoit ajoutée en Juſtice à quelque titre que ce ſoit, produit par les Eccléſiaſtiques, à moins qu'au préalable il n'ait été collationné à cet effet, & que mention n'en ſoit faite ſur l'original ; comme auſſi, que nul Notaire ne pourra, ſous peine d'interdiction, collationner, inventorier ni extraire, & nul Procureur ou Huiſſier produire ni ſignifier nulle piece de ce genre, avant qu'au préalable elle n'eût été ainſi collationnée : c'eſt l'avantage du Clergé comme celui des Pauvres, de ſe prêter à cette opération. Le Juge, le Seigneur, le Curé, le Syndic de la Paroiſſe, le Commiſſaire des Pauvres, le Maître d'Ecole & les Notables ayant ſigné le procès-verbal des fonds & biens actuellement poſſédés par l'Egliſe, ainſi que par les Pauvres, dans la Paroiſſe, cet acte dépoſé en original & en copies collationnées, non-ſeulement au Bureau paroiſſial, mais encore au Siege & au Bureau diocéſain, & par extrait, au Greffe du Parlement, à celui des deux Commiſſions ſupérieures, deviendroit un titre poſſeſſoire très reſpectable pour les Pauvres & pour le Clergé.

Le réſultat de cette opération ſera ſans doute de faire voir très clairement & très

diftin&ement quels font en France les revenus de l'Etat eccléfiaftique : c'eft un éclairciffement qui devient de jour en jour plus néceffaire. Les ennemis de l'Eglife Gallicane , qui
exagerent fa richeffe , prétendent que fes Prélats redoutent cette expofition claire & précife ;
& nous ne pouvons diffimuler que plufieurs fe
font laiffé perfuader qu'il falloit employer
toutes fortes de moyens pour l'éviter. C'eft là
certainement une branche de cette politique
fauffe, injufte & haïffable, que de mauvais Confeils ne fe font que trop efforcés d'infpirer au
Clergé. Tout ce qui n'annonce pas le définté-
reffement & la candeur , eft indigne de fon
caractere & de fes fentimens. Il eft évident qu'il
a des jaloux qui le difent beaucoup plus riche
qu'il n'eft en effet ; mais le pire moyen de les
combattre , c'eft d'affecter de la hauteur , & de
fe retrancher dans une obfcurité toujours fuf-
pecte : la droiture aime la lumiere, c'eft la fraude
& l'injuftice qui recherchent les ténebres.

L'Eglife Gallicane veut contribuer aux befoins de l'Etat, fuivant fes vrais moyens : c'eft
fon intention, puifque c'eft fon devoir. Il
faut donc qu'elle expofe fes moyens au plus
grand jour, puifqu'ils font feuls la regle de fes
obligations. La conféquence eft inconteftable ,
& ceux qui s'efforcent de la faire méconnoître

par les Prélats qu'ils ont féduits, font les vrais, les feuls ennemis du Clergé de France. Sa gloire, fon intérêt, c'eft d'être exempt de tout reproche & même de tout foupçon ; les Miniftres de l'Eglife de Jefus-Chrift font toujours affez riches, quand ils poffedent l'eftime & la confiance de leurNation ; s'ils ont le malheur de perdre ce tréfor, ni les biens temporels, ni le fafte extérieur ne peuvent jamais les en dédommager.Quiconque ne fait pas de ces principes la bafe de fes avis ou de fes démarches,eft indigne de dicter ou de confeiller les délibérations de l'Eglife Gallicane ; c'eft en montrant la vérité toute nue,qu'on fe fait refpecter, & qu'on en impofe à fes ennemis. Nous fommes très perfuadés que le Clergé de France eft moins riche qu'on ne le dit tous les jours (quoiqu'il le foit affez) ; les dons gratuits qu'il paie au Roi pour tenir lieu des tailles, capitations & vingtiemes dont il eft exempt perfonnellement, mais qu'il fupporte dans la perfonne de fes Fermiers ; ces dons gratuits font fans doute un équivalent plus profitable à l'Etat qu'au Clergé même. Mais pour en donner la démonftration, le plus fimple & le plus efficace moyen, c'eft d'adopter l'éclairciffement : la critique aura droit de fuppofer le contraire, tant qu'on évitera de fe montrer avec la droiture & la fimplicité qui

fieroient fi bien au caractere eccléfiaftique.
Nous le difons hardiment, il faut que les biens
de l'Eglife Gallicane foient connus tôt ou tard :
l'opération que nous venons de propofer les
découvrira fans doute, ce n'eft pas un inconvénient qui doive la faire rejetter, puifque cette
expofition eft d'ailleurs une néceffité.

Dès que les biens & revenus confacrés à
l'aumône univerfelle auront été conftatés par
des procès-verbaux appuyés de titres en bonne
forme, il faudra penfer à la recette, aux Fermes ou Régies, & c'eft au Bureau diocéfain
qu'il appartient d'en décider. Rien ne doit être
plus exact que les formalités des adjudications ; point de préférences aveugles, point
de conditions préliminaires, point d'exclu-
fions de pur caprice. Dès qu'il s'agiroit d'affermer, on y procéderoit par l'autorité du
Bureau diocéfain, après les affiches & publications, au plus offrant & dernier Enchéri-
feur bon & folvable. Perfonne fans doute
n'ignore combien il fe commet d'abus dans ces
fortes d'adjudications, lorfque ceux qui les
font ne font pas furveillés, & n'ont point de
compte à rendre. Quelque bien compofé que
fût le Bureau paroiffial, il eft certain qu'il fe
glifferoit dans fes fermes ou arrentemens des
prédilections, des abus, & même des préva-

rications, sans le frein que doit impofer la fur-intendance du Bureau diocéfain & celle des Commiffions. C'eft au Bureau général qu'il appartiendra de régler, fur les connoiffances acquifes par les comptes & par les procès-verbaux de vifite, le prix le plus inférieur de l'adjudication à faire. Il vaudroit mieux, en certain cas, faire régir pour quelque tems par le Bureau paroiffial, en redoublant d'attention fur cet objet particulier, que de permettre de mauvais marchés. Les Bureaux fe faifant une Loi de traiter les Fermiers des Pauvres avec toute la bonté que les Particuliers les plus honnêtes ont communément pour eux, & la Loi confervant à ces Fermiers de petites exemptions de corvées, tutelles, curatelles, logemens de Gens de Guerre, & autres femblables qu'on leur a concédées autrefois, les Domaines de la bienfaifance patriotique devront être affermés par préférence & à meilleur compte pour la caiffe, d'autant mieux que le Bureau veillera fans ceffe; non-feulement pour empêcher leur détérioration, mais encore pour qu'on les améliore le plus poffible.

L'article des entretiens & réparations eft encore auffi fujet aux fraudes & aux erreurs que celui des baux à Ferme : négliger celles qui font utiles, retarder par efprit de léfinerie

& se jetter, par ces délais, dans des dépenses énormes, s'attacher à des objets inutiles, surcharger les vrais nécessaires de mille circonstances superflues : voilà les erreurs. Faire illusion par des devis obscurs, doubles & frauduleux, souftraire les publications, traiter sous main avec ceux qui veulent acheter la préférence des marchés, éloigner tous les autres des adjudications, faire paroître des Prêtes-noms, & tant d'autres artifices semblables : voilà la fraude. Les visites & les procès-verbaux dont nous avons parlé doivent procurer continuellement au Bureau diocésain assez de lumieres pour éviter les fautes & la séduction ; une rélation continuelle, & quatre infpections chaque année rendront les objets très préfens à ce Bureau. Les Membres qui le compofent étant à l'abri de tout foupçon d'intrigue & de collufion, c'eft à eux feuls en Corps que nous laiffons à faire l'adjudication des réparations, & par les connoiffances de détail qu'ils auront fi facilement, ils peuvent encore procéder, par œconomie, en donnant une petite gratification à un des Membres du Bureau paroiffial, qui fe chargeroit de veiller plus fpécialement, fans empêcher cependant que tous les autres ne viffent les opérations, & n'en rendiffent compte chacun de fon côté au Bureau diocéfain.

D iv

Par ces précautions, qui nous paroiffent auffi faciles que fages & avantageufes, nous croyons que les fonds de l'aumône univerfelle feroient régis de la maniere la plus fatisfaifante.

N°. III.

Il nous refte à parler de l'impofition propo-fée pour être le complément des revenus, dans le cas où les produits des fonds & des rentes, joints avec les oblations volontaires, ne fuffi-roient pas pour les vrais *befoins* des pauvres : voici nos *idées* fur cette taxe, qui fera plus ou moins néceffaire, fuivant les circonftances.

Premiérement, chaque Bureau Paroiffial fe-roit tous les ans un relevé très exact de tous les bâtimens, cours, jardins & parcs de fon territoire, en diftinguant le nombre des toifes & pieds quarrés, la quantité des étages & autres circonftances ; cet état feroit vérifié au moins une fois dans les vifites par les Infpecteurs al-ternativement ; les copies en feroient adreffées au Bureau diocéfain & aux deux Commiffions fupérieures. Par le relevé total, la Commiffion fouveraine du Confeil du Roi connoîtroit exac-tement la quotité des terreins occupés en mai-fons, cours, jardins & parcs ; & comme elle connoîtroit, d'un autre côté, par le total de la recette & par celui de la dépenfe, à quelle fomme devroit fe monter le fupplément , elle répartiroit , par toifes ou par pieds , au marc la livre. Son opération adoptée par des Lettres Patentes enrégiftrées , feroit titre à chaque Receveur des tailles pour exiger cette fomme des Propriétaires de chaque objet ainfi taxé. Cette opération fe feroit exactement à chaque quartier , c'eft-à-dire que tous les trois mois on balanceroit la recette & la mife , & on impoferoit le fupplément , qui fe payeroit par quartier , fans délai.

En attendant la recolte , les *befoins* étant provifoires , il faut autorifer le Bureau diocéfain à fe faire prêter fans intérêts , de chaque Receveur d'Election , les fommes qui lui manqueroient , en fubftituant à la place des refcriptions fur la caiffe générale établie fictivement à Paris. Ces refcriptions pafferoient aux Receveurs généraux des Finances & au tréfor royal pour argent comptant ; & leur total feroit naturellement la fomme à répartir pour fupplément , dont les Receveurs d'Election feroient rembourfés , par eux les Receveurs généraux des Finances & le Tréfor royal , enforte qu'on ne feroit jamais en avance réelle , paffé les trois premiers mois de l'Etabliffement , bien entendu que les Receveurs ne prendroient aucun droit pour cette recette.

[54]

§. II.

Des Visites.

Le Bureau diocéfain, fpécialement chargé de l'adminiftration des fonds & revenus confa-crés à la bienfaifance générale, ne feroit jamais fuffifamment éclairé, fi fes principaux Membres ne voyoient eux-mêmes tous les objets confiés à leurs foins paternels : c'eft de-là que naît la néceffité des Infpecteurs & des vifites régulieres.

Nº. I.

Nous regardons comme la premiere celle de l'Evêque diocéfain en perfonne, on par fon Archidiacre & fes Délégués. La feconde eft celle du Commandeur de l'Ordre de St. Lazare, ou de fon Coadjuteur. La troifieme, celle du Chanoine prépofé de l'Afyle diocéfain. La quarrieme enfin, celle du Juge paroiffial. C'eft une vifite tous les trois mois : celle de l'Evêque, le Printems; du Commandeur, l'Eté; du Chanoine l'Automne, & du Juge, l'Hiver.

Dans ces vifites, chaque Infpecteur affembleroit d'abord le Bureau Paroiffial, & interrogeroit enfuite chaque Membre en particulier, verroit les Regiftres de fes opérations, entendroit le compte, vérifieroit les détails de la correfpondance : premier objet. On examine-

roit enfuite l'état des meubles, linges, uftenfiles & autres effets confervés dans le Bureau
pour les befoins annuels ou journaliers des Pauvres invalides ou malades ; celui des fonds exiftans, & de leur circulation entre les mains des
Habitans empruntant fur gage de la caiffe paroiffial, comme d'un Mont de piété : fecond
objet.

L'Infpecteur feroit auffi paffer en revue tous
les Pauvres de la Paroiffe, les Vieillards, les
Invalides, les Enfans orphelins, ceux mêmes
qui auroient été pauvres par maladie, & qu'on
auroit fecourus : tous feroient vus & interrogés féparement en l'abfence des Officiers du
Bureau paroiffial, dont ils pourroient avoir à
fe plaindre. A cette même vifite feroient auffi
repréfentés les certificats bien fpécifiés du Chirurgien penfionné par le Bureau paroiffial, dans
lefquels feroient détaillés le genre de la maladie, fa durée, l'efpece & la quantité des pan-
femens & remedes. L'Infpecteur récolleroit &
confronteroit tout fur les Livres du Bureau,
fur le témoignage de chaque Membre féparément, & fur celui des Malades. On recevroit
toutes les Requêtes & Repréfentations des Pauvres ; comme auffi le Vifiteur feroit les répri-
mandes néceffaires à ceux dont la conduite
feroit reprochable, & pourroit même leur in-

fliger quelque peine légere, les plus grandes ré-
fervées au Bureau fur fon rapport. Nous parlerons de cet article, en traitant des *faux Pauvres*, car nous comprenons fous ce nom ceux
qui feignent d'être indigens fans l'être, &
ceux qui le font réellement, mais qui n'en
veulent pas remplir les *devoirs* : cette vifite des
perfonnes pauvres eft le troifieme objet.

Enfin le Vifiteur fe tranfporteroit dans les
Fermes, biens, maifons & autres héritages appartenant, foit à la Charité patriotique feule,
foit à elle & aux Eccléfiaftiques par indivis ;
il les recoleroit, confronteroit, examineroit
en détail, faifant toutes les obfervations néceffaires pour les améliorations, entretiens & réparations : quatrieme & dernier objet.

Nᵒ. II.

Le procès-verbal détaillé de ces quatre articles, feroit coté, paraphé, contre-figné de
tous les Membres du Bureau paroiffial, & l'on
en feroit quatre copies différentes ; une pour
le Bureau paroiffial, une autre pour le Bureau
diocéfain, la troifieme pour la Commiffion
provinciale, & la quatrieme enfin pour la Commiffion fouveraine. Chaque Vifiteur garderoit
dans fon Bureau particulier l'original même de
fon procès-verbal ; mais ces Bureaux particuliers feroient dépofés dans le même lieu que

les Archives générales du Bureau diocéfain.

Des quatre Infpecteurs, trois feulement feroient Membres de ce Bureau du Diocéfe ; favoir, l'Evêque ou fon Archidiacre, le Commandeur & le Prépofé de l'Afyle. Le Juge de
la Paroiffe adrefferoit fon procès-verbal au Bailli
ou au Sénéchal fon Supérieur, dont il ne
feroit que le Délégué en cette partie ; chacun
des Vifiteurs, immédiatement après fa tournée, rapporteroit aux Affemblées fes procès-
verbaux, & on les collationneroit exactement
avec l'état de recette & de dépenfe fourni tous
les mois par le Syndic de la Paroiffe, comme
Intendant de chaque Bureau particulier ; ces
états feroient dépofés entre les mains d'un Officier municipal qui feroit chargé de correfpondre
avec le Syndic. Nous parlerons tout à l'heure
de ces états fournis chaque mois, dont nous
allons traiter *ex profeffo*.

Sur le rapport fait au Bureau diocéfain de
chaque procès-verbal, feroit fait un extrait ou
tableau général contenant, fous les quatre chapitres ci-deffus, l'état de toutes les Paroiffes :
cet extrait infcrit dans les Regiftres, avec les
obfervations & délibérations qu'il occafionne-
roit, feroit envoyé en double copie à la Commiffion provinciale, une pour elle, l'autre pour
la Commiffion fouveraine.

On sent que la Commission provinciale ayant reçu tous ces extraits, les feroit collationner & vérifier sur les procès-verbaux & les états dont elle auroit reçu les doubles; qu'après s'être assuré de leur exactitude, elle dresseroit son tableau général par Diocèses, par Paroisses & par articles, qu'elle enverroit tous les trois mois à la Commission souveraine, où ces états seroient encore collationnés & vérifiés, avant que d'être inscrits dans les Registres, & de servir de base aux Observations, Délibérations & Ordonnances de cette Commission souveraine.

Les tableaux de toutes les Commissions provinciales réunis, formeroient celui de l'aumône universelle dans tout le Royaume, qu'on dresseroit tous les trois mois avec le plus grand ordre & la plus grande facilité, contenant, sous les quatre chapitres que nous avons indiqués, tous les objets possibles dont nous reprendrons le détail plus spécifié dans l'article suivant ; les visites des quatre Inspecteurs les rendroient continuellement présens à la Commission souveraine, au Conseil & au Roi : tout se rangeroit naturellement par Provinces, par Diocèses, par Paroisses, sans erreur & sans confusion.

§. III.

Des Etats de Recette & Dépense.

L'objet le plus important fans doute dans une Adminiftration comme celle de la bienfaifance générale, eft la comptabilité : jamais on n'y peut mettre trop de clarté, trop de méthode ; jamais on ne peut s'affurer trop contre les erreurs ou les prévarications. La moindre faute eft un facrilége, lorfqu'il s'agit du bien des Pauvres : ainfi nous regardons comme très effentiel d'établir la *Pratique* journaliere de la recette & de la dépenfe, la confection des états réfumés tous les mois, la reddition des comptes tous les trois mois, avec la balance & le tableau général qu'on doit former chaque année.

N°. I.

Le Syndic de la Paroiffe, comme Intendant de la charité patriotique, foit qu'il occupe en même tems la place de Procureur fifcal, ainfi que nous l'avons confeillé, & le Caiffier de la Paroiffe, que nous defirons être en même tems le Notaire, le Greffier & le Receveur de tous les droits regaliens, font les deux premiers pivots de la comptabilité. C'eft au Syndic qu'il appartiendroit, fuivant nos idées, de propofer au Bureau paroiffial chaque objet particulier de dépenfe, en expofant en même tems les Réglemens généraux émanés à ce sujet, ou du Bureau diocéfain, ou des Commiffions fupérieures, ou les raifons de ftatuer provifoirement dans les cas inftans qui n'auroient pas été prévus par les Sieges. Sur la remontrance du Syndic, il feroit délibéré par le Bureau, & la dépenfe foroit ordonnée par Délibération infcrite au Régiftre, & fignée. En confequence de cette Délibération, le Syndic expédieroit aux perfonnes à payer, un mandement fur la caiffe : tous ces mandemens feroient étiquetés, numerotés & paraphés dans un Livre dont ils feroient partie, que le Bureau diocéfain feroit remettre au Syndic, & qui feroit montré à toutes les vifites, avec mention en marge & dans le procès-verbal.

Le Caiffier ne délivreroit aucuns deniers qu'en vertu de ces mandemens, qu'il retiendroit pour pieces juftificatives de fa dépenfe, & qu'il remettroit tous les trois mois aux Vifiteurs, comme nous allons l'expliquer. Ainfi le Boucher, le Boulanger, le Marchand de vin, les Fourniffeurs de meubles, vêtemens, linges, uftenfiles, les Proprietaires des Chambres louées pour les Pauvres, le Chirurgien, ne feroient payés en efpeces par le Caiffier, qu'en remettant un mandement du Syndic, & ce mandement ne vaudroit qu'autant qu'il feroit délivré

en

en vertu de Délibération inscrite au Registre ?
les pensions par semaine , par mois , par quartier seroient comprises aussi dans les Délibérations & Mandemens.

Tous les mois le Bureau feroit sur ses Registres un relevé des sommes dont il auroit de-
liberé l'acquittement : cette premiere note seroit envoyée au Bureau diocésain & aux Commissions supérieures. Le Syndic enverroit de
même le relevé des Mandemens par lui expé-
diés pendant ce mois , spécifiant les numeros ,
les personnes , les objets & les sommes , avec
un total des numeros , depuis tel jusqu'à tel
autre , & une addition du montant des sommes.
Enfin le Caissier enverroit le relevé de son Livre
journal , dans lequel il comprendroit , jour par
jour , ses paiemens , les Personnes , les sommes
& les numeros des Mandemens : l'un & l'autre les adresseroient , comme le Bureau , aux
trois Sieges supérieurs.

Tous les trois mois , pour se préparer à chacune des quatre visites , les Officiers feroient
un relevé général du quartier , qu'ils adresseroient de même. Dans les tournées , chaque
Inspecteur confereroit ensemble les trois Registres , c'est-à dire celui des Assemblées du
Bureau, des Mandemens du Syndic , & des dépenses du Caissier : il feroit déposer aux Ar-

<table><tr><td>*Prat.*</td><td>E</td></tr></table>

chives les Mandemens acquittés, dont il donneroit décharge au Caiſſier.

Il eſt clair que l'opération de prêter ſur gages
au petit Peuple demanderoit un Régiſtre à part,
& que le Caiſſier ſeroit tenu de produire les
fonds en eſpeces ou en gages de métaux, ainſi
que nous l'avons indiqué dans la premiere partie, & que nous l'expliquerons plus bas en
détail. Mention en doit être faite dans l'état
qu'on enverroit tous les mois, & de même
dans le réſumé qu'on feroit à la fin du quartier,
ainſi que dans les quatre procès-verbaux de
viſite : s'il ſe gliſſoit quelque abus à cet égard,
les Inſpecteurs entendroient les plaintes du Public, & feroient leur rapport au Bureau diocéſain, pour qu'il y pourvût.

La régie de l'*Aſyle*, celle des ſecours accordés à la Nobleſſe & à la hauteBourgeoiſie pauvre
étant immédiatement dévolue au Bureau diocéſain, ainſi que la recette des contributions
volontaires que les Perſonnes riches lui voudroient offrir, c'eſt à lui qu'il appartiendroit
d'en dreſſer tous les mois l'état de recette &
de dépenſe, tous les trois mois le réſumé, & à
la fin de chaque année, le tableau général qu'il
adreſſeroit aux deux Commiſſions ſupérieures.

Nous avons dit que toute dépenſe devoit
toujours être faite au nom de la caiſſe univer-

felle, & par conféquent les Mandemens des Syndics doivent être intitulés , *à l'acquit de la caiffe univerfelle de la bienfaifance chrétienne & patriotique du Royaume de France, le fieur N Caiffier particulier du Bureau paroiffial de au Diocèfe de   Province de   paiera la fomme d   à   fuivant la Délibération du Nº.   & en vertu du préfent Mande-ment, Nº.   de moi Syndic fouffigné.*

Nº. II.

Pour mettre dans la recette le même ordre que dans la dépenfe, il faut regarder tout paiement fait à la caiffe comme l'exécution d'un Mandat de la Commiffion fouveraine, & par conféquent les quittances du Caiffier particulier doivent dire : *de la Caiffe univerfelle de la bienfaifance Chrétienne & Patriotique du Royaume de France, j'ai reçu la fomme de   par les mains de   , fuivant la délibération nº   du Bureau, &c.* c'eft à-dire, que nous défendons abfolument au Caiffier de faire feul aucune recette, déclarant abfolument nulles & fauffes toutes quittances qui ne feroient pas précédées d'une délibération du Bureau préfent au paiement & témoin de toute recette. Dès qu'il ne s'agit jamais que des objets exiftans dans la Paroiffe même, cette formalité très néceffaire n'entraîne aucune difficulté, aucun inconvénient.

Les Fermiers Régisseurs ou Rentiers des biens consacrés à la charité dans toute la Paroisse, payeroient donc dans les assemblées du Bureau qui en feroit regiftre ; les quittances du Caiffier feroient doubles, une au Débiteur l'autre au Syndic ; les *duplicata* serviroient à faire tous les mois l'état de recette ; tous les trois mois le resumé ; tous les ans le tableau général. Les regiftres & les quittances reftées entre les mains du Syndic feroient la confrontation & la preuve ; à chaque visite des quatre Infpecteurs, & lorsqu'elles auroient été contrôlées & mentionnées au procès-verbal , on les déposeroit dans les archives.

Les Aumônes & Préfens recoltés par le Bureau ; dans les troncs & boîtes , ou de quelque autre maniere , feroient un objet dans cette même recette. Le Commiffaire de l'Ordre de Saint Lazare , le Syndic & le Curé auroient chacun leur clef de ces troncs. On ne les ouvriroit jamais que dans les Affemblées, le Commiffaire en feroit le rapport & procès-verbal. C'eft à lui que le Caiffier en donneroit quittance, & toujours au Syndic par *duplicata*. Ces quittances imprimées , étiquetées & numerotées, feroient relatives au regiftre journal qu'on fourniroit de même au Caiffier , ainfi qu'une petite gratification annuelle pour fes faux frais ,

qui lui feroit adjugée par le Bureau Diocéfain.
Nous avons deftiné cet emploi aux Notaires-
Greffiers que nous ofons propofer au Gouvernement, comme Receveurs perpétuels & en
titre des droits du Roi en chaque Paroiffe, avec
un honnête falaire, à la place des Collecteurs forcés, qu'on charge annuellement d'une befogne
dont ils font incapables, des Huiffiers aux Tailles
ou porteurs de contraintes des Receveurs & autres Commis établis par les Fermiers Généraux.
Il eft fort facile de concilier les intérêts (légitimes & honnêtes s'entend), de ces Fermiers tant qu'on les laiffera fubfifter , avec celui du bien public qui nous paroît defirer l'é-
tabliffement de ces Receveurs ; ils n'ont qu'à
établir une forme de comptabilité & d'infpection auffi claire & auffi précife que celle qui
vient d'être propofée par nous , pour l'adminiftration de l'aumône univerfelle.

Quoi qu'il en foit , le Bureau dreffant chaque mois l'état de fes délibérations relatives à
la recette, le Syndic , celui des quittances qu'il
auroit reçues par *duplicata* , le Caiffier celui des
articles de recette infcrits fur fon livre ; les
états étant envoyés au Bureau Diocéfain &
aux Commiffions, le réfumé s'en faifant tous
les trois mois , fe vérifiant par les pieces juftificatives en chacune des quatre vifites, fe rap-

pellant à la fin de chaque année dans le tableau général , rien ne fera plus clair que la recette & la dépenfe de la Caiffe univerfelle. On conçoit que ces états , refumés , tableaux , quittances , regiftres & autres feront imprimés avec des blancs à remplir , & qu'ils feront mis en regle tous les ans dans le Bureau Diocéfain qui les fera numeroter , étiqueter & parapher pour les adreffer à chaque Bureau Paroiffial. Il ne faudra qu'écrire en toutes lettres quelques mots & quelques dates à chaque opération ; ceux de ces imprimés qui feront délivrés aux Commiffions fupérieures , feront difpofés en paquets avec des adreffes auffi imprimées , afin qu'on les reconnoiffe à la Pofte , & qu'ils jouiffent de la franchife fans nul foupçon de fraude.

ARTICLE TROISIEME.

Des Objets de la bienfaisance Publique.

§. I.

De l'Asyle Diocésain.

C'est principalement aux Pauvres qui ne
font invalides qu'à demi, qu'il faut préparer un
domicile & du travail dans l'Asyle Diocésain.
Nous n'y recevons ni les Vieillards ni les Perfonnes abfolument incapables de travail, dès
qu'elles peuvent avoir un domicile dans le lieu
de leur naiffance. Quels doivent être, dans ce
lieu d'une retraite honnête & laborieufe, le
logement, la nourriture, le vêtement, & les
devoirs de ces Pauvres : c'eft ce que nous allons
détailler.

N°. I.

L'Asyle Diocésain doit être placé, felon
nos *idées*, à portée de la Ville Epifcopale,
mais hors de l'enceinte, dans un lieu bien aéré,
fain & commode. Les grandes Maifons exigent
un choix pour leur emplacement ; autrement
le féjour en pourroit devenir très dangereux.
Vous avez plufieurs Maifons de l'Ordre Canonial placées très avantageufement pour fervir
à cette deftination : il faut leur donner la préférence, puifqu'elles deviennent, par notre

fyftême , la chofe propre du Bureau Diocéfain. Quand , à leur défaut , vous trouverez à
votre portée des Maifons Religieufes des autres
Ordres Monaftiques ou Mendiants , même des
Séminaires deffervis par les nouvelles Congrégations , vous pourrez vous les procurer par
des échanges , en cédant les anciennes Maifons
Hofpitalieres ou Canoniales, qui feroient auffi
propres aux autres Ordres , que celles qu'ils cé-
deroient aux Pauvres. Il vaudroit mieux leur
faire un pont d'or pour ces échanges , que le
Gouvernement forceroit dans le cas d'une oppofition de pure fantaifie. On ne doit point en
avoir lorfqu'il s'agit de bien public : les Ec-
eléfiaftiques encore moins que perfonne. En
eas de néceffité , vous vous procureriez quelque terrein convenable , & vous bâtiriez dou-
cement l'Afyle. On nous demandera , fans
doute, ce que deviendront provifoirement les
Pauvres ; c'eft une objection que nous avons
dû prévoir : une des fautes les plus ordinaires
des Réformateurs qui propofent des fyftêmes ,
c'eft de ne pas fonger aux Préliminaires , &
au tems le plus critique de tous , lorfqu'il s'agit
de renouveller & de refondre.

Pour expliquer nos vues fur ce moment de crife , nous dirons donc premierement , qu'il faut
commencer par former les Bureaux & les Com-

miffions ; fecondement, par les mettre en poffeffion des biens & revenus ; troifiemement , par
renvoyer chaque Pauvre dans le lieu de fa naiffance ; quatriemement , par renouveller toutes
les Loix prohibitives de la mendicité. Voilà l'ordre naturel & légitime des opérations. Les Pauvres à demi valides feront renvoyés par leur Bureau Paroiffial à la Ville Epifcopale , & nourris
fur la route comme *Pauvres voyageurs* ; arrivés à
ce terme jufqu'au tems où l'afyle fera parfait ,
rien n'eft plus fimple que de les loger par billets
comme les Soldats ; voilà le provifoire.

Puifque nous en fommes à l'explication préliminaire , traitons tout de fuite d'un autre objet, dont fans doute on nous demanderoit raifon. Les Chanoines & les Religieufes de l'Ordre de Saint Auguftin , & les fujets des nouveaux Ordres Hofpitaliers des deux fexes , ont
auffi droit d'exiger qu'on leur faffe un fort. Rien
n'eft plus fimple. Que d'abord chacun refte où
il fe trouve , & donne fon mémoire au Bureau
Diocéfain , portant fon nom , fon âge , le lieu
de fa naiffance , fon état , s'il veut vivre dans
l'exercice de l'Hofpitalité fuivant le nouveau
plan fous l'autorité du régime de l'Ordre & du
Confeil Eccléfiaftique de celui de Saint Lazare ,
ou s'il aime mieux fe retirer dans quelque Maifon Religieufe avec une penfion. Les Chanoi-

nes doivent avoir six cens livres de pension provisoire, jusqu'à ce qu'ils soient pourvus d'un
Bénéfice au moins de pareille valeur séculier
ou régulier ; les Religieux Hospitaliers inférieurs quatre cens livres , & les Religieuses autant pour vivre ainsi que par leurs
Evêques Diocéfains leur sera prescrit. De ceux
& celles qui voudront se soumettre à l'Ordre ,
on choisira dans le Conseil ceux qu'on jugera les
plus propres à remplir les Dignités & les Places
de l'Ordre : pour être mieux éclairés dans le
choix , on donnera les places de prépofés Provinciaux à ceux qui régissent à préfent comme
Supérieurs majeurs les diverfes Congregations
des Chanoines Réguliers tels que Saint Ruf ,
Saint Antoine , Sainte Geneviéve , Chancellade , Bourgachard , Sainte Croix de la Breton-
nerie , & autres semblables. Sur leurs instruc-
tions respectives on distribueroit aux meilleurs
Sujets de cet Ordre les places de prépofés Diocéfains , celles de Superieurs & Maîtres des
Colléges ; & ceux-là choifiroient les Chanoines
dont leur Chapitre Régulier & Hospitalier devroit être compofé. Les Evêques choifiroient
parmi les Religieufes de l'Ordre celles qu'ils jugeroient plus dignes d'être Prévôtes , & celles-
ci leurs Chanoineffes. Tout de même le Bureau
Diocéfain nommeroit trois des plus dignes Hof-

pitaliers & Hofpitalieres inférieures pour les deux Maifons d'Inftitution , & fur leurs inftructions il placeroit pour Maîtres & pour Maîtreffes dans les différentes Paroiffes les Sujets qui le defireroient & en feroient capables. Tout ce qu'on n'emploieroit pas feroit penfionné pendant le refte de fa vie , mais jamais remplacé.

N°. I I.

Cet Ordre préliminaire une fois établi, le Bureau Diocéfain, procéderoit à la formation de l'afyle ; nous avons déja dit qu'il falloit une Eglife déja bâtie, dont on profitera : une maifon d'un côté pour les Chanoines , fimple & décente : une autre totalement diftinête de l'autre pour les Chanoineffes; que l'une communique à l'afyle des hommes & l'autre à celui des femmes célibataires. Celui des Pauvres aêtuellement mariés entre deux. Nous voulons de très vaftes cours , &, tout autour des bâtimens tout fimples à un feul étage, cave au-deffous, grenier deffus; un corridor large , élevé , bien percé, qui regne tout autour, & qu'il foit élevé de plufieurs pieds au-deffus du niveau des cours. Tout du long de ce corridor des cellules féparées pour chaque Pauvre ; un lit, une chaife, une table , un coffre, deux pots & une taffe; le tout folide & groffier fans doute , mais propre & net. Un bois de lit fort , une paillaffe piquée qu'on renouvellera dans le tems néceſſaire , un traverſin , une couverture pour l'été , une ſeconde en réſerve pour l'hiver , deux paires de gros draps ; le ſiege , la table , le coffre de bon bois de chêne , une fenêtre aſſez large garnie d'un bon volet bien clos : tel eſt le logement d'un chacun.

Nous partageons les Pauvres en compagnies de cent & en eſcouades de dix , un Sergent à la tête de chaque compagnie , un Caporal à la tête de chaque eſcouade. Chaque compagnie doit avoir ſa cour , ſes corridors , ſes cellules , mais encore elle doit avoir une cuiſine , un lavoir , un bucher dans les deſſous , qui ſera voûté ſimplement en moïlon : elle doit avoir ſes ſalles pour travailler dans le grenier au-deſſus ou dans une piece du raiz-de-chauſſée. Chaque eſcouade aura ſa marmitte commune , & par conſéquent un des dix reſtera pour le ſervice : il ira recevoir les vivres , fera la ſoupe , accommodera les lits & les chambres , comme font les Soldats. Les dix marmites étant rangées autour d'un ſeul foyer , un ſeul des dix ménagers reſtera par tour pour les veiller, tandis que les neuf autres travailleront à la propreté des cellules, des corridors & des cours ; car c'eſt ſurtout à la propreté qu'il faut penſer , quand vous raſſemblez des Pauvres en grand nombre.

No. III.

Il faut donner aux Pauvres travaillant dans l'afyle une ration de pain telle qu'on la donne au Soldat, & qu'il foit fourni au prix courant par les Boulangers, (les prétendues Œconomies fur les préparations commeftibles font des fources de fraude) une ration de viande fuffifante pour leur faire un potage à midi, & un repas le foir : à la place les jours maigres des féves au beure ou à l'huile, felon les pays foir & matin, avec une ration de fromage, ou bien de pruneaux & raifins fecs ; telle eft à peu près la nourriture des Soldats, Matelots & Pauvres habitans des Hôpitaux.Les Cultivateurs des campagnes & les Artifans les plus utiles n'en ont fouvent pas davantage.

Par un abus déteftable, on a fait en France un état très lucratif de celui des Fourniffeurs de tous vivres aux Troupes & aux Hôpitaux : des milliers de Commis qui fcandalifent aujourd'hui le public honnête & raifonnable, par le luxe le plus infolent, fe font élevés de la condition la plus obfcure à l'opulence la plus incroyable, en faifant ce métier qui ne devroit, en honneur & en juftice, être qu'un commerce ordinaire, incapable de produire par des voies légitimes, ces profits exorbitants qui font rougir & gémir une partie de la Nation. Nous avons ailleurs expliqué très librement notre avis fur les Millionnaires Fourniffeurs Généraux, que les gens de bien regardent avec raifon comme des fang-fues & des fléaux publics de la Nation. Avec quelle joie n'avons-nous pas vu, comme tous les autres Citoyens, un grand Miniftre braver l'ancien préjugé & détruire généreufement l'abus invéteré de ces adjudications générales, dont les vices odieux en étoient venus jufqu'à fe légitimer en quelque forte, & à prendre un tel empire, que la fraude audacieufe marchoit tête lévée, infultant aux Peuples, à la Nobleffe, à la Magiftrature, & prétendoit en quelque forte à des refpects, au lieu de l'exécration qu'elle n'a ceffé de mériter, en caufant prefque feule tous les maux de la Patrie.

A Dieu ne plaife que nous livrions ainfi les pauvres des afyles à ces exacteurs impitoyables, qui s'engraiffent du fang des malheureux ; nous ne voulons pas même de marchés particuliers ; l'indigent facrifié en feroit tôt ou tard la victime : on le tromperoit par des manœuvres, plus ou moins imperceptibles, fur la quantité comme fur la qualité, il n'auroit aucune voix pour réclamer la juftice, & la féduction réuffiroit tôt ou tard, ou d'une maniere ou de l'autre à l'empêcher de l'obtenir.

Nous ne propofons pas non plus de donner à
chaque pauvre fon argent à dépenfer ; il eſt
certain que les abus feroient auſſi conſidéra-
bles ; mais n'eſt il point de milieu. Les Partifans des adjudications vous le foutiennent hardiment , & trouvent des dupes qui les croient
fans réflexion. Nous fommes très perfuadés du
contraire. Entre ces deux extrémités , également funeſtes , il y a mille moyens à choiſir :
voici le nôtre pour l'objet préfent. Les pauvres
de la ville feroient les maîtres de fe pourvoir
de pain , de viande , de légumes , d'huile ou de
beurre , de fromage , de fruits fecs , chez les
marchands , Boulangers & Bouchers de la ville
qu'ils jugeroient convenable , & pour cela rien
n'eſt plus fimple que de donner pour chaque
jour trois bulletins imprimés , étiquetés &
numérotés à chaque chambrée de dix pauvres.
Ces bulletins porteroient la quantité qu'on leur
auroit adjugée. Le Pauvre de chambrée iroit
lui-même dans la boutique qu'il voudroit pour
y prendre la qualité & quantité requife , qu'il
paieroit avec fon bulletin , & tous les foirs
l'œconome de l'afile iroit chez les marchands
Boulangers & Bouchers retirer les bulletins ,
en payant au prix courant taxé par les Officiers
de police. Les dix pauvres de chambrée en
s'aſſemblant dans la cuifine commune de leur

compagnie , montreroient leur achapt à un des Chanoines de l'afyle commis pour cette infpeċtion , qui veilleroit à la préparation des repas , & ainfi qu'au maintien de l'ordre & de proprété dans les corridors , les cellules & pieces communes , en faifant réguliérement fa vifite dans toutes les compagnies , dont le détail lui feroit confié par le Prépofé. Les Chanoineffes en feroient autant dans les logemens des pauvres femmes.

Nº. IV.

Nous ne voulons point d'infirmeries dans les afyles , & voici pourquoi chaque cellule feroit difpofée de maniere qu'on y pourroit adapter , en cas d'infirmité , une petite cheminée portative de tôle à la Pruffienne , dont le tuyau feroit tout préparé de deux chambres en deux chambres , il feroit bouché d'une bonne trappe hors ce cas de maladie , & ces trappes ferviroient , fur-tout l'été , à renouveller l'air des cellules avec les portes & les fenêtres : car le grand befoin de ces petites chambres entaffées , c'eft d'y renouveller l'air. On auroit de bons matelats en réferve pour les infirmes , des rideaux pour leur couchette , & des chaffis en papier huilé pour leurs fenêtres. Un Pauvre d'une efcouade étant malade , feroit veillé par une des plus fages & des plus adroites femmes

mariées ,

mariées , & alternativement par un des dix pauvres de chambrée qui resteroit pour le service. Les Chanoines de l'asyle qui visiteroient le malade à chacune de leurs tournées, auroient soin que ses bouillons fussent bien faits. On donneroit à la Garde tous les matins un bulletin pour en acheter la matiere. Le Médecin & le Chirurgien de l'asyle y veilleroient aussi dans les cas extraordinaires , ou feroient rester auprès des infirmes autant de Gardes qu'on exempteroit de travail. Les mêmes soins feroient rendus aux femmes par les Chanoinesses. Le Préposé , & le plus ancien des Chanoines sous ses ordres , administreroient les Sacremens.

Quant à l'habillement des Pauvres, il doit être de bonne serge unie de couleur uniforme , leur linge assorti à leur état ; mais il faut leur en adjuger à tous une quantité raisonnable ; donnez-leur au tems prescrit à chacun des bulletins , comme pour les commestibles , & qu'ils aillent choisir eux-mêmes chez les Marchands , qui se pourvoiront dès qu'ils auront l'espérance très certaine du débit. Que chacun ait toujours sur sa personne, ou dans son coffre, les habillemens uniformes qu'il a reçus , & que la visite s'en fasse souvent par les Caporaux & Sergens , & en présence du Chanoine ou de la Chanoi-

Prat.　　　　　　　　　　　　　F

neſſe à ce députés , dans les aſyles reſpectifs d'hommes & de femmes. Il faut aux femmes des coeffes de jour & de nuit, des chemiſes, des mouchoirs de poche , des colleretes, des corſets, des juppes ſimples l'été , doubles l'hiver, des bas & des chauſſures. Aux hommes des bonnets de jour & de nuit , des chemiſes, des cravates , des habits, des veſtes, des culottes , des bas & des chauſſures ; nous leur donnerions à chacun quatre ou cinq chemiſes au moins, à cauſe de la propreté , & d'autant de ſerviettes groſſieres, qui nous paroît le grand objet. Ces linges ſeroient marqués par compagnie & par eſcouade ; on paieroit une blanchiſſeuſe par compagnie qui recevroit par compte du Sergent & des Caporaux tous les linges à blanchir chaque ſemaine , & qui le rendroit de même ; chaque Caporal feroit la diſtribution à ſon eſcouade. Par cet ordre rien ne ſe perdroit. On tiendroit en réſerve du linge plus fin pour les malades, des oreillers , des coeffes de bonnets , & d'autres ſoulagemens. On paieroit de même des Ravaudeurs & Ravaudeuſes pour le linge & les habits , qu'ils recevroient par ordre du Chanoine, des mains de chaque Sergent ou Caporal.

N°. V.

Les membres du Bureau Diocéſain viſiteroient tour à tour l'afyle qui leur feroit immédia-tement foumis , & cette infpection furajoutée aux revues journalieres des Chanoines , des Chanoineffes & du Prépofé , feroit très ai-fément regner par-tout l'ordre , l'exactitude & la police ; le Député du Bureau ayant droit de condamner à des peines correctionnelles , ceux qui fe comporteroient mal à quelque égard que ce pût être.

Le Bureau décidera à quelle efpece de tra-vaux on pourroit employer chacune des Com-pagnies de pauvres femi-valides. En compo-fant ces Compagnies, il faudroit faire attention aux infirmités & privations des pauvres qu'on y raffembleroit , afin que l'un pût fuppléer à l'autre , & faire une puiffance complette de deux, trois ou quatre réunis. Les heures de travail , de repos , de relâche , de lever , de coucher, feroient marquées par la regle , & an-noncées par les fons de cloche ou de tambour : les jours de fête la meffe , les vêpres, l'inftruc-tion ou catéchifme ; du refte pleine liberté , pourvu qu'on n'en fît point d'abus , & qu'on revînt aux heures prefcrites.

Outre le logement , l'habit & la nourriture ftrictement néceffaires, le Bureau Diocéfain ad-jugeroit fur le produit du travail de chaque Compagnie , une gratification en argent cha-

que femaine , fuivant le mérite , l'application
au travail & la bonne conduite. La premiere
punition des délinquans , feroit d'en être privés ; la feconde de garder prifon les dimanches
& fêtes après la meffe , & de vivre au pain &
à l'eau ; la troifieme. enfin d'être renvoyé aux
maifons de correction , dont nous parlerons à
l'article des faux pauvres. La crainte de ces
châtimens jointe à l'efpoir de la gratification ,
plus ou moins forte , de chaque femaine , entretiendroit l'émulation , l'ordre & la difcipline
parmi les pauvres de l'afyle.

Les Chanoines & les Chanoineffes fous le
gouvernement de la Prévote & du Prépofé ,
fous celui des Supérieurs provinciaux du Prépofé Général & du Confeil , rempliroient d'autant mieux leurs devoirs refpectifs , qu'ils feroient continuellement infpectés par les membres du Bureau Diocéfain.

§. I I.

Des Penfionnaires du Bureau Diocéfain.

Nous avons foumis immédiatement à la follicitude du Bureau Diocéfain les *befoins* des
vrais Pauvres nés dans les deux premieres claffes des Citoyens , c'eft-à-dire , de la Nobleffe &
de la haute Bourgeoifie. L'Evêque , les Lieute-
nants des Maréchaux de France , deux Gentil-

hommes établis & Notables , les premiers Officiers de l'une & l'autre Magiftrature , les Commandeurs de Saint Lazare , & le Supérieur de
l'afyle , font tous dignes d'être Juges de la néceffité des Citoyens les plus diftingués par leur
naiffa n ceL'efprit nationnal ne permet de confondre avec les indigents d'un rang inférieur ,
ni les peres , ni les enfants de ces deux Ordres.

Nº. I.

Les enfans orphelins ou délaiffés par des
parents trop pauvres pour les faire élever , de-
mandent donc une éducation convenable à leur
origine , dès qu'ils ont eu le bonheur de naître
d'un fang illuftre ; c'eft un tribut que la Patrie
doit aux fervices de leurs ancêtres , ou du
moins un ménagement que fe doit à foi-même
le gouvernement d'une Monarchie fondée fur
la diftinction des rangs & des naiffances. Nos
idées ayant pour bafe les motifs qui firent établir à deux grands Rois des Ecoles gratuites
pour la jeune Nobleffe indigente , nous croyons
les honorer , en propofant de rendre générale
& perpétuelle la pratique de leurs vues fages &
bienfaifantes.

Il feroit donc à defirer qu'en chaque Métropole , par exemple , il fût fait choix d'un College actuellement établi , dans le lieu le plus
fain , le plus commode , le plus à la portée de

F iij

tous. Qu'à ce College fût joint un penfionnat *des Nobles*, exclufif pour tout autre que pour les Gentilshommes de la Métropole. Qu'il fût établi des Réglemens pour ce Penfionnat, & même pour le College public auquel il feroit joint, dont l'objet feroit de rendre l'éducation de la Nobleffe propre aux trois objets auxquels on la deftine ; favoir, le fervice militaire de terre & de mer, la Robbe, & l'Eglife, fuivant les talens & les inclinations. Nous propoferons *l'idée* de ces Réglemens, quand nous traiterons *des Ecoles nationales*.

Les Gentilshommes riches paieroient leur penfion alimentaire en ce Penfionnat, & folderoient des Maîtres d'exercice, comme la danfe, les armes, le cheval. Ils y feroient vêtus d'un uniforme à leurs dépens. Le Bureau Diocéfain payeroit la penfion entiere, la demi-penfion, le quart, le huitieme, autant qu'il jugeroit convenable & proportionnellement aux *befoins* des enfans, c'eft-à-dire à l'impuiffance des Parens. Il contribueroit de même pour l'habillement uniforme, les réparations du logement : les honoraires des Maîtres, & falaires des Domeftiques feroient payés en totalité par les riches penfionnaires qui s'en ferviroient par indivis. Mais le Principal de cette Penfion feroit un Chanoine nommé par le Grand-Maître de Saint-Lazare ; lés autres Maîtres & les Domestiques feroient à la nomination du Bureau de charité Métropolitain ou Diocéfain du College. Cet arrangement nous paroît auffi facile qu'avantageux. Dans un autre Penfionnat ordinaire , feroient mis les enfans de la haute Bourgeoifie.

. Pour les jeunes Demoifelles pauvres , on choifiroit de même en chaque Métropole une Communauté Religieufe , pour en faire le Penfionnat de la Nobleffe. Nous inclinerions beaucoup vers les Chanoineffes , telles que nous les avons propofées pour les afyles ; cette idée paroit la plus naturelle & la plus convenable : par provifion on choifiroit la Communauté la mieux placée de l'Ordre de S. Auguftin , & on y mettroit une Prévote & douze Chanoineffes prifes parmi les Profeffes les plus capables. On drefferoit un Réglement pour ces Penfionnats attribués exclufivement aux Demoifelles de la Métropole ; & l'objet de ce Réglement feroit de diriger leur éducation de maniere à les rendre de bonnes Meres de familles , de bonnes Maitreffes de maifon , de bonnes Dames de Paroiffe , ou de bonnes Chanoineffes pour montrer aux autres & fervir les Pauvres dans les afyles. Nous donnerons le projet de ce Réglement dans nos *idées fur les Ecoles Nationales.*

F iv

Dans ces Penſionnats les Demoiſelles riches payeroient leur penſion, leur habillement uniforme, leurs Maîtres & Maitreſſes d'exercices; le Bureau Diocéſain paieroit pour les Pauvres & veilleroit ſur le Penſionnat même. Les Chanoineſſes qui le dirigeroient, ne feroient elles-mêmes, ſuivant nos idées, que de pauvres Demoiſelles qu'on y auroit fait élever, ce qui maintiendroit l'union. De pareils Penſionnats feroient beaucoup de bien, & à tous égards coûteroient peu à établir, & ſe conſerveroient très facilement dans leur ſplendeur, étant ſous la ſauve - garde des Bureaux Diocéſains des deux Commiſſions ſupérieures & des deux Ordres Hoſpitaliers.

Au ſortir des études, les Eleves feroient mis au ſervice de terre ou de mer, avec une penſion qui diminueroit à proportion que leurs grades & appointemens augmenteroient. Mais en reconnoiſſance de leur éducation, ils feroient tenus de payer toute leur vie, par forme de redevance, la dîme de leurs revenus à la Caiſſe Diocéſaine qui les auroit fait élever. Les Demoiſelles feroient mariées avec une petite dot, reçues Chanoineſſes, miſes dans d'autres Couvents, ou penſionnées filles, autant que l'exigeroient leurs vrais beſoins pour ſuppléer à leur travail.

N°. I I.

Les *besoins* permanens de l'âge plus avancé, se bornent au logement, à la nourriture, aux vêtemens ; il n'étoit pas convenable que la Nobleſſe & la haute Bourgeoiſie réduites à l'indigence , fuſſent entaſſées dans les *Hôpitaux* ſi mal imaginés , qu'on avoit bâtis de nos jours : il n'eſt pas plus néceſſaire de les placer dans nos *aſyles* , ni même de les fixer abſolument nulle part ; qu'ils choiſiſſent dans tout le Dioceſe une penſion à leur gré , dans laquelle , moyennant une ſomme pas mois ou par quartier , on leur fourniroit tout le néceſſaire , l'habitation , le feu , la lumiere , la nourriture , le blanchiſſage. Pourvu que cette penſion n'excédât pas la ſomme fixée par le Bureau Diocéſain , elle feroit payée très exactement. L'article de l'habillement feroit réglé de même , on donneroit aux Familles entretenues , un bulletin du Bureau , moyennant lequel ils acheteroient le linge néceſſaire honnête , des vétemens décens pour leur état , mais ſimples , & le Bureau paieroit aux Marchands. On donneroit en outre une petite douceur pécuniaire par ſemaine.

Les Membres du Bureau Diocéſain viſiteroient périodiquement les domiciles & penſions , ainſi que la perſonne même , la Garde-

robbe de ces Pauvres , & ils en feroient men‑
tion fur leur Procès-verbal.

Ceux qui ne feroient qu'à demi pauvres ,ne
recevroient que la moitié de ce foulagement ,
& ainfi par proportion de la pauvreté véritable. Afin que le Bureau ne puiffe pas être trom-
pé , tout Gentilhomme ou Bourgeois qui fe
préfenteroit au Bureau Diocéfain comme pauvre pour être penfionné , feroit tenu de préfen-
ter l'état de fes biens & revenus avec celui de
fes effets mobiliers & de fes dettes. Il affirmeroit par ferment la vérité de cet état , jurant
qu'il n'auroit rien caché ni détourné , fous peine
d'être puni comme voleur & fauffaire. Le Bureau feroit le maître de lui faire faire abandon
de fes biens pour fa vie feulement quant aux
immeubles ; ces biens ainfi abandonnés , feroient régis tant qu'il vivroit par le Bureau Diocéfain , qui les garderoit jufqu'à trois ans après
fa mort & les remettroit alors entre les mains
de fes héritiers. Bien entendu que la faculté ref-
teroit au Bureau de s'en défaire plutôt au profit de ces héritiers s'ils en avoient befoin , pour
n'être pas pauvres eux-mêmes.

N°. III.

Les befoins tranfitoires des Gentilhommes
& des perfonnes de la haute Bourgeoifie (tels
que les Juges des Grands Sieges & ceux qui

font dans les premieres places de l'adminiftration) , exigent fouvent un fecours & un foulagement. Il faut commencer par l'expofition totale & affirmée de fon bien , & par celle de fes
malheurs & de fes embarras. En pareil cas , le
Bureau pourroit prendre le bien pour un tems ,
vous penfionner vous & vos enfans , payer vos
dettes , réparer vos héritages , fe remplir fur le
produit de toutes fes avances , tant en dettes
acquitées , qu'en penfions & en réparations;
jouiroit encore trois ans après l'acquittement
pour s'indemnifer , puis vous remettroit vos
biens quittes & réparés.

Il faut entendre que le Bureau Diocéfain ne
fe chargeroit d'une pareille direction , que dans
les cas où il fe trouveroit de l'étoffe pour payer,
en dix ans , les Créanciers , les réparations &
les penfions ; s'il ne s'en trouvoit pas , il faudroit faire abandon aux Créanciers même , &
alors la pauvreté feroit totale & permanente.

Au contraire , lorfqu'il ne s'agiroit que d'un
petit accident paffager & qui ne dérangeroit
pas toute la fortune , le malheureux qui recla-
meroit les fecours du Bureau ne feroit obligé
que de lui abandonner un ou plufieurs de fes
immeubles par contrat pignoratif (honnête
s'entend); de maniere que cet immeuble jugé

fuffifant par la vérification des Bureaux Paroiffiens, pût en fix ans remplacer l'avance, les
réparations & autres frais. Les immeubles ainfi
donnés pour gage, feroient régis comme les autres biens tant que dureroit leur engagement;
on infcriroit au Siege Royal le contrat pignoratif, & pendant l'efpace de tems qu'il dureroit ni les fonds, ni les revenus ne pourroient
être faifis par d'autres Créanciers.

Cette faculté donnée à la Nobleffe & à la
haute Bourgeoifie de payer en fix ans par le
Bureau Diocéfain nanti d'un immeuble pour
gage, procureroit beaucoup de foulagement à
la Nobleffe qui en a befoin. Les Créanciers d'un
particulier, devenus Créanciers de la Caiffe
générale & fûrs d'être payés très exactement
en douze époques, de fix mois en fix mois,
n'auroient point à fe plaindre, d'autant mieux
que la loi une fois connue, ils s'y feroient foumis en devenant Créanciers. C'eft ainfi que felon nos idées le Bureau Diocéfain feroit un
Mont de *Piété* pour les deux premieres claffes
des Citoyens, comme le Bureau Paroiffial le
feroit pour les autres.

Il eft tout fimple d'imaginer que l'*afyle*, les
penfions, les *avances*, formeront trois objets
dans le compte rendu immédiatement par le
Bureau Diocéfain à la Commiffion Provinciale,

dont le double fera remis à la Commiffion univerfelle & fouveraine du Confeil du Roi. L'Officier municipal paiera fur les mandemens du
Procureur du Roi ; celui-ci donnera fes mandemens en vertu des délibérations ; tous les
mois fe fera le relevé des trois Regiftres rela-
tifs ; tous les trois mois le réfumé , & tous les
ans le tableau général , ainfi que nous l'avons
expliqué plus haut.

§. I I I.

Des charges du Bureau Paroiffial.

Les vieillards , les aveugles & les autres
pauvres totalement invalides des deux fexes,
ainfi que les enfans orphelins , ou bâtards élevés dans la Paroiffe , font les objets confiés
à l'attention du Bureau Paroiffial , dont le foin
légal eft continuel ; les malades & les voyageurs font la matiere d'une follicitude extraor-
dinaire du même Bureau.

Nᵒ. I.

Les Penfionnaires fixes du Bureau Paroiffial
exigent qu'on leur procure un logement , des
alimens & des habits. Souvent les pauvres vieillards aveugles & invalides ont des parens , des
amis , des connoiffances qui leur fourniffent

gratuitement une petite chambre ; le Bureau Paroiſſial doit les y exhorter. Il eſt même des cas où des parens proches qui feroient propriétaires de maiſons, & qui pourroient, ſans ſe nuire à eux mêmes, loger un pauvre penſionné par le Bureau, doivent y être forcés à la requête du Bureau, même par Ordonnance du Juge. Tout de même ceux qui ſeroient en état par leurs richeſſes de fournir une partie du prix de l'entretien, doivent y être engagés par ſentiment, ou contraints par la juſtice ; c'eſt la Juriſprudence très ſagement établie. Il ſeroit honteux de voir des freres, des oncles ou neveux, des couſins-germains dans l'opulence, abandonner leurs proches à la charge publique, ſans les ſecourir eux-mêmes. Le Bureau Diocéſain ſera déclaré partie intéreſſée contre les mauvais Parens, & le Syndic autoriſé à les pourſuivre, afin de ſe faire rembourſer par eux ce que coutent leurs parens : on y pourvoira par proviſion, mais avec privilege pour la reſtitution. Sans une attention très ſevere ſur cet objet, on ſeroit la dupe de l'avarice. Il faut étendre cette idée aux freres, oncles, neveux & couſins-germains des pauvres qui ſont à la charge du Bureau Diocéſain. Un Citoyen n'eſt jamais un vrai pauvre, tant qu'il a des parens fi proches dans une aifance complette. Pour lors , il faudroit permettre à des proches d'être impunément des barbares fans entrailles & fans pudeur , & jamais les loix ne peuvent autorifer de pareils fentimens.

Il fera donc jufte de louer de petites chambres pour les pauvres Invalides , fi la charité particuliere ne leur en procure pas , c'eft un petit objet. Il leur faut un ameublement comme celui de l'afyle , une nourriture femblable , & l'habillement correfpondant. Le Bureau doit délivrer les bulletins & payer en argent ceux qui fourniffent les effets. Il faut enfin une petite douceur pécuniaire par femaine , les Pauvres la toucheront du Caiffier fur un mandement figné du Syndic comme les bulletins , & autorifé provifoirement d'une délibération commune.

Les nourrices des enfans orphelins ou bâtards, feront auffi payées exactement par femaine, & recevront des bulletins pour leurs petits linges, uftenfiles & vêtemens : mais chaque Membre du Bureau tour à tour fera de femaine pour voir tous les pauvres habitans de la Paroiffe dans leur domicile, & vérifier les meubles & habillemens qu'ils auront reçus par bulletins. Ce Vifiteur femainier fera fon rapport à

l'Assemblée & l'affirmera véritable : mention
en sera faite dans les Regiſtres des délibérations.

Nº. II.

Les Pauvres paſſans feront un objet rare &
peu difficile. Il s'agira pour les Officiers du
Bureau de vérifier le paſſeport de ceux qui ſe
préſenteront pour coucher ou dîner, d'appeller
le Syndic ou le Caiſſier , & d'ordonner à un
Aubergiſte de le recevoir moyennant un bulletin qu'on lui délivreroit en faiſant mention ſur
le regiſtre, de ſon arrivée , du lieu de ſon départ , du terme de ſa route , & de tout l'extrait
de ſon paſſeport ; après ſon repas ou à ſon ré-
veil on le viſeroit en le lui remettant. Ce papier reſteroit en dépôt au Bureau tant que le
Voyageur pauvre ſeroit au cabaret. Les bulletins
ſeroient payés dans la ſemaine aux Aubergiſtes;
dans les Villes, ce ſoin regarderoit le Bureau général compoſé des Bureaux de chaque Paroiſſe,
combinés par Députés.

Les Etrangers malades ſont auſſi dans les
Villes un des objets d'attention pour ce Bureau
général : nous avons expliqué nos idées ſur la
maniere de leur procurer des domiciles & des
parens adoptifs pour le tems de leur maladie :

il

il s'agit de louer à l'année certain nombre de chambres chez d'honnêtes Artifans , bien garnies de portes , de fenêtres , d'un bon lit , d'une cheminée & autres uftenfiles , & de nommer en chaque Corps de métier des hommes & des femmes pour fervir de parens aux Ouvriers étrangers de leur profeffion. Les Artifans qui loueront les chambres feront obligés , moyennant le falaire convenu par jour , de fournir les bouillons , fervices & autres fecours. Ils feront infpectés par les parens adoptifs & par les Officiers du Bureau.

Il faut ici faire deux obfervations ; la premiere pour les Pauvres voyageurs. S'ils tombent malades dans une campagne ou petite Ville , le Bureau doit leur faire trouver une chambre ou par charité , ou en payant pour eux , & les faire traiter comme fes propres malades ; le tout par délibération ; & mention en fera faite fur les paffeports & fur tous les états.

La feconde eft fur un objet important, pour éviter les plus grands abus. C'eft que le Chirurgien titré de plufieurs Bureaux paroiffiens, doit avoir chez lui un , ou même en cas de befoin , plufieurs lits pour y accoucher fecretement les filles qui voudront cacher leur honte ,

& qu'en remettant par lui un enfant au Bureau paroiffial, on lui paiera le traitement de la mere fur le prix convenu fans autre information. Le Bureau général doit avoir foin que dans les grandes Villes, les Chirurgiens ou Sages-femmes reçoivent ainfi celles qui fe préfenteront. Ce n'eft pas le défordre qu'on favorife par un femblable établiffement, c'eft le crime le plus affreux qu'on prévient.

§. III.

Les domiciliés attaqués d'une maladie qui les rend pauvres, recevront en lits, nattes, linges & vêtemens, tous les fecours dont ils auront befoin. Le Maître leur fera faire de bons bouillons fuivant l'ordonnance du Chirurgien, du potage ou d'autres alimens ; il fera délivré à cet effet des bulletins fignés du Syndic par délibération qu'on remettra au Maître ou à la Maîtreffe d'Ecole, qu'elles donneront en paiement au Boulanger, au Boucher, & qui feront payés toutes les femaines ou tous les mois par le Caiffier. On en donnera de même en vertu des mêmes délibérations à ceux qui fourniront ou répareront les meubles & uftenfiles qu'on prêtera aux malades. Le Maître & la Maîtreffe d'Ecole, chacun pour leur fexe, fe-

ront obligés de tenir un journal de chaque maladie , dans lequel ils infcriront tout ce qui fera
tiré du dépôt pour être prêté au malade ; tout
ce qu'ils auront acheté pour fes alimens ou fon
foulagement ; tous les bulletins qui leur auront
été délivrés , & l'emploi qu'ils en auront fait ,
fur-tout tous les remedes qu'ils auront vu ad-
miniftrer : ce procès verbal fera dépofé à la
mort ou à la convalefcence du malade dans les
archives , & copié tout du long dans un livre *ad
hoc*, pour y avoir recours lors des vifites. Le
Chirurgien fera de même fon procès verbal ,
fuivi de la maladie , de fes opérations & remedes, qui fera auffi dépofé & tranfcrit pour
fervir à la vérification lors des vifites.

Les parens , amis & voifins du malade feront requis de figner ces procès verbaux, & les
Notables de la Paroiffe les attefteront toujours
par leur feing ou par leurs marques.

C'eft ainfi que , fans beaucoup d'embarras,
moyennant l'ordre & l'enchaînement que nous
avons tâché de mettre dans nos *idées* , & que
nous propofons de mettre dans la *Pratique* de
la bienfaifance générale, chrétienne & patriotique , nous croyons que tous les *befoins* des vrais
pauvres feroient fatisfaits, tous leurs *droits* remplis : mais pour que tous leurs *devoirs* foient

exécutés , il nous reſte à traiter des faux Pauvres, c'eſt-à-dire , de ceux qui ne le ſont pas &
qui feignent de l'être , ou de ceux qui le ſont ,
qui en reclament les droits , & qui n'en rempliſſent pas les obligations.

Fin du ſecond Chapitre.

IDÉES
D'UN CITOYEN
SUR
LES BESOINS, LES DROITS,
ET LES DEVOIRS
DES VRAIS PAUVRES.

CHAPITRE TROISIEME.
SUPPLEMENT.
Sur les faux Pauvres.

ARTICLE PREMIER.
THEORIE.
§. I.
De la Pauvreté supposée.

LE Royaume est actuellement inondé de faux Pauvres qui vivent dans la licence & dans le crime sous le masque de l'indigence réelle & de l'impuissance au travail. Ce n'est pas assez pour

le Gouvernement de pourvoir aux vrais *befoins*,
il faut encore qu'il penfe à réprimer l'impofture, à la prévenir de fon mieux, à la punir avec
juftice & intelligence.

N°. I.

Il eft néceffaire d'abord de réflechir fur l'o-
rigine de la fauffe pauvreté. La premiere & la
plus apparente, c'eft le défaut d'un fyftême fta-
ble & permanent d'aumône univerfelle & de
bienfaifance patriotique. Tant que vous n'avez
pas donné fans reftriction aux vrais Pauvres
tous les fecours qu'ils ont *droit* d'exiger, vous
étiez contraints de fouffrir la mendicité ; vous
feriez injufte & barbare de la refufer à ceux que
vous laiffez dans la mifere. La permiffion de
folliciter la compaffion publique, emporte naturellement celle de vaguer, de circuler, de
courir de portes en portes. Elle oblige néceffairement d'abjurer la honte & l'eftime de foi-
même. De ce premier pas vers la corruption la
pente eft bien rapide. L'envie d'exceller dans
l'art de la gueuferie, jointe à l'avarice qui eft
de tous les états, a dû faire imaginer aux vrais
indigents mille artifices pour augmenter leurs
maux & l'apparence de leur pauvreté. Ces ru-
fes leur procuroient une vie peu glorieufe,
mais très oifive & très commode. Il étoit donc
tout fimple que des ames viles & portées à la

crapule, regardaffent avec un œil d'envie l'heureufe fainéantife des pauvres, qu'ils imitaffent
leurs fraudes & fe fiffent eftropiés & malades
en apparence, pour être en réalité inutiles &
débauchés. Le vagabondage étoit permis, nul
n'étoit prépofé pour conftater l'impuiffance au
travail & les befoins, la loi prefcrivoit en général cette vérification, mais fans en charger fpécialement qui que ce foit, fans l'en rendre ref-
ponfable, fans l'intéreffer directement à l'exactitude. On craignoit même très juftement cet
examen, quoiqu'ordonné très fouvent par l'autorité publique. Rien n'étoit plus fimple. Approfondir le myftere de la pauvreté, punir l'impofture, c'étoit évidemment fe charger de foulager la véritable indigence : toutes les Ordonnances le prefcrivoient, mais aucunes n'en
donnoient les moyens, & l'inobfervation totale
étoit le fruit de ce mal-entendu.

Mais nous avons découvert une autre fource
du vagabondage & de la méndicité, c'eft la peine du Banniffement & celle des Galeres pour
un tems. Il eft évident que les criminels condamnés à ces deux peines, deviennent prefque
toujours des Membres de cette République errante formée dans le Royaume par une multitude affez grande de gueux valides, qui font
corps avec les vrais eftropiés, qui débauchent

des femmes & des filles, qui dérobent des enfants au défaut des leur, qui se régissent par des loix, se reconnoissent à des signes & à un langage, qui ont des chefs enfin, &, ce qu'il y à de plus singulier, dont le premier étoit autrefois reconnu & comme autorisé à la Cour même de nos Rois. Quel autre métier voulez-vous que fasse un homme que vous rendez infâme par une flétrissure, que vous chassez de son pays, que personne ne voudroit employer, qui n'a plus d'honneur à conserver, ni rien à espérer dans la société civile, puisqu'il ne peut plus s'allier ni s'élever à rien, & que sa postérité même, s'il en avoit, seroit chargée d'opprobre dès le moment même de sa naissance. Il faut qu'il devienne voleur de grands chemins, ou du moins vagabond, mendiant & débauché. De cent flétris, bannis & condamnés pour un tems aux galeres, vous en avez quatre-vingt-dix qui prennent ces partis funestes.

Une autre source encore, c'est le desespoir des Paysans réduits à l'aumône, après avoir travaillé vingt ans comme des forçats. Nous en avons vu plusieurs de cette espèce très valides, traînant avec eux des femmes robustes & des enfants vigoureux. Pourquoi mendier, leur disions nous en leur donnant quelque aumône, n'avez-vous pas des bras vous, votre femme, & même vos enfans ? Travailler, nous, répondoient-ils avec le bon sens de la nature, à quoi cela nous serviroit-il ? nous nous tuyons toute l'année à cultiver les champs d'autrui, on nous donnoit pour salaire quelque boisseau de bled & peu d'argent que nous conservions pour vivre l'hiver nous & notre famille dans les tems où personne ne nous occupoit. Vivre pour nous, c'est-à-dire manger du pain noir , boire de l'eau , coucher sur la paille , être vêtu de toile en lambeaux ; & voilà que le Collecteur venoit nous emporter notre bled , notre argent, notre chauderon & jusqu'à notre paillasse, pour payer les impôts. Il nous falloit donc becher la terre les trois quarts de l'année depuis le lever de l'Aurore jusqu'au coucher du Soleil , pour n'avoir pas même l'hiver du pain noir , de l'eau & de la paille. Que ceux qui nous ont fait dé-pouiller de tout & chasser de nos cabanes par les Collecteurs , travaillent eux-mêmes la ter-re à notre place : nous ne voulons plus être pis que les bêtes de somme ; on les fait travailler moins que nous , & du moins on les loge & on les nourrit : nous aimons mieux mendier : qu'on ne nous donne rien , qu'on nous pende même si on veut , nous serions morts tout de même de misere & de fatigue ; au moins nous aurions épargné la peine de travailler pour rien. Ce n'eſt point ici une fiction, c'eſt une triſte vérité que nous avons vu cent fois dans l'intérieur du Royaume. Il eſt même étonnant que le deſeſpoir ne ſoit pas plus commun, tant le Payſan eſt malheureux & impitoyablement vexé par les Huiſſiers aux Tailles & autres Exacteurs. Nous avouerons ingénument que jamais nous n'avons trouvé de réponſe à ce raiſonnement ſi ſimple de ces Philoſophes agreſtes : en travaillant bien fort toute la vie, nous ſômmes très malheureux, en ne travaillant point du tout, nous le ſommes moins : il vaut donc mieux ne rien faire. Nous n'avons jamais pu que lever les yeux au Ciel, en nous écriant : Oh, mon Roi ! oh, ma Pat rie ! oh, malheureux ſyſtême d'écraſer l'Agriculteur, pour nourrir dans l'opulence une foule d'oiſifs comme nous ! Oh, affreuſe négligence de permettre ainſi le vagabondage & la mendicité, faute d'appliquer aux vrais *beſoins* des Pauvres, tant de biens qui leur appartiennent, & qu'ils ont *droit* de reclamer.

Nº. I I.

Pour prévenir déformais cet abus en tariſſant la ſource même, il ne ſuffira donc pas de connoître les vrais Pauvres, de les fixer dans le lieu de leur naiſſance, de leur y fournir tout le néceſſaire ; il faut encore ſubſtituer une autre peine aux banniſſemens & aux galeres pour

un tems ; il faut, comme nous l'avons propo-
sé, soulager les Paysans, & faire ensorte que le
travail leur procure de quoi vivre, & que les
exactions des deniers publics ne les réduisent
pas à la vraie pauvreté ; autrement vous seriez
obligés de rendre d'une main ce que vous re-
cevriez de l'autre, & vous n'en seriez pas plus
riches après vous être fatigués vous-même, &
vous être rendu les fléaux de cette classe de
Citoyens les plus utiles à la Patrie. Quelque
sages que soient à cet égard les précautions
qu'on saura prendre, il est possible sans doute
que l'esprit de libertinage & de fantaisie même,
produisît encore de tems en tems quelques vagabonds. C'est alors que vous avez droit de
les réprimer très séverement, & qu'il est très
intéressant de prendre tellement vos précautions qu'ils ne vous échappent pas. Rien n'est
plus simple, nous parlerons du châtiment qu'il
faudra leur infliger dans les Maisons de *Correc-*
tion, dont nous expliquerons *la pratique* ; mais
pour les saisir rien n'est plus facile. Il faut donner une récompense à ceux qui les dénonceront
& les arrêteront, & que cette récompense soit
payée par ceux qui les auront favorisés par
fraude ou par négligence : quiconque arrêtera
des Mendians vagabonds, doit avoir à perpétuité la valeur de trois marcs d'argent fin, ce

qui fait aujourd'hui cinquante écus, qui lui feront compté par le Bureau paroiffial, en remettant l'atteftation du Juge, qui conftate que
l'homme ou la femme font dans les prifons &
de bonne capture, fuivant les Ordonnances.
Les cinquante écus feront revendiqués fur les
Paroiffes qui auront laiffé paffer le Mendiant,
depuis le lieu de fon départ jufqu'à celui de fa
prife ; moitié fur la Paroiffe de fon origine,
moitié fur toutes celles qu'il aura parcourues en
gueufant. On repartira ces fommes fur la capitation au marc la livre. Avec cette feule ordonnance vous devez être furs d'exterminer à jamais les Bandits & Vagabonds : fi vous y joignez l'exactitude des Bureaux diocéfains à vérifier les befoins réels des vrais Pauvres, celle
des Vifiteurs & toutes les autres dont nous
avons parlé, vous parviendrez furement à n'a-
voir plus de fauffe pauvreté.

§. II.

De la Pauvreté criminelle.

Nous ne balançons point à ranger dans la
même claffe, que les faux Pauvres, ceux qui le
deviennent uniquement par leur faute, & ceux
qui l'étant par le malheur, fe rendent indignes
par leur mauvaife couduite des bienfaits de la
charité patriotique : nous devons ici traiter des
uns & des autres.

N°. I.

Dans la premiere claſſe de pauvreté criminelle ſont les diſſipateurs & les priſonniers pauvres par leur détention. Les uns & les autres
méritent des réflexions.

On ne voit que trop dans le monde, & preſque dans tous les états de ces prodigues inſen-
ſés, qui ſe livrant à tous les excès, détrui-
ſent les fortunes les mieux aſſurées, ou rendent
inutiles les talens les plus décidés. La pauvreté
qui naît ainſi de la débauche, eſt un vrai délit
dans l'ordre de la ſociété, qui mérite certainement l'animadverſion des Loix. La faute eſt
plus grave & plus puniſſable dans un chef de
famille, qui réduit à la mendicité une femme &
des enfans innocens. Nos Loix n'ont pas aſſez
clairement prononcé ſur cette eſpece de crime,
& nous ne balançons pas à dire qu'il mérite
une punition exemplaire. Il eſt juſte premierement, de ſoulager la famille malheureuſe d'un
diſſipateur ruiné; mais elle ne doit pas attendre qu'on l'entretienne dans le luxe & dans
l'oiſiveté. Les femmes & les enfans doivent
être reçus dans des maiſons d'apprentiſſage,
dans leſquelles on leur montrera l'art de gagner leur vie par le travail de leurs mains. Les
auteurs même du déſaſtre doivent être placés
dans les Maiſons de *correction*, où le travail

fera plus rude & la vie moins douce. Expli-
quons nos idées fur les unes & les autres de ces
Maifons : comme fur le fyftême de *punition*
des coupables convaincus de crimes qui ne méritent pas la mort.

Premierement , il eft à préfent un grand
nombre de Mendians valides qui n'ont jamais
appris ni pratiqué aucun métier , & qui font
pour le moment incapables de travail faute d'habitude & d'adreffe. L idée des rédacteurs de
quelques anciennes Ordonnances , & de plufieurs donneurs d'avis qui viennent d'en renouveller l'efprit , eft d'enfermer fur-le-champ les
Mendians valides dans des Maifons de *correction* , dont le féjour emporte l'idée de la honte
& de la fervitude ; on a même propofé bien pis,
de les flétrir d'une marque & de les affocier
dans les galeres avec les fcélérats. Notre cœur
répugne abfolument à ces procédés peu réflé-
chis & très évidemment injuftes. Il faut confi-
dérer que plufieurs font nés dans l'état du va-
gabonage & de la mendicité : trop malheureux
d'être les fruits de la débauche , & les enfans
des plus vils & des plus vicieux des hommes ,
on ne leur a montré pour tout exercice que
celui de gueufer. Eft-ce un crime pour eux ,
non fans doute , c'eft une infortune qui ne peut
leur être imputée. D'autres font encore bien

plus à plaindre , ce font des enfans nés de parens honnêtes que les vagabonds dérobent dans
le bas-âge pour émouvoir la compaffion des
bonnes ames , & qu'ils inftruifent dans leur métier. Les exemples en font communs : font-ce-là
des coupables dignes de Galeres ? Non , fans
doute. D'autres ont appris à travailler , à la
bonne-heure : ils ont quitté leurs profeffions par
defefpoir , étant pourfuivis par des Créanciers ,
fur-tout par les Huiffiers aux Tailles. Il y en a
plufieurs autres par libertinage , il eft vrai. Tous
les Mendians valides *pourroient* travailler ; ils
le *devroient* : mais ils ne travaillent point depuis
long-tems. Voilà leur crime , dites-vous , &
moi je vous réponds que c'eft le vôtre. Pourquoi avez-vous toléré la mendicité ? Pourquoi
n'avez-vous pas foulagé tous les *befoins* ? pourquoi n'avez-vous pas prévenu les ruines ? pourquoi n'avez-vous pas arrêté la licence dès les
premiers pas ? Vous le *pouviez* , vous le *deviez* ;
ces malheureux auroient pris le goût ou l'habitude du travail , ils ne l'auroient pas perdu.
Ils ne feroient pas coupables de ce crime dont
vous êtes en quelque forte les auteurs , & que
vous voulez punir avec tant de rigueur.

Plus juftes & plus humains , nous proteftons
hardiment contre cette févérité : nous difons
que les Pauvres valides actuels ne font pas en-

core criminels , & qu'on ne peut pas les châtier comme tels. Nous les renvoyons dans leur Patrie; mais nous croyons qu'il faut leur y procurer l'*apprentiſſage* du travail , avant de les reléguer dans une maiſon de *correction* proprement dite.

C'eſt aux Freres & aux Sœurs de la Charité , dont nous avons établi le Noviciat dans la ville Epiſcopale , ſous les yeux du Bureau Diocéſain , que nous confions les *apprentifs* des deux Sexes , tant ceux qui vont ſe trouver aujourd'hui en aſſez grand nombre , que ceux qui viendront par la ſuite en cet état, plus rarement, par le déſaſtre des familles , ſoit que le malheur ſeul ſoit la cauſe de leur infortune , ſoit que la diſſipation & la débauche des Chefs de famille l'ait occaſionnée. Ce n'eſt pas le tout , que de dire à nos Concitoyens : vous avez des bras , travaillez, gagnez votre vie , & ne mendiez point ; ſans quoi, je vous déclare ſcélérat , je vous empriſonne , je vous flétris, je vous enchaîne aux galeres. Un homme, une femme valides peuvent répondre : j'ai des bras , mais on ne m'apprit jamais à travailler : je ne ſais où eſt l'ouvrage, j'ignore qui peut m'en donner : il eſt impoſſible , ignorant , mal-à-droit , comme je ſuis, foible & incapable de faire beaucoup ni bien , faute d'habitude , que je gagne totalement ma vie dès le premier jour. Mais je ne ſuis

pas

pas un scélérat , je veux travailler , faites-moi
instruire , soulagez ma foiblesse dans les premiers momens , parcequ'après trente ans d'oi-
siveté & de délicatesse , on ne peut pas devenir
dès le premier jour un manœuvre robuste ni
un ouvrier intelligent. Si je ne fais pas de mon
mieux , à la bonne-heure punissez-moi ; mais ne
commencez pas par exiger de moi l'impossible.

Nous ne savons point de replique à cette réponse ; ceux qui ont rédigé la loi, ceux qui
l'ont promulguée , ceux qui donnent des con-
seils , moi tout le premier & tous ceux qui trouvent admirables ces belles inventions de mettre
des malheureux dans des Prisons ou à la chaîne
parcequ'ils n'ont pas deviné qu'on feroit une
loi nouvelle , ou qu'on l'exécuteroit enfin pour
cette fois , après en avoir négligé ou totalement oublié cent autres ; ceux-là , dis-je , &
nous tous serions bien à plaindre si des évenemens très-possible pour la plûpart , nous ré-
duisoient à une véritable indigence. Nous
avons des bras , mais nulle aptitude au travail
manuel, avec beaucoup de mal-adresse : il nous
seroit certainement impossible pendant quelque
tems de gagner bien notre vie du travail de nos
mains. Il faudroit donc nous donner le tems de
nous exercer & d'apprendre. Rien n'est plus
juste ce semble , ni plus naturel que cette idée ;

nous expliquerons plus bas la *pratique* de cet apprentiſſage.

Mais les pauvres ,valides qui ne voudroient pas apprendre & travailler , deviendroient alors criminels & mériteroient d'être punis. C'eſt pour eux que nous deſtinons en chaque Métro-pole une Maiſon de *correction* , dans laquelle il faudroit auſſi renfermer les diſſipateurs & les pauvres totalement ou à demi invalides , qui par leur mauvaiſe conduite ſe rendroient dignes de cette peine. Nous expliquerons la pratique de cette Maiſon de *correction* : l'idée ſeule ſer-vira de frein aux pauvres qui ſeront à la charge des Bureaux de Paroiſſes & de Diocèſes. Elle préviendra de même les prodigalités qui ruinent les Familles ; elle fera valoir les pauvres valides de la Maiſon d'*apprentiſſage* , la crainte d'être envoyés à la Maiſon de *correction* ,leur inſpi-rera l'amour du travail. En tout , il faut que la peine marche à pas lents, & qu'on donne le tems de l'éviter. Quel intérêt a-t-on de la précipiter ?

Nº. III.

La punition des criminels qui ne ſont pas dignes de mort , entre dans la combinaiſon de notre ſyſtême.Une premiere réflexion doit tomber ſur les priſons : la longueur des formes judiciaires y laiſſe languir long-tems ceux qui ſont accuſés de quelque crime , innocens ou coupables ; on y renferme auffi des débiteurs infolvables ; & les uns & les autres font comme obligés d'y vivre dans l'oifiveté , d'autant mieux qu'on féqueftre plus rigoureufement les plus criminels , & ceux contre lefquels on a de plus fortes preuves. Mais fi d'un côté les prifonniers n'ont rien à faire , de l'autre ils font renfermés dans des lieux d'horreur , de ténebre & d'infection , & la Loi ne leur donne que du pain & de l'eau. Cependant il fe trouve fouvent qu'après tant de fouffrances les accufés font abfous ; eft-ce bien là une juftice ? Quoi qu'il en foit , ceux qui font riches peuvent fe procurer dans les fers tout le bien être de la vie animale ; quelque criminels qu'ils foient , ils en font quittes pour être rançonnés par les Geoliers qui les volent impunément : mais ceux qui ne vivent ordinairement que du travail de leurs mains , font réduits par leur détention à une vraie pauvreté , puifqu'on ne leur fournit que peu de pain & d'eau , peu de paille & point d'habits. Auffi les Dames de Charité ont-elles toujours regardé les pauvres Prifonniers , comme un objet de leur follicitude. Nous ne fommes pas moins convaincus de la mifere actuelle de plufieurs. A Dieu ne plaife que nous y foyons infenfibles , tout homme qui fouffre a droit d'intéreffer un cœur humain , fût- il le dernier des fcélérats.

H ij

Mais nous ne croyons pas que cet objet doive tomber à la charge de l'aumône univerfelle , & voici notre idée.

L'oifiveté n'eft bonne à rien, encore moins dans les prifons que par-tout ailleurs. Nous voudrions que tous les Accufés, tous les Débiteurs arrêtés par leurs Créanciers, de quelque état & qualité qu'ils puiffent être, fuffent obligés de travailler. Il y a des ouvrages faciles qu'on peut faire fans apprentiffage. Il faut obliger ceux qui en ont befoin à les faire faire dans les Prifons ; c'eft l'affaire des Sieges de Juftice. Il faut contraindre de même tous les Prifonniers à remplir par jour une certaine tâche de ces Ouvrages , fous peine d'une correction corporelle. Le prix de ces travaux fervira pour procurer une fubfiftance & un habillement aux Prifonniers , comme il fe pratique dans les Maifons publiques de *correction* , telles que Bicêtre & autres. Pourquoi craindriez-vous de faire travailler un homme que vous jettez nud chargé de chaînes , dans un trou infect, où vous lui donnez du pain & de l'eau. Il vaut mieux le revêtir d'un habit de bure groffier, mais net; le faire travailler douze heures & lui donner un lit propre , un potage , un peu de viande, des légumes, ou du fromage : qu'il foit bien enfermé , à la bonne-heure , mais l'humanité répugne à l'idée des cachots & des chaînes. Faites de fortes murailles bien élevées ; isolez vos prisons ; mettez des sentinelles & des lanternes aux angles de ces murailles & des fossés autour; qu'il n'y ait nulle ouverture qui donne au-dehors, si ce n'est une triple porte d'entrée ; que toutes les chambres donnent sur un préau & une espece de cloître à la Chartreuse & soient bien grillées ; mettez des Gardes armés au centre du préau, & rendez-les responsables des évasions, vous n'avez pas besoin de plus grandes précautions. Au lieu d'enfoncer sous terre les mutins & de les accabler de fers, faites les corriger comme on fait les Soldats Allemands, & redoublez leur tâche. Ayez plusieurs Cours différentes ainsi isolées, entourrées de fortes murailles, de fossés & de Gardes, environnées de chambres fortes pour y distinguer les sexes, les états & les crimes ; que tous les Prisonniers travaillent en commun s'ils ne font pas sequestrées, ou dans leur chambre s'ils font mis au secret. Qu'il soit loisible à ceux qui le pourront, de se racheter de ce travail, mais en payant la nourriture & l'habit de dix autres prisonniers, & non autrement. Que les Juges veillent à ce Réglement, c'est affaire de Justice distributive & non de Charité patriotique. Les Criminels & autres Prisonniers valides ne font jamais de vrais pauvres, puisqu'ils peuvent travailler : c'eſt aux Magiſtrats qui les font arrêter, à faire accorder leur *captivité* avec leur application à des ouvrages capables de les nourrir & habiller.

Quant à la punition qu'il faudroit ſubſtituer aux Banniſſemens, aux Galeres perpétuelles, & même à la peine de mort prononcée trop legerement en pluſieurs cas pour les fautes militaires & les petits vols (tandis que les Grands ſont ſi ſouvent impunis ou même honorés), nous propoſons *l'exportation* dans une Colonie. Le Gouvernement a, par exemple, aujourd'hui l'Iſle de Sainte Lucie, dont l'établiſſement a été manqué plutôt par le défaut des précautions néceſſaires, que par les vices du climat, ſur leſquels on a rejetté tous les événemens.

Le climat de l'Amérique, fort innocent vis-à-vis des Anglois, des Hollandois, des Portugais & des Eſpagnols, a toujours tort vis-à-vis des François ; nos Voiſins, ſages & modeſtes autant que bons Patriotes, font peu de fautes dans leurs Etabliſſemens. Ils commencent par en combiner à loiſir toutes les opérations ; & ce qu'on a réſolu avec maturité, s'exécute avec la fidélité la plus inviolable. Quand il ſe gliſſe quelque erreur, ou quand on découvre quelque moyen de faire mieux (& où ne trouve-t-on pas l'un & l'autre ?) ils n'en rougiſſent point, parcequ'il eſt de la nature humaine de ſe tromper en quelque dignité que l'on ſoit, & parcequ'il eſt preſque toujours poſſible d'améliorer, de perfectionner les ouvrages & les inventions des hommes. Le François, qui jouit du privilege de tout ſavoir ſans rien apprendre, d'opérer les plus grands établiſſemens ſans ſe former de plan & ſans y réflechir, d'être ſurtout tellement infaillible qu'on doit croire toujours phyſiquement impoſſible non-ſeulement qu'il faſſe mal, mais encore qu'un autre puiſſe faire mieux que lui, le François n'avouera jamais à ſon Roi, & au Miniſtre qui l'avoit employé, que c'eſt faute de lumieres, de réflexion, de précautions qu'il a échoué dans les entrepriſes que la Cour lui avoit confiées. Il ſe donnera bien de garde de le croire lui-même, d'examiner les cauſes du mal, & de faire un retour ſur ſa propre adminiſtration, ſur celle de ſes ſubalternes, ſur celle même de ſes Supérieurs, pour conſtater ſi les vices deſtructifs ne dérivent point de cette ſource, afin de corriger ceux qui lui ſont ſoumis, de ſe réformer lui-même, & de propoſer avec un zele ferme & modeſte ſes obſervations au Miniſtre, qui les accueilleroit avec bonté, trop habile, trop citoyen pour ne pas deſirer qu'on l'éclaire & qu'on lui fourniſſe

H iv

l'occasion de réformer ou d'améliorer quelques parties d'une administration immense dont il est impossible qu'il voie tous les détails. Il est plus simple de se rejetter sur le tems, le climat & les causes naturelles qui ne sont soumises à l'autorité de personne, & qu'on peut charger impunément de tous les évenemens, parce-qu'elles ne se défendent pas. Nous ne disons pas précisément que l'établissement de Sainte Lucie en soit un exemple complet. Il est certain d'une part que l'opération en est manquée; de l'autre qu'on l'impute au climat : mais il n'en est pas moins certain que toutes les Isles voisines qui ont même sol & même climat, sont habitées par des François & d'autres Peuples, soit du Nord, soit du Midi de la France. Il est encore sûr que toutes les peuplades des autres Nations qui ont bien réussi, étoient combinées sur des principes opposés à ceux qu'on a suivis, & que l'expérience a prouvé en plusieurs Colonies, singulierement dans la France équinoxiale dont la capitale est Cayenne, que le climat étoit fort innocent des maux qu'on avoit rejetté sur lui seul, lorsqu'on avoit manqué les établisse-mens. D'honnêtes Citoyens ont découvert les causes, & l'on a justifié qu'il y en avoit cent de morale & de politique sur un seul obstacle phy-sique.

Faifons d'abord fur nos peuplades ordinaires des réflexions qui nous paroiffent effentielles. Suppofons une Ifle déferte, ou peu s'en faut, dans la Zone Torride. On prend pour la peupler des jeunes gens de la bourgeoifie, beaucoup d'artifans des Villes, très peu ou point du tout de payfans. Quand on les a déterminés, chacun fait fa petite pacotille de mille chiffons en habits, quincailleries, bijouteries, meubles & uftenfiles : on les raffemble dans un port de mer. C'eft ici que commence la révolution qui n'ira qu'en croiffant, qui finira par leur mort, & qu'on attribuera fûrement au climat de notre Ifle. De ces jeunes gens échappés de leurs maifons & de leurs boutiques, la plûpart fe voyant affranchis du joug paternel, flattés de l'efpoir de faire fortune un jour, chargés de petits préfens & de quelque argent comptant, fe trouvent oififs pendant plufieurs jours dans un port de mer, ils s'y livrent à la débauche, y épuifent leur fanté, & plufieurs contractent des maladies d'autant plus dangereufes, que la fuite de leur vie va être plus dure & plus laborieufe.

Le tems favorable arrive, on entaffe cette foule de jeunes effeminés dans des navires médiocres pêle-mêle avec les Matelots & les Soldats, expofés au mal de mer, aux injures des

faifons & des climats , mal couchés , mal nourris , dévorés de regrets , de chagrins & d'ir-
quiétudes , ils ne voient que le ciel & l'onde ;
ne mangent que du bifcuit , des viandes falées
& corrompues , ne boivent que de l'eau infecte
& de mauvais vin tourné , pendant une longue
traverfée. On arrive dans l'habitation qu'on
s'étoit imaginée fi belle & fi riche, on n'y trouve ni maifons , ni fociété , ni plaifirs , ni même
de quoi vivre à la maniere de l'Europe. Le pain
& le vin s'y vendent au poids de l'or , ainfi
que les meubles utiles & les habits de premiere
néceffité. Ce n'eft pas tout , on eft obligé de
vivre dans la dépendance & la foumiffion continuelle ; les Colons font maîtrifés par les Commandans , avec autant d'empire & de féverité
que des Soldats par leurs Officiers. C'étoit le
tic de nos Etabliffemens que le Gouvernement
Militaire fût dominant & prefque feul , qu'on
n'y connût point le privilege des Citoyens , ni
la force des Loix fupérieure à l'autorité guer-
riere. Tout étoit Milicien dans nos Colonies ,
abus que le Miniftre actuel a fenti & reformé.
Affervis fous le joug , nos malheureux exilés fe
trouvoient tout-à-coup dévoués à des travaux
dont ils n'avoient pas même l'idée , loin d'en
avoir jamais fait l'apprentiffage , privés de toutes les douceurs ordinaires en France , & qui

pis est encore , gênés dans leurs opérations , & rançonnés dans le commerce par les monopoles que se permettent trop souvent & trop impunément les Subalternes employés sous les Commandans, qui ne pensent qu'à leur fortune. Faut-il donc attribuer au climat les chagrins, la langueur, le dépérissement & la mort de ces Peuplades que la misere assiége de toutes parts de mille manieres différentes ? Pour prouver le contraire, on n'a qu'à s'imaginer de faire ainsi rassembler mille personnes à Bayonne, de les promener deux ou trois mois en mer , en allant & revenant depuis le Midi de la France jusqu'à Dunkerque : les établir sous la même forme & aux mêmes conditions dans le plus salubre territoire de la France , & tout homme raisonnable va parier avec nous qu'il en mourra les deux tiers. Une autre raison de ne pas inculper le sol ou l'air de ces Isles , c'est le succès des autres Nations , ou même celui de nos Colonies voisines.

Il ne s'agiroit donc peut-être que de prendre les justes précautions qui sauvent les Peuplades, & font réussir les établissemens des nouvelles Colonies, nous les proposerons dans la *pratique* : à ces conditions il nous paroît que l'*exportation* seroit une peine aussi imposante que les bannissemens, les galeres & même la peine de mort pour plufieurs qui la bravent, quand elle eſt prompte & peu douloureuſe comme dans le ſupplice ordinaire. Le ſort des *exportés* ſeroit plus ou moins rigoureux ſuivant les crimes, & la peine finiroit plutôt ou plus tard, ſelon les circonſtances. Le principal c'eſt de n'exporter les condamnés des deux ſexes qu'après leur avoir fait faire l'apprentiſſage du travail manuel dans les Maiſons de *correction*, qu'après les avoir endurcis, non-ſeulement à la fatigue, mais encore à la nourriture la plus ſimple, non-ſeulement à la ſubordination, mais même à la contrainte ; en ſorte que leur *exportation* fût plutôt un adouciſſement qu'un ſupplice, comme la guerre étoit pour les Spartiates un repos plutôt qu'un travail ; que les condamnés ſoupiraſſent après le moment de l'exportation, & s'en rendiſſent dignes par une émulation qui tourneroit autant à leur avantage perſonnel qu'au bien général de l'Etat ; c'eſt ce que nous expliquerons tout à l'heure.

ARTICLE SECOND.

PRATIQUE.

§. I.

Des Maifons d'apprentiffage.

A LA portée de chaque Ville Epifcopale feroient établies, fuivant nos *Idées*, deux Maifons fimples fervant comme de Séminaire aux
Maîtres & aux Maîtreffe d'Ecoles. Deux ou
trois anciens Freres & autant de bonnes Sœurs y
feroient les Maîtres & les Inftituteurs. Nous
avons dit que les Novices y feroient inftruits
dans la théorie de leur Profeffion, dans les travaux de l'agriculture & du jardinage, dans l'e-
xercice des œuvres de miféricorde. C'eft à cette
même Maifon que nous confions le foin des
apprentiffages.

N°. I.

Toute perfonne valide qui tomberoit à l'a-
venir dans l'état de pauvreté par fon malheur
ou par la faute d'autrui, feroit confiée par les
Bureaux de chaque Paroiffe à cette Maifon
d'apprentiffage, afin que dans l'efpace d'un an
ou de dix-huit mois, elle fût mife en état de gagner fa vie par le travail de fes mains. C'eft
l'ordinaire que les enfans paient une certaine

fomme affez modique & fe fourniffent eux-mêmes d'habillement pendant les premiers tems de leur inftruction , parce qu'ils ne font ni affez forts ni affez habiles pour gagner la vie & l'habit. Chaque Bureau doit fournir cette douceur aux perfonnes élevées dans la moyenne Bourgeoifie , dans le Commerce & parmi les gens de Loix ou de faculté qui n'ont point encore appris de métier. Les Turcs, en cela plus fages que nous, fe précautionnent tous, dit-on , d'un favoir faire pour vivre dans quelque rang qu'ils naiffent. Notre Bourgeoifie ne feroit peut-être pas mal de les imiter au moins dans l'inftitution des filles ; car les hommes ont toujours la reffource du fervice militaire de la mer & des Colonies.

Il ne feroit , ce femble , ni jufte ni profitable de forcer les inclinations des perfonnes malheureufes fur le choix d'un métier ; & pourquoi ne leur en pas laiffer la liberté , c'eft une confolation qu'on peut leur accorder , mais nous eftimons que c'eft la feule. Une coutume fort mauvaife fans doute , c'eft celle de nourrir fous le titre de pauvres honteux des familles bourgeoifes réduites à la néceffité , fans apprendre aux femmes ni aux enfans des proffefions lucratives. Nous croyons qu'il ne leur eft dû que le paiement d'un apprentiffage , l'entre-

tien , & un foulagement jufqu'à ce qu'ils en fa-
chent affez pour vivre de leur travail. Ce n'eſt
pas une honte de s'entretenir du produit de ſes
ouvrages , c'eſt un honneur pour des infortunés ; l'opprobre n'appartient qu'à la vanité pauvre & injuſte , qui s'obſtine à reſter oiſive , &
qui vole par la fainéantiſe la caiffe de la bienfaiſance publique , à laquelle elle ne devroit
pas être à charge.

· Une profeſſion plus douce & plus honorable
dont il faut donner la préférence à ces infortunés , élevés dans un état mitoyen & fans habitude du travail , c'eſt celle de Maîtres & de
Maîtreffe d'Ecoles des Paroiſſes , nous propoſons exprès de ne faire qu'une même maiſon du
Noviciat & du Bureau d'apprentiſſage des deux
ſexes. C'eſt-à-dire , que chaque Bureau Paroiſ-
fial , adreſſeroit les victimes du malheur à ce
Noviciat , qu'on les y recevroit par proviſion ,
qu'on y confulteroit leur inclination pour leur
chercher un Maître , & les placer en apprentiſſage , dont la Maiſon feroit les frais ordinaires au nom & des deniers de leurs Bureaux
reſpectifs ; ceux qui voudroient & pourroient
remplir les fonctions de Maîtres & de Maîtreſ-
fes d'Ecole , feroient reçus par préférence à
l'apprentiſſage de cet état. La bonne politique
exige qu'en tout événement les enfans de tout

agricole, & même de tout artifan de premiere néceffité foient exclus de cette profeffion. Il faut la laiffer par privilege à ceux des rangs plus élevés que le dérangement de leurs affaires, leur goût ou leur piété porteroit à s'y confacrer ; les raifons s'en préfentent d'elles-mêmes, c'eft autant de conquêtes pour nos campagnes fur le luxe des villes.

N°. I I.

Dans le premier moment de reformation vous aurez beaucoup de pauvres valides, qui n'ont jamis fait aucun ouvrage, & que vous auriez peut-être de la peine à placer chez les Artifans Rien n'eft plus fimple que de les employer aux travaux publics des grands chemins & des ponts & chauffées. Il faut premierement les envoyer dans le lieu de leur naiffance, comme nous l'avons dit ; qu'ils fe préfentent au Bureau s'ils n'ont pas d'ouvrage ou s'ils ne favent pas gagner leur vie ; que le Bureau paroiffial les infcrive fur les regiftres, les adreffe avec un paffeport, leur fignalement & leur extrait baptiftaire, à la maifon d'apprentiffage : que là ils foient encore infcrits, revêtus d'un uniforme, puis divifés par compagnie de cent, & par efcouades de dix, fous des Sergens & Brigadiers, ainfi que les pauvres de l'*afyle*, & donnés aux Entrepreneurs & Directeurs

recteurs des travaux publics qui seront chargés d'en répondre au Bureau diocésain. On les paiera de maniere qu'ils puissent vivre, rembourser leur uniforme, & même se procurer des douceurs à proportion qu'ils seront sages & laborieux. Toutes les fois qu'ils trouveront ailleurs de l'emploi, ils seront libres de déposer l'uniforme & de s'attacher aux Maîtres qui les prendront de la Maison d'apprentissage : libres aussi de revenir quand ils voudront aux travaux publics faute d'ouvrage : ce sera pour toujours la ressource de ceux qui n'auront pas d'autre métier, ou qui ne trouveront point d'occasions à l'exercer.

§. I I.

Des Maisons de Correction.

Par l'idée que nous avons donnée des Maisons d'apprentissage, elles ne seroient que des pied-à-terre pour les personnes devenues pauvres & réduites à la nécessité d'apprendre un métier pour vivre. Ces Maisons n'auroient pas besoin d'être vastes ; quelques chambres suffiroient. S'il se trouvoit en certaines circonstances un grand nombre de ces futurs apprentifs, on les logeroit par bulletins dans les Auberges, comme pauvres voyageurs sous l'inspection du Bureau général, jusqu'au moment où leur destination seroit fixée. Il n'en est pas de même des Maifons de *correction* ; ce font à proprement parler des prifons générales, mais des prifons laborieufes dans lefquelles on feroit faire aux coupables l'*apprentiffage* forcé du travail manuel, de maniere à leur faire defirer l'*exportation* dans une colonie, & à les y rendre propres pour leur avantage perfonnel & pour celui du Public.

Nº. I.

Il ne faut en chaque Parlement que deux Maifons de *correction* pour les deux fexes. Mais elles doivent être divifées l'une & l'autre en trois parties ; la premiere pour les libertins & diffipateurs ; la feconde, pour les fautes moins graves ; la troifieme, pour les crimes plus confidérables. C'eft dans la premiere que feroient mis d'abord les Pauvres des apprentiffages des Bureaux ou des *afyles* que leur mauvaife conduite forceroit d'y releguer, les enfans rebelles & dérangés, les Chefs de famille prodigues & banqueroutiers. Dans la feconde, les coupables qu'on a coutume de condamner aux banniffemens ou à quelques années de galere. Dans la troifieme enfin, ceux qu'on condamne aux galeres perpétuelles & à la mort même en plufieurs cas. Bien entendu que nul Citoyen n'y feroit renfermé qu'en vertu d'un jugement en regle: la *réclufion* étant une peine légale, elle ne peut & ne doit être infligée qu'avec l'ordre des formalités judiciaires.

Nous nous garderons bien de propofer pour modele les Maifons de force connues à Paris & dans le Royaume, ou les galeres fuivant le fyftême ancien ou moderne ; l'une & l'autre inftitution nous paroit infectée de plufieurs dé-fauts. Les Maifons de force ne font que des pri-fons où les hommes vicieux croupiffent dans l'oifiveté le plus grand de tous les maux , & font dévorés par le defefpoir & la mifere. Les gale-res ont un abus manifefte , en ce qu'on permet pour de l'argent aux divers Ouvriers d'exercer leurs métiers plus ou moins fédentaires , plus ou moins lucratifs ; à ceux qui font riches , de ne rien faire; aux uns & aux autres de fe procurer, en payant , toutes les douceurs qu'ils peuvent & qu'ils veulent. Par les fuites de cet abus la peine des galeres deshonore & ne corrige point : nous croyons que le contraire eft, au jugement de la raifon & de la faine politique , le but qu'on doit fe propofer en puniffant les petits crimes , les moindres délits & les fautes de conduite. Il vaudroit mieux ne pas perdre un Citoyen de réputation ; mais prendre le moyen le plus cer-tain de le réformer & d'en faire un fujet utile à la République , au lieu d'un garnement pernicieux qu'il commençoit d'être.

Les coupables renfermés dans la Maifon de correction , doivent donc être toujours étroite-

ment refferrés, toujours occupés , toujours privés de tout adouciffement arbitraire. Ceux de
la premiere claffe travailleront moins d'heures
par jour , auront une nourriture un peu meilleure , un vêtement un peu plus honnête ; ceux
de la feconde , plus chargés d'ouvrage , habillés
& nourris plus fimplement : ceux de la troifieme
enfin plus durement traités à tous égards. Les
Maifons de correction feront donc fubdivifées en
trois quartiers. Chacun de ces quartiers fera
bâti comme l'afyle dont nous avons donné la
defcription. La claffe mitoyenne peut être nour-
rie comme les pauvres de l'afyle , la premiere
un peu mieux , la feconde un peu moins.

Joignez à chacun des trois quartiers un vafte
enclos entourré de bonnes murailles & de foffés,
dans lequel vos reclus feront admis par grace à
travailler, à bécher la terre , planter, arrofer ,
farcler, récolter plus ou moins d'heures par jour
fuivant les trois claffes. Qu'ils foient divifés par
compagnie de cent , par efcouades de dix , &
commandés par des Caporaux & des Sergens ;
qui feront des foldats vétérans ou invalides capables d'exécution. Il en faut établir une compagnie nombreufe , bien armée & conduite par
de bons Officiers en chaque afyle pour la garde
& le maintien de la police , & bien payés.
Qu'elle ait fes corps-de-garde & fes fentinelles
de jour & de nuit , fur-tout en dehors de l'en-

clos & fur les revers des foffés qui l'environne-
ront, avec des guérites & des lanternes la nuit,
afin d'empêcher les évafions. Toujours des patrouilles armées qui circulent jour & nuit tant
au-dedans qu'au-dehors ; que les Sergens &
Caporaux, choifis parmi les Invalides les plus
exacts & les mieux aguerris, répondent des dix
ou des cent hommes qui leur feront confiés, &
qu'on les paie pour cet emploi au-delà de leur
traitement ordinaire.

N°. I I.

Le travail journalier de bécher la terre, arrofer, planter, farcler, récolter dans l'enclos,
ne feroit pas, felon nos idées, le premier des
reclus. Si vous leur mettiez d'abord une béche à
la main, cet exercice les rebuteroit, les fati-
gueroit, les defefpéreroit même pour la plûpart ; il faut les y préparer & même le leur faire
defirer. Les Hollandois ont inventé une méthode excellente ; c'est d'attacher à la pompe
ceux qu'ils veulent exercer au travail, de leur
faire defirer l'emploi de labourer la terre, & de
les y préparer par un travail bien plus dur,
mais que la neceffité fait pratiquer. On enferme
feul le perfonnage qu'il s'agit d'accoûtumer au
travail, dans un réduit que des canaux inon-
dent de maniere à le noyer, s'il ne tourne pas
fans ceffe la manivelle de fa pompe ; on ne luî

I iij

donne qu'autant d'eau & d'heures d'exercice
que ses forces le comportent les premiers jours ;
mais on augmente toujours par gradation. Voilà le premier travail que nous assignons aux
coupables renfermés dans notre Maison de
correction. Il est tout simple qu'ils s'ennuient de
tourner ainsi continuellement , & d'être seuls
occupés si laborieusement ; sachant qu'ils pourroient bécher la terre de l'enclos en compagnie , ils desireront qu'on leur permette de labourer comme les autres ; c'est un grace qu'on
leur accordera plutôt ou plûtard , suivant leurs
fautes & leurs dispositions actuelles.

Quand on aura tiré les *reclus* ou *recluses* de la
pompe , on les enrôlera dans une Compagnie &
dans une Escouade pour travailler dans l'enclos
à toutes les opérations de l'Agriculture , mais ils
seront toujours en troupe , toujours enchaînés
deux à deux , toujours sous les yeux de leurs
Chefs , des corps de-garde & des patrouilles armées. Ils prendront tous leurs repas en commun , & seront, à leur retour dans la maison, enfermés sous clef dans leurs cellules ; tant que nul
y puisse être mieux logé , mieux vêtu , mieux
nourri que le commun : ces distinctions seroient
non-seulement injustes , mais encore pernicieu-
ses à ceux mêmes qui en seroient l'objet , puisqu'il s'agit de les corriger véritablement par la
peine corporelle & les privations.

N°. III.

Il s'enfuit naturellement que la Maifon de *correction* doit avoir un Juge pour la diriger , & un Procureur du Roi, auxquels feront adreffées les Sentences de *réclufion*. Les Officiers de la Compagnie d'Invalides feront les Affeffeurs & Confeillers du Juge , pour décider par délibéra-tion commune tout ce qui regardera la Police intérieure : bien entendu que dans les Maifons de correction deftinées aux Femmes, tout l'in-térieur fera livré , non pas à des Soldats , mais à des Sœurs grifes convenablement choifies. Un détachement de bas Officiers avancés en âge & de bonnes mœurs , fous des Chefs bien fûrs & bien éprouvés , garderoit tout l'extérieur. Les révoltes & les autres fautes feroient punies féverement d'un châtiment corporel , comme dans les Maifons de force , ou même dans le fer-vice étranger ; & ce châtiment feroit plus ou moins humiliant, plus ou moins rigoureux, fui-vant les trois claffes de coupables renfermés dans la Maifon de correction ; mais il feroit tou-jours décerné , par Délibération & Sentence écrite , & infligé en prefence de toutes les Com-pagnies de la même claffe. Comme il n'arrive que trop fouvent aux mauvaifes ames de fe roi-dir contre la punition & de braver par degrés la douleur & la honte , il faudroit ajouter pour chaque fois qu'on auroit encouru le châtiment corporel, une prolongation de quatre mois de réclufion, & ce pour trois fois feulement. A la quatrieme, le retour au *Cachot à pompe*, & tout le tems paffé compté pour rien.

C eft ainfi que nous croyons équitable & falutaire de tenir toujours les coupables renfermés, fufpendus entre la crainte & l'efpoir. Toute réclufion doit être pour un tems fixe, à l'expiration duquel il feroit permis au Juge de permettre au reclus le paffage dans la Colonie, ou *l'exportation* dont nous allons parler. Mais il faudroit non feulement qu'il la défirât, mais encore qu'il s'en fût rendu digne par fa bonne conduite. La peine que nous propofons devenant plus douce à chaque époque, le premier dégré feroit le *Cachot à pompe*, vrai châtiment; le fecond, la Chaîne & le Labour commun, feconde peine moins rude ; le troifieme, *l'exportation* dans la Colonie, le plus fupportable de tous, le plus approchant de la liberté. Les Sentences porteroient en quelle claffe de réclufion ces peines devroient être fubies, parceque les tems de chaque époque, ainfi que les autres circonftances, feroient plus ou moins rudes, fuivant l'ordre de ces claffes. Ceux de la troifieme feroient plus de jours de fuite dans le Cachot à pompe, plus d'heures par jour, plus de mois à la Chaîne & au Labour, plus d'heures au travail des mains, plus groffierement habillés, & nourris plus rudement, & plus ignominieufement châtiés en cas de fautes : les deux autres claffes moins maltraitées à proportion.

§. I I I.

De l'Exportation.

Les coupables des trois claffes domptés par *la pompe*, exercés au travail manuel, accoutumés aux injures de l'air, à la nourriture groffiere & à la foumiffion dans la Maifon de correction, pourroient au tems marqué par leur fentence être envoyés à la Colonie s'ils s'en étoient rendus dignes ; nous ne difons pas s'ils le defiroient (car il eft évident que tous le voudroient), leur exil dans cette Ifle dureroit plus ou moins, fuivant leur fentence & la maniere dont ils s'y comporteroient.

N°. I.

Dans l'Ifle les hommes & les femmes exportés ne feroient plus renfermés, plus enchaînés, plus aftreints à une nourriture commune & groffiere. Ils auroient une étendue de terrein à défricher ; on leur avanceroit une cabanne, des inftrumens aratoires, une nourriture & un habillement provifoire : ils n'auroient qu'à travailler comme ils auroient appris dans la Maifon de correction, & vivre à leur guife : plus libres, plus heureux dans ce nouvel état, ils réfifteroient bien mieux à la rigueur du climat, que ces Peuplades, dont nous avons montré les défauts. L'étendue du terrein qu'on leur donneroit à défricher & à cultiver feroit proportionnée à la fentence d'exportation prononcée contre eux ; ceux qui ne feroient pas mariés en entrant dans la Maifon de correction, pourroient s'unir enfemble dans la Colonie, & on leur donneroit leurs terreins à côté l'un de l'autre, permis aux maris de fuivre leurs femmes condamnées, non pas dans la Maifon de correction, mais dans la Colonie lors de leur exportation ; & tout de même aux femmes d'y fuivre leur mari : on ne donneroit pas de terrein aux innocens, ils travailleroient avec les coupables pour accélerer leur libération.

Les perfonnes exportées paieroient au Roi chaque année la dixme de leurs recoltes : nous en expliquerons l'emploi tout à l'heure. Accoutumées au travail & à la frugalité, elles pourroient dans un terrein neuf & certainement fertile, épargner fur le refte de quoi fe donner peu-à-peu un, puis deux ou trois, & même fucceffivement plufieurs efclaves noirs que le Gouvernement leur feroit fournir comme aux Colons libres. Plus elles en auroient, plutôt elles finiroient leur befogne & fe procureroient la liberté totale. Pour l'obtenir, il faudroit qu'elles euffent defriché, cultivé, planté tout le terrein qu'on leur auroit affigné, qu'elles en euffent fait en un mot une habitation en forme; garnie du néceffaire. Ces habitations ainfi formées appartiendroient pour les trois quarts au Roi qui les vendroit à fon profit aux honnêtes gens qui voudroient s'en accomoder : les adjucations s'en feroient annuellement à Paris où l'on enverroit le plan & le détail de chacune, qui feroit imprimé & publié ; les acquéreurs pourroient en prendre plufieurs voifines, on donneroit des termes pour le paiement en fourniffant caution. C'eft ainfi que les bons Citoyens n'auroient ni la peine ni les dangers des défrichemens dans cette Colonie, mais en recueilleroient les fruits. Le quatrieme quart du prix de l'adjucation, & le premier payé feroit pour le défricheur qui feroit le maître de revenir en France avec cet argent, ou de refter dans la Colonie fans être cenfé taché d'aucun opprobre dès qu'il auroit fubi toutes fes épreuves, & accompli tous fes travaux. Bien entendu que les exportés feroient furveillés, & qu'à la moindre faute ils feroient d'abord chargés par deux fois d'une augmentation de défrichement avec confifcation des places cultivées, puis à la 3ᵉ emprifonnés jufqu'à l'arrivée d'un vaiffeau,

& alors renvoyés dans la Maison de *correction*.

Il faut expliquer à quel ufage nous deftinons le produit des habitations vendues , celui des dixmes perçues pendant le défrichement. Nous les joignons l'un & l'autre aux revenus des biens que les coupables reclus & exportés pourroient poſſéder , qui feroient tous mis en la main du Roi & affermés en fon nom , comme les biens faifis réellement : ces objets réunis ferviroient à l'entretien des Maifons de correction, à la folde des Juges , Procureurs du Roi , Greffiers , Officiers fupérieurs. , bas Officiers & Soldats invalides , des Domeftiques , des Sœurs & des Prêtres deffervans le fpirituel , ainfi qu'à l'habillement , & à la nourriture des reclus à leur tranfport dans la Colonie , aux avances qu'on leur y feroit en inftrumens , ouvrages , alimens & vêtemens provifoires.

On ne doit pas craindre que le terrein manque trop tôt au Roi dans les Colonies pour mettre en pratique ce fyftême de *Correction* à la place des banniffemens , des galeres & de la peine de mort , pour vols , défertion & autres moindres crimes. Après Sainte Lucie , nous avons un immenfe terrein à la Guyanne , dans les Ifles Malouines & le Continent voifin : nous en aurions fi nous voulions en Afrique dans un vafte territoire qui ne cauferoit nulle jaloufie aux autres Nations commerçantes d'Europe.

mais qui donneroit vigueur à nos cultivations
Américaines, en les peuplant de Noirs à bon
marché : c'est un objet que nous nous réfervons
d'indiquer au Miniftre s'il le defire, avec les raifons politiques qui rendent cet établiffement
au moins très utile, s'il n'eft pas même néceffaire dans les circonftances préfentes. De quelque maniere que ce foit, ce n'eft pas le terrein
qui nous manquera.

Notre fyftême de Correction ôte l'infamie &
l'efclavage perpétuel qu'on attachoit à des fautes qui n'étoit fouvent que l'effet de l'erreur
d'un moment ou de l'ivreffe des paffions. Il eft
affez févere pour en impofer au vice & au libertinage, cependant il laiffe l'efpoir au Citoyen dégradé par le crime d'expier fa faute
& de rentrer dans fes droits : il laiffe à la Patrie
celui de le retrouver un jour digne d'elle, &
l'avantage de faire tourner les fautes à fon profit. Nous fommes bien trompés fi ce n'eft pas là
le véritable objet que la légiflation a dû fe propofer.

Quoi qu'il en soit, nous defirons que la
Juftice ne faffe plus de Pauvres en puniffant des
criminels; qu'on ne traite point comme des
fcélérats les indigens valides qui ne favent pas
travailler & n'ont pas d'ouvrage, mais qu'on

leur apprenne à le faire & qu'on leur en fourniffe. Nous defirons fur-tout que tous *befoins*
réels des *vrais Pauvres*, foient fatisfaits fuivant
qu'ils ont *droit* de l'exiger, à condition qu'ils
rempliront tous leurs *devoirs* envers l'adminiftration. Nous croyons que les Pauvres ont des
revenus fuffifans dans les fonds que nous avons
indiqués ; enfin que la Religion & la politique
confacrent affez de *Miniftres* à leur *fervice* qui
fe feront un devoir & une gloire de vacquer
aux *opérations* de la bienfaifance générale chrétienne & patriotique, devenus claires & faciles par l'ordre & l'enchaînement que nous propofons.

PLAISE AU CIEL répandre fa bénédiction fur
cet Ecrit ; la caufe des Pauvres eft la fienne !
Plaife au Prince & aux Dépofitaires de fon
autorité, prêter un moment d'attention à nos
Idées fur une matiere fi digne de leurs foins !
les Pauvres doivent être aux yeux du Gouvernement la premiere claffe des fujets. Plaife au
Clergé de France, prendre en bonne part les
vérités que nous avons expofées fans refpect
humain ! les Pauvres font les membres de Jefus-
Chrift & les fils aînés de l'Eglife.

F I N.

TABLE.

Fin de la Table.

ON trouve chez le même Libraire les *Idées* du même *Citoyen* fur l'adminiftration des Finances du Roi, trois Parties, 1763, & fur le Commerce des Indes, une Partie, 1764. On aura bientôt les *Idées* du même fur les *Écoles Nationales*.

9 782329 327129